Corporació Sanitària
Parc Taulí

october 22, 1998

Dear Ari

This is something for you
because we want you to
remember your catalan
friends in this very
important celebration
(oct 24 Barcelona).

Best Regards

Lluis Blanch
Marta Rubina

Consorci Hospitalari del Parc Taulí creat pel Decret 341/1986 de 13-10-86. DOGC núm. 780.

Parc Taulí, s/n 08208 Sabadell
Tel. 723 10 10
Telefax 716 06 46
Apartat de Correus 196

C-8527/2

CATALONIA

© 1995 Lunwerg Editores, S.A.
© 1995 del texto «Presència de Catalunya»: Joan Maria Pujals i Vallvé
Creación, diseño y realización: Lunwerg Editores, S.A.
© 1995 de las reproducciones autorizadas:
    VEGAP, Barcelona
    Fundació Antoni Tàpies, Barcelona
    L.A.R.A., Madrid
    Salvador Dalí, Barcelona
    Sucesión Joan Miró, Barcelona
    Trustees of the Tate Gallery, Londres

ISBN: 84-7782-364-2
Depósito legal: B-44976-1995

Lunwerg Editores, S.A.
Beethoven, 12 - 08021 BARCELONA - Tel. (93) 201 59 33 - Fax (93) 201 15 87
Sagasta, 27 - 28004 MADRID - Tel. (91) 593 00 58 - Fax (91) 593 00 70

Impreso en España

CATALONIA

PRESENCIA DE CATALUÑA

Joan Maria Pujals i Vallvé

Fotografías

Xavier Miserachs
Ramon Manent

LUNWERG
EDITORES, S.A.

ÍNDICE

PRESENCIA DE CATALUÑA

Joan Maria Pujals i Vallvé

I

INTRODUCCIÓN

Explicaba un monje de Poblet que toda la historia de ese monasterio cabe en una almendra. En efecto, la base de la almendra es el arte románico, y su parte superior, la puntiaguda, es el arte gótico. Y si partimos la almendra por la mitad, nos encontraremos con el Renacimiento, que elimina toda clase de arcadas y establece la línea horizontal. El Barroco nos devuelve la almendra silvestre, en su estado salvaje, con su envoltura de piel reseca sobre la cáscara. En Poblet, el Barroco se queda fuera de la iglesia, en la fachada; su exuberancia vegetal es una catedral de troncos y ramas. El románico y el gótico son el alfa y omega que el dedo de Dios ha incrustado en este fruto, tan mediterráneo, del almendro. Poblet es la plenitud de una almendra; es lectura de historia y energía espiritual. El resplandor de una gran nación proyecta la gigantesca sombra de piedra del monasterio. Al ver Poblet, en seguida sabemos que sólo una antiguo y egregio pueblo puede poseer la fuerza necesaria para construir el conjunto monumental medieval y monástico más grande de Europa. Esta nación es Cataluña, un país de la Europa mediterránea situado en la costa oriental de la península Ibérica y que, desde el año 1979, con la aprobación del Estatuto de Autonomía, ha recuperado las instituciones políticas que le son propias. El conjunto de estas instituciones constituye la Generalitat de Cataluña, fundada en el año 1359 como organismo delegado de las Cortes Catalanas, y que en la actualidad la configuran el Parlamento, el presidente de la Generalitat y el Gobierno o Consejo Ejecutivo.

Pese a que Cataluña es hoy un país relativamente pequeño —32.000 kilómetros cuadrados, seis millones de habitantes—, constituye la primera región turística y la décima región industrial de Europa. Un país de España situado entre los Pirineos y el Mediterráneo, en medio de grandes culturas (la francesa y la castellana), que es el resultado de una voluntad de ser histórica, tan enérgica como su voluntad de convivencia con los demás, sin perder por ello su identidad. Un país que puede ofrecer a Europa y al mundo a figuras de la talla de Gaudí y Miró, Dalí y Sert, Tàpies y Pau Casals, Montserrat Caballé y tantos otros, todos ellos de una rotunda catalanidad, a partir de la cual se han convertido en valores universales. Una identidad que desborda los límites territoriales de la actual Cataluña política, como más adelante veremos, y que se ha alimentado de muchas aportaciones procedentes de los países con los que comparte la lengua y la historia (Valencia, Mallorca, el Rosellón).

Paradógicamente, Cataluña carece hoy de un color propio y distintivo en el mapa, pero precisamente en uno de los mapas más antiguos de Europa encuentra la metáfora de su identidad. No hablamos de un mapa cualquiera, sino del primer atlas del mundo, el *Atlas català* (*Atlas catalán*), suma del mundo conocido a finales del siglo xiv, como se explicita en la primera página o tabla: «Mapamundi quiere decir tanto imagen del mundo y de las diversas etapas del mundo y de las regiones que hay sobre la Tierra, como de las diversas clases de gentes que habitan en ella».

Cresques Abraham, cartógrafo mallorquín de origen judío, fue quien, en 1375, confeccionó el *Atlas català*. Uno de sus referentes paradigmáticos es la rosa de los vientos, mascarón de proa que surca los vientos de los mares, veleta que surca los vientos de la tierra. La rosa del *Atlas català* fue la primera que se conoce, pues, como sostiene Nordenskiold en su *Periplo*, en los portulanos más antiguos no figuran rosas de los vientos. En su *Breviario mediterráneo*, Predrag Matvejevic lo evoca con estas palabras: «También hizo su aparición la rosa de los vientos, con colores varios, semejante a una estrella, al principio de ocho puntas, después de más, por primera vez en la isla de Mallorca». Y añade: «Los espacios multicolores de la rosa de los vientos reciben, por su forma, el nombre de rombos. Los rombos, con las iniciales de los vientos principales, forman un círculo que en Italia se llama *rosone*, al igual que el rosetón de una catedral. Resulta más difícil confeccionar un mapa nuevo y auténtico que construir una catedral. Los pétalos externos de la rosa toman a veces la forma de antorcha: a eso se le llama el "fuego de la alegría" (*feu de joie*)». No cabe duda alguna de que la rosa de los vientos nació en el Mediterráneo. Matvejevic dirá también que Europa se gestó en el Mediterráneo; y Baltasar Porcel agregará que «Roma consiguió que el mundo de la vieja "mar de enmedio de la Tierra" fuese un solo mundo».

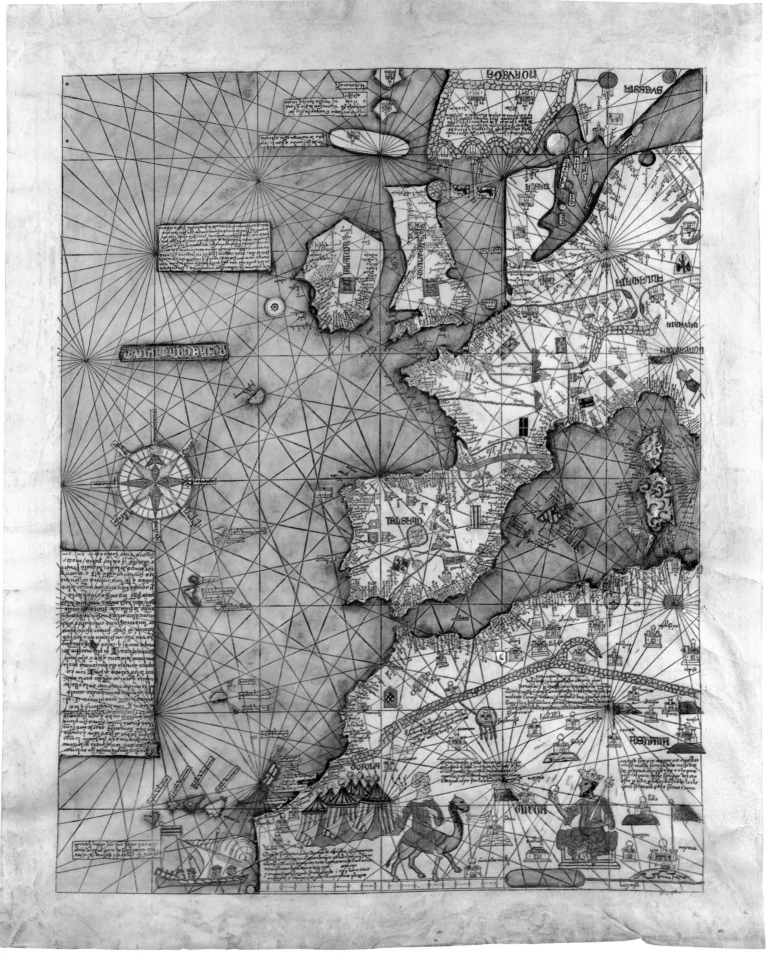

1. Atlas de Cresques Abraham (1375). El judío de orígen mallorquín, Cresques Abraham, es el autor de una de las obras más importantes de la cartografía del siglo XIV: el llamado *Atlas català* (Atlas catalán), ejemplo eximio de la cartografía mallorquina, una de las más acreditadas del Mediterráneo.

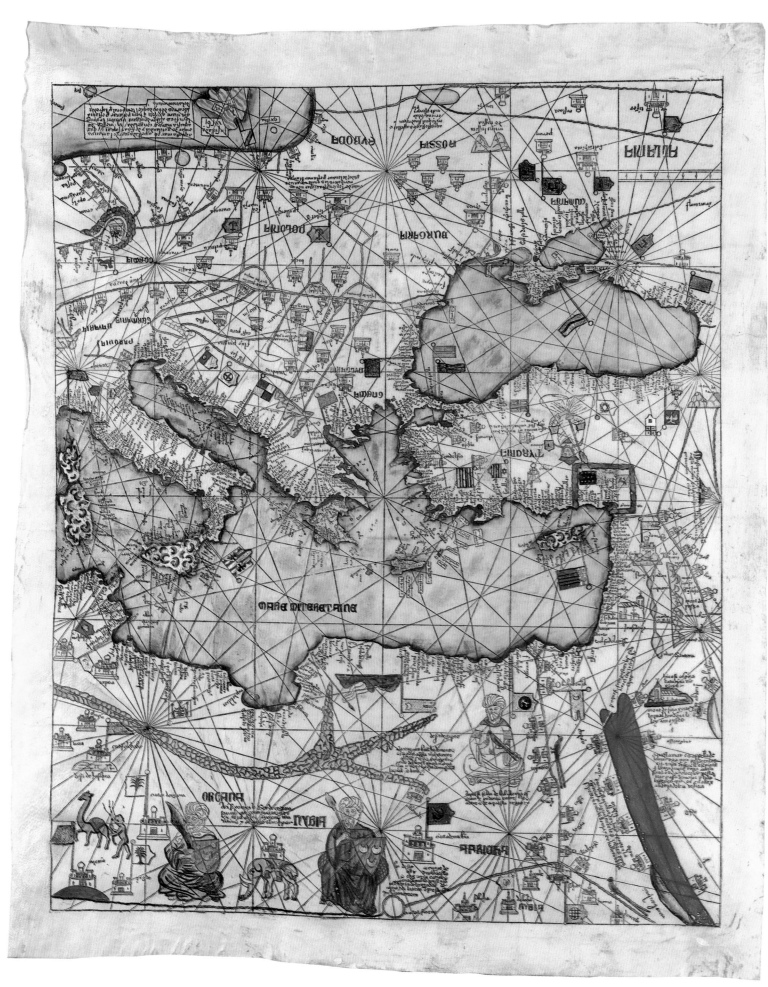

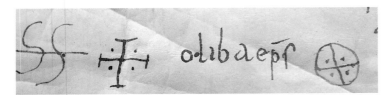

2. Firma del abad Oliba (siglo XI). El abad Oliba estableció la asamblea de Paz y Tregua de Dios, que fue confirmada en el Sínodo de Toluges en 1027 y ratificada por el Concilio de Gerona en 1068. Poco a poco se iría ampliando a toda Cataluña, hasta que los reyes propiciaron su incorporación en el Código de los Usos.

La rosa de los vientos, nacida en el Mediterráneo, no sólo preside este mar, sino también la tierra firme: en las catedrales y en los templos de los monasterios resplandece el fulgurante rosetón, la rosa de los vientos cristalizada, petrificada. Esta rosa de los vientos es la metáfora de Cataluña que, desde tierra firme, otea el mar.

Cataluña ha sido ungida con tres crismas: el de Grecia, con su impulso intelectual, estético y especulativo; el de Roma, con su sentido del Derecho y de la autoridad; y el del cristianismo, que estructura la espiritualidad. Sin embargo, la levadura grecolatina de nuestra tierra ha sido siempre superada en extensión y profundidad por la levadura del cristianismo. El Imperio romano urbanizó el mundo hasta donde le fue posible; preparó una red de caminos que facilitó la expansión del cristianismo. Cometida esta misión, el Imperio romano desapareció tras el Viejo Testamento, a la par que las innumerables mitologías que el hambre de Dios había inventado.

Después de la caída del Imperio, se intalaron en Cataluña los visigodos, que prolongaron la romanidad y la desarrollaron. Pero no bien entrado el siglo VII, el reino visigodo se hunde. Los musulmanes traspasan el estrecho de Gibraltar, invaden la península Ibérica y llegan hasta Poitiers. Aunque a los árabes les gustaba más cabalgar que navegar, pasaron de una costa a otra, conquistaron el mar con sus victorias en tierra firme. Iban desde Oriente hasta Occidente.

Cataluña es el único país de la península Ibérica —entonces dominada por los musulmanes— que nace ligado a Europa y no como reacción autóctona de legitimismo visigótico contra los musulmanes. El objetivo de Cataluña no consistía en restablecer la monarquía visigoda en Toledo, sino en facilitar el avance del Imperio carolingio hacia el sur o, al menos, convertirse en su muralla meridional. Desde su nacimiento, Cataluña se halla en el ámbito de influencia carolingia desde el punto de vista religioso, social, cultural y político. Hasta que en el año 988 el conde de Barcelona, Borrell II, rompe el vínculo de vasallaje que le unía al rey franco Hugo Capeto y proclama la autonomía de su condado, estableciendo lazos de solidaridad con los demás condados peninsulares.

3. Rosetón del monasterio de Sant Cugat del Vallès, rosa de los vientos que ilumina el gótico y el románico de todos los monasterios y catedrales de Cataluña.

La demografía del país se incrementó de manera progresiva con los *homines udecumque venientes*: los hombres que venían de cualquier parte. Jaume Vicens i Vices señala que «en relación a la época condal temprana, se nos dice que Vic se pobló *ex diversis locis et gentibus homines colligentes*: reuniendo a hombres de diversas procedencias y razas», y añade que en Cataluña, «desde entonces, el movimiento de inmigraciones nunca ha cesado».

En el año 1027, el sector más ilustrado de la clerecía, al tiempo que luchaba contra la simonía —compra de cargos eclesiásticos—, iniciaba en Cataluña, bajo la dirección del abad y Ripoll y obispo de Vic, Oliba, el movimiento de paz y tregua de Dios a fin de frenar la violencia feudal. Cuando no sólo la nobleza feudal, sino también los representantes de las ciudades con derecho a autogobernarse, se incorporaron a las Cortes o Parlamento de Cataluña, estas asambleas empezaron a dar los primeros pasos hacia el siglo XIII.

Durante los siglos X y XI la Iglesia cobró un relieve extraordinario en la historia de Cataluña, más aún por el papel que desempeñó en el ámbito de la custodia y promoción de la cultura. Y Europa recibe influencias muy decisivas de la más alta cultura de la época, la árabe, por mediación de Cataluña. El cero, el astrolabio, los textos de matemáticos árabes se transmiten a la cultura europea (a Francia, a Italia, a Alemania) a través de Barcelona y de Vic, de los monasterios de Ripoll, de Sant Pere de Roda y de Cuixà.

La rosa de los vientos, hecha rosetón, ilumina el gótico y el románico de todos los monasterios y catedrales de Cataluña, que constituyen a su vez la cartografía de este país y la arquitectura de su identidad espiritual.

II

MITOS Y AFANES

Si bien, por un lado, el *Atlas català* fue el primero que incorporó la rosa de los vientos, por otro en él prácticamente han desaparecido los seres fantásticos que a finales del siglo XIII uno encontraba por doquier. Ciertamente son sustituidos por otros en las regiones lejanas en los que los conocimientos de los cartógrafos se debilitan, pero esos seres ya no son, casi nunca, monstruos deformes, sino hombres estrafalarios fruto de la imaginación, aunque de una imaginación moderada. Porque cuando el hombre no encuentra explicación lógica alguna a los fenómenos de la naturaleza, inventa entonces monstruos fantásticos, seres fabulosos y, en definitiva, inventa la mitología. Herederos de la civilización grecolatina, nos hemos apropiado del gran teatro mitológico y, a veces con ironía –como hace Salvador Espriu en un memorable libro: *Les roques i el mar, el blau (Las rocas y el mar, el azul)*–, nos dejamos llevar por ese mundo fantástico. Los mitos intentan sobre todo explicar procesos cósmicos importantes. Las fuerzas cósmicas asumían el papel de poderes independientes que tenían influencia en la vida terrestre. Y la creencia en dicha influencia perdura en nuestros días, tomada en broma o en muy serio, como ocurre con la literatura de los horóscopos, que de los signos del zodíaco ha hecho su religión. Con la mitología zodiacal hemos desterrado los monstruos a las galaxias. En cambio, los cartógrafos del siglo XIII los tenían más cerca, y rodeaban la zona de las tierras conocidas con multitud de seres mitológicos, de monstruos deformes, desfigurados, que evidencian una fantasía abrumadora. Y esos monstruos no podían faltar precisamente en los límites de las tierras exploradas, allende las cuales se encuentra el misterio y el caos. Más que guardianes, esos monstruos cerraban el paso, malévolos, con tempestades o grandes llamaradas a quienes osaban aventurarse más allá.

Xavier Fàbregas describe el mito de aquellos monstruos en la sociedad europea de la época inmediatamente anterior a la de Cresques Abraham: «Uno de los bestiarios más completos que admiró Europa es el que alguien dibujó sobre las paredes de la catedral de Hereford, el año 1280, en Gran Bretaña. Era creencia común que, por la franja sur, el mundo acaba en llamaradas,

supósito que apoyaba el aumento de la temperatura conforme se aproxima uno al ecuador. Cerca de esta zona tan caliente habitaban los fabulosos monóculos, hombres de un solo ojo [...]. El bestiario de Hereford nos muestra cómo, más allá de la tierra de los monóculos, habitaban las salamandras, dragones venenosos que se embelesaban con las llamas de fuego. No lejos de estas tierras se encuentra el país de las mandrágoras, plantas de rostro humano a las que les complace engañar a los viajeros que se acercan y matarlos. [...] Al otro lado de la tierra de los moros hallamos el pueblo de los andróginos, individuos que poseen los dos sexos y que gozan de ciertas bienaventuranzas de las que carecen otros seres. El autor del bestiario de Hereford, haciéndose eco de las tradiciones que corren por Europa, muestra también a los escitas, gente de pupilas verdes como la esmeralda, y a los grifos, infatigables mineros, y a los tigres de Hircania, tan feroces que sólo puede escapar a sus garras aquel que se apresura a ponerles frente a un espejo».

Con la extinción de estos monstruos, en el *Atlas català* se abren las puertas a nuevos horizontes. A mayores conocimientos geográficos, mayor economía de monstruos en la cartografía. Hacia finales del siglo XIII, Génova y Mallorca, principalmente, contribuyen al avance de esos conocimientos, lo cual provocó una disminución de toda la recua de polifemos y de monstruos deformes, fruto de la combinación de rasgos humanos, animales o vegetales. La sustitución que se ha producido es realista, así como ilustrativa e informativa. En el *Atlas català*, como Gabriel Llompart observa, «la fauna está tratada con sobriedad. Se indican algunos animales de regiones remotas hacia los que las gentes de Occidente sentían curiosidad. Así, encontramos camellos, elefantes, halcones y papagayos».

Los camellos aparecen en Africa; en el interior de Libia se ve a un negro que fustiga a un camello cargado; en el Sáhara, hacia la costa, destaca, delante de un campamento de ocho tiendas verdes con coronamiento dorado, la delicada figura de un meharista que hace avanzar al camello a golpes de fusta... Viste de verde y va embozado. La leyenda explica: «toda esta

4. En el *Atlas català* se indican algunos animales de regiones lejanas hacia los que las gentes de Occidente sentían curiosidad. Los camellos aparecen en África, y en el interior de Libia puede verse a un negro que fustiga a un camello cargado.

cuadrilla está formada por gentes que van embozadas hasta no vérseles más que los ojos, y viven en tiendas y cabalgan en camellos». Siguiendo a Gabriel Llompart, de ahí surgieron, en el siglo XI, los almorávides, secta musulmana que tomó el nombre precisamente por el aspecto que llama la atención al autor: el embozo hasta los ojos.

Cresques coloca un papagayo sobre el curso del Nilo, y sitúa otro en manos del soldado de Babilonia (Egipto). Coincide con el *Bestiario* catalán de la Biblioteca Universitaria de Barcelona, del siglo XV, que dice: «El papagayo es un hermoso pájaro, y todo él es verde, excepto el pico y los pies». Y Cresques colorea pico y patas de rojo, como era de rigor, cosa que no decía el *Bestiario*, pero sí el *Libro del tesoro* de Brunetto Latini, del siglo XIII. Cresques pudo haber visto ese animal en Mallorca, pues el comercio oriental debía de traerlos allí. De un negro sentado en un trono, con corona y cetro, dirá: «a este señor negro lo llaman Mussemelly, señor de los negros de Guinea. Este rey es el más rico, y el más noble señor de toda esta cuadrilla por la abundancia de oro, el cual se extrae en su tierra».

El historiador francés La Roncière y otros estudiosos modernos han identificado las ciudades y los accidentes geográficos que figuran en los atlas catalanes, suma de los conocimientos de la Edad Media. El *Atlas català* de 1375 constituye uno de los puentes que unen la Edad Media con el Renacimiento, el cual, a su vez, no sólo supuso una reavivación del pensamiento de Grecia y Roma, sino también la incorporación de conoci-

mientos del mundo oriental, como demuestra el mapamundi de Cresques; su descripción de Asia es, de hecho, el primer mapa de ese continente que conoció Europa. Cresques describe las etapas que hay que recorrer desde el sur de Marruecos hasta los reinos de Songai y Mandinga, situados en las orillas del Níger. Al Senegal le llama Río de Oro. Debe subrayarse que las rutas seguidas hoy por las caravanas de alarbes son idénticas a las que señalaba ya Cresques. Los mapas, como apunta Matvejevic, son el resumen de los conocimientos y las experiencias. El espacio y la concepción del espacio; el mundo y la visión del mundo. Su confección exige medios y poder: el apoyo del mar y de tierra firme, de la Marina y del Estado.

El mapa de Cresques refleja hasta dónde puede llegar el esfuerzo humano en su afanosa búsqueda de conocimiento. Seis siglos más tarde, en el año en que en España moría el dictador Franco, el poeta catalán Salvador Espriu reivindicaba el esfuerzo y el afán de saber de aquella Cataluña que acaballonó los caminos de la expansión mediterránea para recobrar la libertad:

5. Atlas català (siglo XIV): «Este soldado de Babilonia es el más grande y poderoso de esta región». (Babilonia es el nombre medieval con que se conocía el Cairo Antiguo.) El *Atlas català* es la suma de los prodigiosos conocimientos enciclopédicos de su tiempo.

«[...] Pero el esfuerzo humano nunca se desvanecerá del todo,
y los viejos mapas de tierras, de mares, del firmamento,
nos dicen cuán profundo fue el dominio,
el saber de este pueblo del que nosotros somos
hijos legítimos, herederos y siervos al tiempo:
del cerrado hoy al libre mañana que ganaremos».

III

EN PIÉLAGO DE AMOR

6. *Atlas català* (siglo XIV). En este atlas aparece por vez primera una rosa de los vientos; ésta, nacida en el Mare Nostrum, es la metáfora de Cataluña en el esplendor de su expansión mediterránea.

Con la rosa de los vientos del *Atlas català*, Cresques Abraham, después de expulsar los antiguos monstruos que obstruían las puertas a los océanos, abrió nuevos horizontes a la expansión del hombre y de su pensamiento. Pero, ¿de dónde extrajo Cresques tantos preclaros conocimientos? Cresques acabó el *Atlas* en 1375. Casi un siglo antes, otro mallorquín había escrito dos libros básicos, uno sobre navegación y otro sobre astrología, y había viajado por todos los países del Mediterráneo. Allá donde iba, anotaba sus experiencias en libros; uno de éstos está incluso firmado «*in mari, de Maioricis apud Siciliam veniendo*». Nos referimos a uno de los catalanes más universales de todos los tiempos, a una de las personalidades más fascinantes de la Edad Media; al poeta, filósofo, teólogo, moralista, científico, místico y apologista Ramon Llull, el «catalán de *Mallorques*», como se llamaba a sí mismo, nacido en 1232 y muerto en 1315.

El afán de conocimientos y la expansión del cristianismo configuran los tres mundos descritos por Llull: el divino, el humano y el natural. Sus teorías sobre la influencia del ambiente en la formación de la naturaleza humana convirtieron a Llull en el primer racionalista, verdadero precursor de la moderna escuela filosófica de Reid y de Hamilton. Los tres mundos de Llull se proyectan en los tres ámbitos de que habla Miquel Batllori: «toda la Edad Media, y mucho más la que se asoma al Mediterráneo, es una coexistencia e interacción constantes de tres mundos más autónomos que independientes: el latino, el bizantino y el islámico. Sus contactos fueron múltiples: políticos, económicos, culturales, religiosos». Con Pedro el Grande y Jaime II el Justo, la coincidencia de esa triple existencia se hace colectiva, y se concreta sobre todo en los tres escritores catalanes más notorios que, entre los siglos XIII y XIV –los

siglos correspondientes a los dos reyes mencionados–, recorren el Mediterráneo: Ramon Muntaner, el catalán, cronista de la expansión catalanoaragonesa en el imperio de Constantinopla; Ramon Llull, el mallorquín, que plasma en su Arte una síntesis de ciencia cristiana y de método oriental, en su intento de convertir a los cristianos separados de Roma extendidos por el Imperio bizantino; y, por último, Arnau de Vilanova, el valenciano, que recoge la ciencia médica de los árabes y de los judíos. Batllori indica que en este contexto –catalán, europeo y mediterráneo– es donde debe situarse la figura de Ramon Llull. Su cultura era la cultura europea de la Cataluña del siglo XIII, caracterizada por la inserción de Occitania en el mundo lírico. Abrió la lengua catalana a todas las posibilidades del pensamiento científico y de la especulación filosófica y teológica. Llull –que fue el primero en utilizar una lengua vulgar en tratados filosóficos–, desde la plenitud filológica y lingüística elevó esa lengua a la más sutil y refinada expresión poética. Y añade Batllori: «El anhelo luliano por alcanzar la universalidad del saber lo convirtió en uno de los claros, y preclaros, pensadores medievales que pudo atravesar con honorabilidad el difícil tránsito de la Edad Media al Humanismo y el Renacimiento; un pensador que fue reasumido por una parte del Barroco filosófico europeo, y que interesó al joven Leibniz; que entusiasmó a todo el Romanticismo y que se entrelazó, con radicales transformaciones, con la lógica formal del siglo XX». La figura de Ramon Llull entusiasmaría también a un poeta como Rubén Darío, quien, cuando se hallaba en Palma, trazó de él esta bella semblanza:

«De los hondos espíritus, es de mis preferidos,
sus robles filosóficos están llenos de nidos
de ruiseñor. Es otro y es hermano del Dante:
¡cuántas veces pensara su verbo de diamante
delante la Sorbona vieja del París sabio;
cuántas veces he visto su infolio y su astrolabio,
en una bruma vaga de ensueño, y cuántas veces
le oí hablar a los árabes, cual Antonio a los peces,
en un imaginar de pretéritas cosas
que por ser tan antiguas se sienten tan hermosas!».

La producción de Ramon Llull, de destacables obras en verso y en prosa, es inmensa. De esas obras, al menos *doscientas cuarenta y tres* se consideran auténticas, y están escritas en catalán, latín, árabe y provenzal. La producción enciclopédica luliana apuntaba más allá de la simple ciencia, pues se proponía dar a conocer a Dios para que se le amase, ya fuese mediante la meditación en sus dignidades absolutas o mediante el conocimiento de las criaturas, testimonio de su grandeza. Conocer y amar a Dios son, en el pensamiento luliano, las dos finalidades principales del alma humana, que además resultan inseparables. El *Llibre d'amic e Amat (Libro de amigo y Amado)* es el que mejor recoge la filosofía del amor de Ramon Llull. Este famoso opúsculo, integrado como un *monobiblos* dentro del libro quinto de *Blanquerna*, presenta a los ojos de la crítica –pese a que el autor declara haberse servido de los libros bíblicos (sobre todo del *Cantar de los cantares*) y de textos sufíes musulmanes– una absoluta originalidad. Además, para la confección de esta obra –básica para el estudio de la mentalidad luliana– LLull utilizó algunos elementos trovadorescos, y los depuró dándoles una nueva intención, un nuevo espíritu y una forma nueva; sin embargo, el *Llibre d'amic e Amat* conserva siempre un gran continente de ideas místicas, teológicas y filosóficas, de invenciones imaginativas y datos extraídos de su experiencia personal que no pueden explicarse a partir de las mencionadas corrientes poéticas.

Los versículos del *Llibre d'amic e Amat* deben sin duda incluirse en la poesía más auténtica y profunda de toda la obra del maestro. Al contrario de lo que podría pensarse, la obra en verso de Llull es parca en impresiones paisajísticas. En cambio, las vierte a raudales, aunque sin abusos, en el *Llibre d'amic e Amat*. El escenario es la naturaleza libre y salvaje. Todas las cosas visibles representan a Dios, el Amado. El propio poeta se convierte en materia de metáforas, inquietudes interiores cruzan por los elementos paisajísticos, los objetos son símbolos: «Amor es mar atribulada de olas y de vientos. Que no tiene puerto ni orilla. Perece el amigo en la mar, y en su peligro perecen sus tormentos y nacen sus cumplidos».

7. Astrolabio de al-Shal al-Nisaburī, (Hamā,1299)
Germanisches Nationalmuseums, Nüremberg

Con frecuencia se menciona el agua en el librito luliano. Ora es la fuente del amor, ora es el llanto amoroso, ora el riesgo y la aventura del mar. La expresión típicamente luliana en este ámbito es el «piélago de amor», que se repite en el famoso *Cant de Ramon (Canto de Ramon)*: «quiero morir en piélago de amor». El maestro ha desarrollado ese sentimiento en el *Llibre d'amic e Amat* de este modo: «Peligraba el Amigo en el gran piélago de amor, y confiaba en su Amado, quien le socorría de tribulaciones, pensamientos, lágrimas y llantos, suspiros y languideces, pues el piélago era de amores y de honrar sus honores». En la poesía de Llull, la naturaleza sufre una humanización, y en este sentido se anticipaba a Ruskin, que atribuye a la naturaleza gestos y sentimientos humanos.

«Amor es el árbol y amar es el fruto, y los trabajos y las languideces son las flores y las hojas.» Observa Miquel Dolç que en el paisaje luliano el hombre es la razón última y casi única del pensamiento; el paisaje sirve tan sólo de fondo o marco de escenas humanas. Ramon Llull nunca hizo literatura propiamente descriptiva o paisajística. En él se da el sentimiento hacia la naturaleza, que no debe confundirse con el sentimiento del paisaje. Tampoco en los autores griegos o latinos hay auténtico paisaje. En la literatura, así como en la pintura, el sentimiento del paisaje, la afición al mar, al campo y a las montañas, son una conquista de los tiempos modernos. El mar causaba pavor a los romanos. La naturaleza es el gran libro del mundo, y puede ser leído, pero no recreado. Es el escenario donde se mueven los protagonistas y las ideas de Llull, donde se desgranan los debates de religión o filosofía, donde descansan, meditabundos, o transitan los personajes lulianos: caballeros, frailes, ermitaños, o el mismo Ramon. Su entorno espiritual es agreste y montañoso; limitándolo, azulea sin cesar el mar, que acaba convirtiéndose, metafóricamente, en «piélago de amor». La metáfora, no obstante, se torna un maravilloso naufragio cuando el piélago se hace real, cuando las profundidades marinas son rutas, rumbos; cuando mar y cielo se unen para formar un solo mundo donde, en pa-

8. Llibre de Gentil e los tres savis (Libro del gentil y los tres sabios), de Ramon Llull: «Y tanto caminaron los tres sabios por aquel bosque que llegaron a un hermoso prado donde había una bella fuente que regaba cinco árboles...».

labras del propio Llull, es posible «investigar y hallar nuevos caminos a través de los cuales los hombres puedan tener conocimiento de muchos secretos naturales».

El sublime naufragio de la metáfora del «piélago de amor» emergía a toda vela con el *Art de navegar (Arte de navegar)*, escrito por Llull en el año 1295. Con este libro, el mallorquín entregaba a los marineros un manual que, por lo que sabemos, en tiempos de Colón aún no había sido superado. Los catalanes se anticiparon dos siglos a los portugueses en el uso del astrolabio. Según Alexandre de Humboldt, estos y otros avances realizados por los catalanes llegaron a conocimiento de los demás pueblos mediterráneos, quienes a su vez los transmitieron al resto del mundo civilizado. Nadie, antes de Colón, había comprendido mejor la esfericidad de la Tierra, conclusión a la que Llull llegó por observación personal directa; y como consecuencia de la esfericidad del mundo, creía que había otras tierras al otro lado del Atlántico. Antes que Cresques, Llull había expulsado los monstruos fabulosos que cerraban las puertas del *finis Terrae*. La rosa de los vientos no distingue fronteras.

Ramon Llull, la figura más genuina y representativa de la curiosidad científica de su época, tal vez influyera en la naciente escuela mallorquina de cartografía gracias a la multiplicidad de sus conocimientos –incluso, como hemos visto, sobre los del arte de navegar–; sin embargo, a buen seguro su influencia sobre los cartógrafos derivaría, más bien, de su variada y extensa experiencia viajera. Pues de sus libros extraen los estudiosos noticias. Por otro lado, su influencia no debió de ser tan vasta como la de los grandes navegantes mallorquines de la época: Jaume Ferrer, Francesc Desvelers, Arnau Roger y otros que osaron surcar mares entonces desconocidos y explorar tierras ignotas. En algunas de sus obras, Llull demuestra poseer muy amplios y profundos conocimientos sobre el arte de la navegación: su curiosidad intelectual carecía de límites. Y, en libros anteriores al año 1300, habla ya de las cartas de marear utilizadas por los naucheles de su tiempo, es decir, al menos un cuarto de siglo antes de la fecha que ostenta la carta náutica más antigua que ha llegado hasta nosotros. Su experiencia y su anhelo de saber enciclopédico igualan a los de los cartógrafos mallorquines, quienes convirtieron las cartas náutico-geográficas, más que en un instrumento de navegación, en una representación de la geografía física y política, así como de la orografía, hidrografía, flora y fauna de los diversos países en los que, de manera simultánea, se señalan ciudades, monarcas y costumbres gráficamente ilustrados.

El espíritu viajero de Llull no era una finalidad, sino sólo un medio; su afán misionero y científico marcaba las rutas. Pero él sabía que solamente sus libros conseguirían realizar un auténtico largo viaje a través del tiempo y del espacio. Su inmensa obra será siempre un compañero de viaje en los caminos de la fe, la cultura, la ciencia y la lengua catalana: el *Art abreujada de trobar veritat (Arte abreviada de encontrar la verdad)*, el *Llibre de la contemplació en Déu (Libro de la contemplación de Dios)*, el *Llibre de gentil i dels tres savis (Libro del gentil y de los tres sabios)* –obra de grandes valores apologéticos–, el *Art demostrativa (Arte demostrativo)*, *Blanquerna*, el *Llibre de meravelles (Libro de maravillas)*, el *Art amativa (Arte amativa)*, el delicioso *Llibre de Santa Maria (Libro de Santa María)*, el *Llibre de l'Ordre de cavalleria (Libro de la Orden de caballería)*, el *Arbre de la ciència (Arbol de la ciencia)*, el *Arbre de filosofia d'amor (Arbol de filosofía de amor)*, *Mil proverbis (Mil proverbios)*, *Liber de ascensu et descensu intellectus (Libro del ascenso y descenso del intelecto)*... Especialmente impresionantes son los poemas titulados *Lo desconhort (El desconsuelo)* y *Cant de Ramon (Canto de Ramon)*. La gran obra de Llull tiene dos vertientes: una filosófica y otra mística. En su vertiente filosófica, podía expresarse con un lenguaje abstracto, y a menudo se sirvió de fórmulas algebraicas, rigurosamente objetivas y por tanto impersonales. Sin embargo, este hombre, todo él una inmensa llama, poseía una poderosa fuerza creadora, en virtud de la cual junto a su obra científica encontramos una obra mística y divulgativa, en la que alcanza las más altas cotas del arte literario y de la poesía.

Frances A. Yates, en su libro *Assaigs sobre Ramon Llull (Ensayos sobre Ramon Llull)*, afirma que «el lulismo no es un hecho secundario ni poco destacable en la historia de la civilización occidental. Su influencia a lo largo de cinco siglos fue incalculablemente grande. Llull pasó cierto tiempo en Italia, y los manuscritos de algunas de sus obras se dispersaron con rapidez por el país; cabe pensar que pudo haberlas leído Dante. Que la geometría de Llull influyera en la teoría arquitectónica italiana es una cuestión que –según creo– nadie ha planteado hasta el momento. El Renacimiento apoyó el lulismo con intenso entusiasmo; de hecho, no exageraría si dijera que el lulismo es una de las mayores fuerzas del Renacimiento. Pico della Mirandola reconoció que su sistema estaba en deuda con el *Ars combinatoria* de «Raymundus». Nicolás de Cusa reunió y copió él mismo manuscritos de Llull. Giordano Bruno y Agrippa von Nettesheim eran lulistas. También lo fue John Dee, uno de los personajes más influyentes en el pensamiento de la Inglaterra isabelina. Las teorías médicas de Llull eran conocidas por Paracelso. En París, uno de los primeros centros del lulismo en el siglo XIV, éste experimentó un gran resurgimiento en el siglo XVI, cuando, bajo la influencia de Lefèvre d'É- taples, se estableció una cátedra de lulismo en la Sorbona. Siguió cultivándose en París de manera entusiástica durante todo el siglo XVII, y su sistema era conocido por Descartes, quien reconoció haberlo tenido presente al concebir su método para construir una ciencia universal. El lulismo obtuvo también el favor de la Alemania del siglo XVIII, donde vivió un renacimiento a gran escala cuyo producto final fue el sistema de Leibniz». Quizá sólo habría que añadir que Juan de Herrera, el arquitecto de El Escorial, en el año 1582 fundó, bajo el patrocinio del rey, una Academia Matemático-Filosófica en Madrid, y en su programa el Arte luliano ocuparía un lugar destacado. Es más, Herrera escribió un curioso *Tratado del cuerpo cúbico conforme a los principios y opiniones del Arte de Raimundo Lulio*, en el que intentaba fundamentar la matemáticas en el *Arte* de Llull. Por otro lado, Miquel Batllori informa que el espisodio luliano de Na Renard («la Zorra») y los pollitos fue también aprovechado por La Fontaine en *Le Renarde et les poulets d'Inde*, fábula cuya moraleja es la misma que la del *Llibre de les besties (Libro de las bestias)* luliano: *Le trop d'attention qu'on o pour le danger / fait le plus souvent qu'on y tombe* («Cuanto más se prepara uno para el peligro / más a menudo cae en él»). Y el episodio –de noble linaje isópico– de la alianza de todos los enemigos del hombre reaparece también en *Le loup et les bergers* del fabulista francés del *grand siècle*: *Le loup est l'enemi commun: / chiens, chasseurs, villageois, s'assemblent pour sa perte* («El lobo es el enemigo común: /perros, cazadores y aldeanos se unen para su perdición»).

Hay que destacar, por último, la relación existente entre Ramon Llull y el gran escritor y poeta inglés Robert Graves, enterrado en un cementerio en lo alto de una colina de Mallorca, isla donde había vivido casi cincuenta años. Gertrude Stein, con socarrona ironía, describía a los mallorquines como «un hatajo muy simplón de piratas arruinados, con una lengua terrible»; no obstante, consideraba Mallorca una Arcadia, y no podía evitar aconsejar la aventura a su amigo Graves: «¡Un paraíso, si puede resistirlo!». Y así fue como Graves y su amante, la poetisa estadounidense de origen judío Laura Riding, llegaron a Mallorca en 1929. Decidieron afincarse en Deià, pequeño pueblo situado sobre un promontorio litorial en medio de un fértil valle de bancales, construidos por los árabes en la vertiente europea de la sierra. La Guerra Civil les brindó el pretexto para abandonar la isla. Riding no regresó nunca. Graves sí lo hizo, esta vez casado, feliz, con su segunda esposa, Beryl, una bella y extraordinaria mujer.

En 1934 Graves publicaría *Yo, Claudio* (la serie televisiva que la BBC inglesa realizó basada en esta obra hizo furor), novela que obtubo un extraordinario eco internacional y de la que quizá muchos lectores desconozcan que se utilizó como código secreto en el fallido golpe de estado contra Hitler. Johnathan Boulting refiere con bellas palabras la influencia de Llull sobre Graves en el texto que figura como prólogo del libro *De amor. Treinta poemas*, de Robert Graves: «Hay afinidades entre Graves y el más grande de los mallorquines, Ramon Llull, cuya cueva se encuentra en las colinas de las afueras de Deià. Los dos sabios eran poetas del amor con conexiones con el sufismo. El lema luliano "Quien no ama, no vive" pudo haber sido también el de Graves, aunque en un tono más severo. Ambos tendían a "repensar el pasado": Llul revolucionó el arte de la memoria; Graves, la mitografía y la novela histórica». *The Window Sill (El alféizar de la ventana)*, un inolvidable poema del Robert Graves de los años cincuenta, acaba así:

«Dije: "Julia, ¿me amas de verdad?".
"¿Y este pecho
—exclamó ella–, mi pecho florido?"
Un llanto salvaje fue de puerta en puerta
y en cada piso
avergonzaba a gritos a los demás pisos,
cuando, al desabrocharse, descubrió sus senos,
cada pecho una rosa,
una blanca y cancerosa rosa.»

A propósito de esta impresionante imagen, Boulting comenta: «Nos viene de inmediato a la mente el momento de iluminación de Ramon Llull. Noble y trovador, de joven había cortejado durante mucho tiempo a una mujer de gran belleza que siempre le había rechazado. Un día, en un gesto de desesperado envalentonamiento, entró a caballo en la iglesia de Santa Eulalia, en Palma, en persecución de la mujer. Ella se giró en la penumbra y se descubrió el pecho izquierdo. Horrorizado, él vio que estaba canceroso».

El galope del caballo del loco trotamundos Ramon Llull se ha hecho viento enfurecido y ola tumultuosa, ha pisado la muerte y ha surcado las rutas del mar sin «puerto ni orilla». Robert Graves, nauchel de un Mar angosto, también deseaba morir en «piélago de amor»:

«Contigo como palo, vela, bandera
y áncora que jamás se arrastra,
el angosto y opresivo mar de la muerte
no me parece ya innavegable».

IV

CON EL VIENTO TERRAL

«En piélago de amor» se alejaba Ramon Llull, a lomos de su caballo enloquecido, hecho viento enfurecido y ola tumultuosa. Por los caminos de la leyenda le seguiría el conde Arnau, del que el poeta Joan Maragall había dicho: «serás mar agitado, / serás aire que se inflama, / astro rutilante serás». Según la leyenda, el joven Llull, a caballo, había osado perseguir a la dama hasta el interior de una iglesia; el conde Arnau se había atrevido a entrar en el claustro monacal y raptar el corazón de la abadesa. Sólo la visión de un pecho enfermo, portador de la muerte, había detenido a Llull... «En piélago de amor», ahora un niño amamantado por un pecho rebosante de vida hará que las olas se enternezcan. Eneas comienza la narración de su aventura marítima con una tempestad y un naufragio. Ramon Muntaner, uno de los grandes cronistas de la Cataluña medieval y luchador aguerrido, arropa el llanto y la sonrisa de un infante real mecido por la cuna del mar. Entre agosto y octubre de 1315, Ramon Muntaner realizó un curioso viaje entre Sicilia y el Rosellón. El 5 de abril de ese mismo año había nacido en Catania el infante Jaime, hijo del infante Fernando de Mallorca y de Isabel de Sabran, dama de quince años que falleció poco después del parto. El infante Fernando tuvo que ir a Grecia –donde moriría un año más tarde–, y había que llevar al pequeño Jaime a Perpiñán, donde residían sus abuelos, Jaime II de Mallorca y Esclaramunda de Foix. El traslado y la custodia del infante, un niño de cuatro meses, fueron encomendados a Ramon Muntaner. Este preparó una nave barcelonesa y contrató, para que cuidara del niño, a un dama que había tenido veintidós hijos, «ya que me parecía que debía de saber mucho de niños, pues tantos había tenido», a tres nodrizas y otras mujeres. Con tal pasaje se hizo a la mar. La travesía duró noventa y un días, y «aunque el mar en ningún momento nos molestó ni al niño ni a mí, no lo solté de los brazos en todo el tiempo que duró la tempestad, ni de noche ni de día, pues tenía que sostenerlo mientras mamaba, ya que la nodriza no podía sentarse: tanto mareo le causaba el mar, y lo mismo a las demás mujeres». Ante la ternura de este fragmento de la *Crónica*, Martí de Riquer subraya también la maravillosa descripción de la llegada a Perpiñán, con Muntaner llevando en brazos al infante, que era «agraciado y sano, de cara sonriente y hermosa, y vestía un paño de oro, capa a la catalana, de piel, y le cubría la cabeza una bonita capucha de ese mismo paño». Tras una impresionante ceremonia, el cronista dejó el infante al cuidado de sus abuelos. Y Ramon Muntaner, hombre habituado a batallar por todo el Mediterráneo, a capitanear almogávares, acostumbrado a la sangre y la rudeza, concluye el episodio con estas palabras:

«¿Qué os diré? Quince días estuve en Perpiñán, y todos los días iba dos veces a ver al señor infante; y tan gran añoranza sentí cuando me separé de él que no sabía qué hacerme».

Este niño de cuatro meses sería Jaime III, el último rey de Mallorca, que habría de morir en Llucmajor.

Pero, ¿qué hacía Ramon Muntaner por aquellos pagos? En el año 1302, Muntaner, bajo las órdenes del almirante Roger de Flor, había iniciado la magna aventura de la expedición catalana en Oriente, en calidad de caudillo, principalmente para asuntos administrativos, y en calidad de cronista insuperable. En 1309 pidió licencia para viajar a Cataluña a fin de contraer matrimonio, pero, no bien había adquirido todo lo necesario para la boda, el rey le nombró gobernador de la isla de Gelves. Hasta el año 1311 no pudo ir a Valencia, donde finalmente se casó, y al cabo de pocos días regresaba a Gelves con su esposa; una vez establecido, permaneció allí durante tres años. De nuevo en Sicilia, en 1315 emprendió el viaje a Perpiñán con el pequeño Jaime. La isla de Gelves, incorporada a la Corona catalana desde que en 1284 la conquistara el almirante Roger de Llúria, se encuentra en la costa africana, equidistante de Sicilia, Malta, Túnez y Trípoli.

El preludio de la expansión marítima en el Mediterráneo comienza con la conquista de Mallorca en el año 1229. La es-

9. Jaime III de Mallorca confirma la recopilación de privilegios y franquicias del reino.
En primer término, el autor de la miniatura, Romeu des Poal (1334).
Manuscrito conservado en el Archivo del Reino de Mallorca.

10. Campaña del rey Jaime I en Mallorca, año 1229: la escena representa un campamento de soldados catalanes durante la conquista de la isla. El fragmento de pintura mural se conserva en el Museo de Arte de Cataluña.

cuadra del rey Jaime I zarpó de Salou, Tarragona y Cambrils «con el viento terral», el mistral, uno de los ocho principales, que se deshoja de la rosa de los vientos. Las velas de las naves parecían pétalos izados tras una lluvia de rosas blancas.

Muntaner, en el capítulo de su *Crónica* al que acabamos de referirnos, nos había descrito una aventura que rezumaba ternura. Por su parte, el rey Jaime I, fuertemente atraído por la aventura de ganar «un reino dentro de la mar», en su *Llibre dels feyts* (*Libro de los hechos*) nos hablará de la comida que tuvo lugar en Tarragona, en compañía de sus amigos, en el curso de la cual se preparó el viaje que tendría como objetivo la conquista de la isla de Mallorca. Pere Martell, noble barcelonés que poseía una casa en Tarragona, había invitado al rey y a sus amigos, a los que habló de un piélago profundo y lejano: «Pere Martell, ciudadano de Barcelona, que entendía mucho sobre las cosas del mar, nos invitó a nos y a todos los nobles que se hallaban allá con nos. Y cuando estábamos acabando de comer, se pusieron a hablar entre ellos. Y preguntamos qué tierra era Mallorca y cuán grande era su reino. Y se dirigieron a P. Martell, porque era capitán; y P. Martell les dijo que les daría noticias de ella, pues había estado allí en una o dos ocasiones, y que él creía que la isla de Mallorca y sus alrededores abarcaban hasta trescientas millas; y que Menorca se hallaba hacia la parte de Cerdeña, aquella isla situada hacia la parte de gregal, y que Ibiza se encontraba en la parte del viento ábrego; y que Mallorca estaba cerca de las demás is-

las; y que éstas hacían lo que el señor de Mallorca les ordenaba; y que había otra isla, habitada por sarracenos, llamada Formentera, que estaba cercana a Ibiza; y que entre Ibiza y Formentera se extendía un brazo de mar de una milla».

El *Llibre del feyts* de Jaime I es el portal magnífico por el que penetramos en las cuatro grandes crónicas catalanas, de extraordinaria importancia en la historiografía medieval. Mallorca fue la primera pisada catalana en el Mediterráneo. El reino «dentro de la mar» se hizo realidad. Expulsados en su mayoría los musulmanes, los catalanes del Principado repoblaron las islas con los habitantes que quedaron en ellas, y les transmitieron la lengua que hablan hoy en día, en sus eufónicas variantes, ricas y hermosas, que han engendrado una cultura aún más rica y hermosa: iniciada por el patriarca Ramon Llull, llega hasta los poetas y escritores de nuestro tiempo, estandartes de la cultura catalana. Mallorca, Menorca, Ibiza y Formentera, conocidas por los fenicios, griegos y cartagineses, lo son también por el turismo del mundo entero.

¿De dónde procedía, no obstante, el interés de Jaime I por la conquista de Mallorca? La historia condicionaba al rey Conquistador. De hecho, los condes habían proyectado el dinamismo de la naciente nación en dos direcciones: hacia Occitania y hacia Aragón. Ramón Berenguer III inició el predominio en Occitania y Provenza en 1112, tendiendo a asociarse con vecinos que se alzaban como posibles rivales de los catalanes en el Me-

en aquest castell quelh sia saluat e que nos asseguretz tr
anos que pus ela cobia laltre Comtat p subir ò nia cort
e poiet e p sso els altres hò atenen que nos quelh atena
to e quelh retats son castell e sempie retenilo e ennam
a ohma e quan saleren que retit era lo castell ò pòs rete
ren se sempie ala Comtessa e no uolie sr ò manar en nom
oe nos pel diet que ela hi hama

passat mig ai. nos som aterragona e uoleh mr
seyor que meys ò cort que nos no hauien ma
nada foren ab nos la maior pruda dels nobles ò cathal
luna e p nom don ssumo sanreç qui fo fiyl del comte don
sanxo e en ß. ò muntcada el comte dampuries en P.
ò muntcada e en Guerau ò ceruello e en P. alama e en
ß. oe lannuit e en bn. ò sea euorma seyor ò torvela e

11. Llibre del feyts (Libro de los hechos) del rey Jaime I: «P. Martell, que entendía mucho sobre las cosas del mar, nos invitó a nos y a todos aquellos nobles que estaban allá con nos. Y cuando estábamos acabando de comer, se pusieron a hablar entre ellos. Y le preguntamos qué tierra era Mallorca...».

diterráneo. La unión dinástica con el reino de Aragón, establecida en 1137 por Ramón Berenguer IV, constituyó la asociación con otro vecino continental, probable rival en la expansión, en detrimento de los musulmanes de Lérida y Tortosa, y, más tarde, del reino musulmán de Valencia.

No hubo, en el caso de Occitania ni en el de Aragón, anexiones militares, sino uniones dinásticas mediante el matrimonio o vinculaciones por vasallaje feudal. La unión confederal entre iguales con Aragón jamás se rompería. La garantía de la independencia de Aragón con respecto a Castilla, y la de Cataluña con respecto a Francia, permitió coordinar la lucha contra los musulmanes, coordinación que dio su primer fruto con la conquista de Lérida y Tortosa por parte de Cataluña; de ese modo ésta marcaba, en el año 1148, los límites de su territorio actual.

Cuando la herejía de los cátaros se extendió por Occitania, y se quiso ahogar con una cruzada, tras los cruzados surgieron las ambiciones de la corona de Francia, que contaba con el apoyo del Vaticano. En vista de ello, el rey, Pedro el Católico, pese a que condenaba el catarismo, tuvo que intervenir en favor de

sus vasallos occitanos, y fue derrotado y muerto en la batalla de Muret, cerca de Tolosa de Llenguadoc, en 1213; así terminó la política occitana de la Casa de Barcelona.

Así pues, Cataluña debe dirigir su nueva expansión hacia el sur, ganando territorios ocupados por los musulmanes. En pocos años, las campañas guerreras del rey más grande que jamás haya tenido Cataluña, Jaime I el Conquistador, arrebataban las islas Baleares y el Reino de Valencia a los musulmanes.

Jaime I otorgó a Valencia la condición de nuevo reino autónomo, con lo que se reforzaba el carácter confederal —aunque el término resulte anacrónico para el siglo XIII— de la corona de Aragón. La influencia cultural catalana acabará predominando en el Reino de Valencia, al que a principios del siglo XIV se incorporarán las comarcas meridionales alicantinas.

A partir del primer tercio del siglo XIII, los catalanes comenzaron a poner en práctica una decidida política de expansión marítima. La posibilidad de expansión hacia el norte había quedado truncada, y las tierras meridionales (el sur de Valencia y Murcia) se hallaban dentro de la órbita del expansionismo castellano. En esta centuria, Cataluña inició una transformación

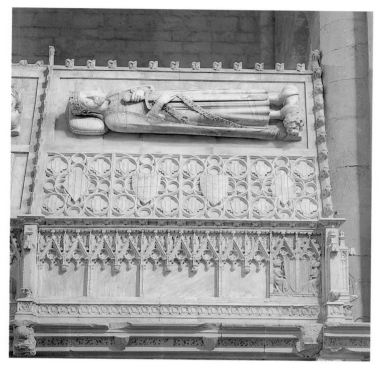

12. Tumba del rey Jaime I de Cataluña y Aragón, restaurada por Frederic Marès, en el monasterio de Poblet.

que la convirtió, en el siglo XIV, en una auténtica potencia naval en el Mediterráneo.

Como ha destacado el historiador Pierre Vilar, en la expansión catalanoaragonesa por la cuenca mediterránea hay que distinguir entre el afincamiento territorial y la repoblación (en las islas Baleares), el establecimiento de puntos comerciales de apoyo (en el norte de Africa), las anexiones dinásticas más o menos duraderas (en Sicilia, Cerdeña y Nápoles) y las conquista gloriosas, obra de aventureros (en Grecia).

Por lo general, la política con respecto al Oriente mediterráneo y al norte de Africa –ya sea en la parte oriental como en la occidental– estaba claramente condicionada por los intereses económicos y comerciales. Ahora bien, en la zona oriental, la Corona catalanoaragonesa intentaba «hacerse un sitio» en el tráfico comercial; en ningún caso aspiraba a ejercer un dominio hegemónico, pues no podía competir con Venecia. La monarquía se limitaba a conservar en Oriente aquellos contactos que resultaran política y económicamente útiles para su actividad en Occidente. En este sentido, debe considerarse que la intervención de los almogávares en el Imperio bizantino, así como el establecimiento de los ducados de Atenas y Neopatria, no respondían a intereses planificados por la Corona catalanoaragonesa.

En Occidente sí puede hablarse, en cambio, de una política que pretende ser hegemónica y desplazar a los demás competidores: los franceses –representados por la casa de Anjou– y los genoveses. En esta zona mediterránea entran en juego razones económicas y políticas. Por lo que se refiere a las primeras, la Corona catalanoaragonesa ocupó ciertos territorios –básicamente Sicilia y Cerdeña– que le permitieron controlar el tráfico comercial y superar la competencia genovesa en el Mediterráneo occidental. Pero en ese expansionismo encontramos también motivaciones claramente políticas, de aumento de poder y de prestigio por parte de los condes-reyes. Sin embargo, se prefería la penetración económica a la militar, y ésta sólo se ejercía si la defensa de los intereses económicos lo requería.

Los caminos de la mar unen más que separan, y pronto se formó un sendero entre Mallorca y Cerdeña, entre Mahón y Algher. Esta última fue una auténtica colonia catalana; de ahí que la lengua que se habla allí hoy en día sea una variante del catalán, el algherés. También se hablaba el catalán en otras ciudades de la isla de Cerdeña, como Sàsser y Càller. Hasta el siglo XVIII, la catalana fue la lengua oficial de Cerdeña. Además de la lengua, diversos momumentos muestran la antigua presencia de los catalanes en la isla. El Castillo de Bonaria, o *bon aire* («buen aire»), construido por los catalanes, domina la ciudad de Càller. Y en la catedral puede contemplarse un magnífico mausoleo barroco del rey de Cerdeña Martín el Joven, hijo de Martín I el Humano. Precisamente la pérdida de Martín el Joven, ocurrida en vida de su padre, planteó el problema de la sucesión, que no resolvió el nuevo matrimonio de Martín I con Margarita de Prades ese mismo año; y en 1410 moría el rey, dejando a la Corona sin descendencia legítima. A Castelsardo todavía se le conoce con el nombre de «Castillo Aragonés». En la ciudad de Algher, las murallas y bastiones que se alzan junto al mar fueron una aportación catalana. La perspectiva de Algher desde el mar, fortificada en buena parte de su fachada marítima, ofrece la visión de un majestuoso barco anclado en las profundidades del piélago. El campanario emerge como el palo mayor de la nave, y las olas son guerreros que, con cotas de escamas argentadas, luchan contra el ejército terrestre de las rocas. Cerdeña, isla, nave y pasadera, permanece flotando sobre el azul del mar y agarrándose al azul oceánico del cielo.

Las islas consituían una pasaderas en esta mar nuestra, tan doméstica. Sicilia, que también formó parte de este juego de pasaderas, facilitó el salto a Nápoles a través del estrecho de Messina, y en el siglo XV Alfonso el Magnánimo era proclamado rey de Nápoles. Una «crónica» escrita en la piedra nos habla de la solemne entrada en la ciudad de Alfonso el Magnánimo, como rey de Nápoles, en el año 1443. Este mismo rey había hecho construir una magnífica portalada entre las dos torres ya existentes del Castel Nuovo napolitano. Esculpido en mármol por Francesco Laurana, este arco del triunfo muestra un relieve central en el que una comitiva formada por guerreros y combatientes aclama al rey, quien desfila, sentado en un trono, sobre un carro triunfal. El escudo real con las cuatro barras preside ese pórtico suntuoso. Pero el desfile real no se ha detenido. Cada día, cuando el volcánico sol de Nápoles ilumina las piedras, el triunfal cortejo retoma los viejos caminos de la historia. La enseña catalana pone guirnaldas de oro y púrpura a la «magnánima» comitiva.

El espíritu itinerante de los reyes catalanes hizo que el renacentista Alfonso el Magnánimo incluso trasladase la corte de Barcelona a Nápoles hasta su muerte. Su mujer, la reina María, quedó como lugarteniente en Barcelona, desde donde llevaba las riendas del gobierno del Principado. El juego de la estructura virreinal catalana, que se desarrolló durante el reinado de Alfonso el Magnánimo, fue el punto de arranque de la organización colonial americana protagonizada por Castilla.

Alfonso el Magnánimo, que desde Nápoles practicó una política exterior muy activa, se convirtió en un decidido protector de las bellas artes, la cultura humanística y los estudios clásicos. Su corte congregaba a prestigiosos hombres de letras y artistas. Una de las figuras emblemáticas que allí se encontraba vivió una aventura singular. Era el poeta Jordi de Sant Jordi, caballero y camarero real que, en reconocimiento por sus servicios prestados a Córcega y Cerdeña, recibió el castillo de Palop. Pero la satisfacción no le duró mucho, debido al trastorno que sufrió poco tiempo después. Francesco Sforza, que luchaba a sueldo para los enemigos napolitanos del rey, entró por sorpresa en Nápoles y venció con facilidad a las tropas catalanoaragonesas. Jordi de Sant Jordi fue hecho prisionero, y él mismo nos explica la experiencia en un memorable poema, conocido actualmente con el nombre de *Presoner (Prisionero)*, que constituye una petición al monarca para que tramite su rescate. Todo el poema es un canto desolado, un aria que va adquiriendo un *crescendo* descriptivo que culmina en un grito entre la esperanza y la desesperanza. Ya el primer verso es una bella síntesis de la angus-

tiosa situación en que se encuentra el desdichado caballero. Leamos la magnífica primera estrofa:

> «*Falto de amigos, de bienes y de señor,*
> *en extraño lugar y en tierra extraña,*
> *lejos de todo bien, harto de molestias y tristeza,*
> *mi voluntad y el pensar cautivos,*
> *me hallo por mal poder sometido,*
> *nadie aquí de mí cura,*
> *y estoy vigilado, encerrado, aherrojado y preso,*
> *gracia que debo a mi triste ventura*».

Con Jordi de Sant Jordi, en torno al rey Magnánimo se habían reunido algunos de los mejores poetas catalanes del siglo XV, entre los cuales se encuentran Ausiàs March y Andreu Febrer. March había participado en la campaña de Cerdeña y de Córcega. De Andreu Febrer debe destacarse su traducción en verso y al catalán de la *Divina comedia* de Dante, la primera versión de esa obra en una lengua moderna. La corte de Alfonso el Magnánimo era un lugar propicio para relacionarse con otros escritores notables, no sólo catalanes sino también castellanos, entre los cuales se hallaba el Marqués de Santillana; éste había sido copero de la corte de Alfonso el Magnánimo, título cortesano que implicaba una relación constante con Jordi de Sant Jordi, camarero del mismo señor. Y Santillana, como tributo a su amistad, escribió el poema titulado *Coronación de mossèn Jordi*:

> «*Deessa, los ilustrados*
> *valentíssimos poetas,*
> *vistas las obras perfectas*
> *e muy sotiles tractados,*
> *por Mossèn Jorde acabados,*
> *supplican a tu persona*
> *que resçiba la corona*
> *de los discretos letrados*».

La fuerza volcánica de Nápoles enardeció a nuestros poetas y a nuestros guerreros y caballeros. El friso de mármol del gran pórtico de Castel Nuovo es un perenne arribo de la corte de Alfonso el Magnánimo a Nápoles. Pero el espíritu itinerante y las largas estancias lejos de Cataluña no hicieron nunca olvidar sus raíces a nuestros reyes. Unas raíces que la muerte hacía revivir: las tumbas reales de los monasterios de Poblet y Santes

13. Tumbas reales en el monasterio de Santes Creus: en primer término, la de Pedro el Grande, en una bañera de pórfido rojo, y, en segundo término, las de Jaime II y Blanca de Anjou, con las estatuas yacientes de los soberanos, adoseladas todas ellas por templetes góticos con tracerías y pináculos.

14. Tabla de San Jorge, siglo XV (detalle).

Creus fueron el último destino de viaje para muchos de esos reyes itinerantes. Alfonso el Magnánimo está enterrado en Poblet. Y Santes Creus acoge el sepulcro de aquel soberano catalán que había sido rey de Sicilia, Pedro el Grande, hijo de Jaime I el Conquistador; en su tumba de Santes Creus podía leerse este epitafio: «Pedro, al que esta losa cubre, sometió naciones y reinos y abatió a los poderosos. Murió el once de septiembre del año 1285».

Si Alfonso el Magnánimo entró triunfante en Nápoles precedido de trompetería llameante, Pedro el Grande lo había hecho en Palermo bajo los acordes de trompetas que anunciarían aquellas «vísperas sicilianas» que Verdi transformaría en sonora memoria. El rey, que estaba casado con Constanza de Sicilia, heredera legítima de esa isla, se había lanzado a la empresa de recuperar el reino de su mujer, que por entonces se encontraba en poder del francés Carlos de Anjou. La sublevación del pueblo contra los franceses invasores culminó con el alzamiento de las Vísperas Sicilianas, en las que los sicilianos solicitaron, y obtuvieron, la protección del rey Pedro, y lo reconocieron como rey y señor. Pedro el Grande y su esposa Constanza de Hohenstaufen fueron coronados reyes de Sicilia en la catedral de Palermo. La fama de Pedro el Grande como caballero modélico fue reconocido por Dante, quien en su *Divina comedia* lo ensalzó con un verso memorable: *D'ogni valor portò cinta la corda*. Boccaccio lo menciona de manera afectuosa en uno de sus cuentos. Bernat Desclot escribiría en su *Crónica*: «Y cuando las gentes de la villa de Trapani y de sus alrededores vieron llegar tan gran flota, se dirigieron todos hacia el mar, pues bien sabían que era el rey de Aragón que venía a Sicilia. Y se aderezaron lo mejor que pudieron para recibir al rey con gran honor, y todos los ricohombres y los caballeros del lugar se dirigieron hacia allí en barcas y entraron en la nave en que el rey se encontraba; [...] y lo saludaron de muy gran manera y le dijeron que desembarcara en su tierra».

Describe el cronista la llegada del rey Pedro el Grande con su escuadra, el exultante recibimiento de los ricohombres, caballeros y todas las demás gentes. Su fiel almirante Roger de Llúria —que pese a ser oriundo de Sicilia, como dice el cronista Ramon Muntaner, hablaba «el más bello catalán del mundo»— quiso perpetuar su fidelidad siendo enterrado a los pies de su soberano, en Santes Creus. La catedral de Palermo vela las tumbas de los reyes de Sicilia, la reina Constanza entre ellos, esposa del rey Federico I e hija del conde-rey Alfonso I de Cataluña, que murió en el año 1222, cuando Jaime I, su primo, se preparaba para conquistar

15. La relevancia de la expansión comercial catalana por todo el Mediterráneo evidenció la necesidad de una organización jurídica. Los diversos reglamentos surgidos durante el siglo XIII serían recogidos en el *Llibre del Consolat de Mar* (Libro del Consulado del Mar), que, editado por vez primera en 1484, recopilaba las normas aplicadas por el Tribunal del Consulado del Mar de Barcelona.

Mallorca. En el interior del templo siciliano todavía puede verse otra tumba catalana: la del duque Guillermo, hijo del rey Federico II, prestigioso hombre de guerra que llevó los títulos de los ducados catalanes de Atenas y de Neopatria. Su tumba puede identificarse por el escudo de la Sicilia catalana: nuestras barras flanqueadas por las dos águilas sicilianas —de la casa imperial de los Hohenstaufen— que años después figurarían en el escudo de España hasta la Guerra de Sucesión, en el siglo XVIII.

El archivo de Palermo guarda numerosos manuscritos catalanes y traducciones sicilianas de la célebre *Crónica* de Ramon Muntaner, sobre la que Leonardo Sciascia afirmaría: «es éste un libro que entusiasma, un libro que hace compañía, un libro que

16. Capilla de Sant Miquel, del monasterio de Pedralbes. En el ala del claustro más próxima a la iglesia, se abre la puerta de la capilla de Sant Miquel, pequeña cámara cuyas paredes están recubiertas por completo con pinturas murales de Ferrer Bassa, perfectamente conservadas (siglo XIV).

nos devuelve, intacto y libre, el gusto por la lectura». La colonia catalana de Palermo, formada en su mayoría por comerciantes, poseía iglesia propia: el templo de Santa Eulalia dei Catalani. Y en Siracusa, en la fachada de la iglesia de San Sebastián, destaca aún una imagen gótica de Santa Eulalia, con una inscripción latina que reza: «*Santa Eularia, virgo et martyr insignis civitatis Barchinone*».

La ruta de las islas se completa con Malta y Gozzo, que se incorporan al dominio catalán en 1283, y la isla de Gelves, que lo hace en 1284. En el año 1285 la escuadra catalana ocupó la isla de Pantelleria, situada entre Sicilia y Túnez, y el año siguiente las islas de Querquens, junto a Gelves. Durante 77 años Malta fue regida por Grandes Maestros de nuestra lengua –la Orden de Malta estaba constituida por caballeros de diversas naciones o lenguas, como se les llamaba; y los catalanes, que formaban una de las lenguas junto con los mallorquines, tuvie-

ron una destacada actuación, aún bien visible–. Las murallas de Malta constituyen un recuerdo de los Grandes Maestros catalanes de la Orden de Caballeros-monjes que poseyó la isla durante muchos siglos.

A la vista de Gelves se encuentra Túnez, que guarda la tumba del profeta y poeta mallorquín Anselm Turmeda, fraile franciscano convertido al islamismo y llamado desde entonces Habdallah. Turmeda había tenido a su cargo las aduanas de Túnez, ciudad de activo comercio y sede de un consulado catalán.

En las ciudades con las que se mantenían relaciones más estrechas, los cónsules catalanes representaban a los mercaderes ante las autoridades locales y defendían sus intereses. El rey Jaime I dictó las primeras «ordenanzas de ribera» a fin de regular el comercio; dichas ordenanzas fueron ampliadas de manera progresiva hasta formar el código del *Consulado del Mar* (publicado en 1484) que, andando el tiempo, serviría para regular el comercio

17. Galería del claustro gótico del Palacio de la Generalidad. La obra, proyectada en el siglo xv por el maestro arquitecto Marc Safont, es el edificio medieval más relevante de la ciudad de Barcelona.

18. Lonja de Barcelona, siglo XIV. En las ciudades de la antigua confederación catalanoaragonesa, el edificio más hermoso y monumental del periodo gótico flamígero suele ser el de la Lonja o sala de contrataciones comerciales.

19. San Jorge luchando contra el dragón, escultura gótica del siglo XV. El escultor Pere Joan es el autor de este elegante medallón, así como del marco que la rodea y de las gárgolas ornamentales que sobresalen de la fachada gótica del Palacio de la Generalitat.

internacional. Bajo ese mismo nombre se crearon tribunales que decidían en los pleitos surgidos en el tráfico comercial. Los más antiguos fueron los Consulados de Barcelona (1282) y de Valencia (1283). El de Barcelona tenía su sede en el edificio gótico de la Lonja, el mercado de valores, que ha estado operando de manera ininterrumpida, más antiguo de Europa.

La expansiva arquitectura de la Lonja barcelonesa, con su gótico amplio, de una geometría alada, como la de una bandada de aves migratorias en estilizada formación, acoge, generosa, el pragmatismo de mercaderes y comerciantes. Bajo la matemática armonía de esas amplias arcadas, el mercadeo es una liturgia civil. Liturgia mercantil compartida con la liturgia religiosa surgida del románico, de maciza gravedad. En Cataluña, tras el desarrollo de una arquitectura, pintura y escultura románicas muy características y florecientes (las catedrales de Lérida, Gerona y Valencia son fruto del último románico del siglo XIII), se introduce, a finales del siglo XIII, el gótico, con obras como el convento de los franciscanos de Mallorca, de Vilafranca del Penedès y de Montblanc, la Atarazanas de Barcelona y el Palacio de los Reyes de Mallorca. El gótico alcanza su esplendor en el siglo XIV, con las iglesias de Santa Maria del Mar, en Barcelona, y la de Manresa; la Seo de la Ciudad de Mallorca, o la barcelo-

nesa Nuestra Señora del Pino. El monasterio de Pedralbes (1327), construido con gran rapidez y dotado de una gran unidad estilística, fue considerado por Le Corbusier la obra más equilibrada y perfecta del gótico europeo. En la segunda mitad del siglo, destaca la arquitectura civil, de la que son un buen ejemplo el salón del Tinell y el Consejo de Ciento de Barcelona; en pintura sobresalieron Ferrer Bassa y los hermanos Serra, y en escultura Jaume Cascalls y Jordi de Déu. La influencia del flamígero en las obras del gótico civil (Lonjas de Mallorca y Valencia, y, en Barcelona, el Palacio de la Generalitat, de Marc Safont) marca el siglo XV. En esa época, en el arte pictórico destacaron Lluís Dalmau y Jaume Huguet, y en el escultórico, Pere Oller y Pere Joan.

Jaume Huguet y Pere Joan entroncan las raíces góticas catalanas con los inicios de la expansión territorial mediante uno de los símbolos más representativos de Cataluña: San Jorge. La tabla de San Jorge y la princesa, de Jaume Huguet, es una de las obras más bellas realizadas en tierras del Mediterráneo en la segunda mitad del siglo XV. Huguet pintó un San Jorge de salón, cortesano, sin dragón ni caballo. La princesa, que lleva en las manos el yelmo enjoyado del caballero, comparte el protagonismo de la pintura. En cambio, el escultor Pere Joan nos presenta un San Jorge caballeresco, ecuestre, que pisa al dragón malherido; se trata de un relieve enmarcado en un medallón, emplazado en la fachada gótica del Palacio de la Generalitat. Vemos ahí al San Jorge surgido de un fragmento del *Llibre dels feyts* del rey Jaime I; el San Jorge que inicia, en Mallorca, los caminos de la expansión mediterránea. Leemos en la crónica de Jaime I: «Y cuando fue abierto el paso por el que tenía que entrar la caballería, ya había allí dentro unos quinientos soldados de a pie. Y el rey de Mallorca, al igual que los sarracenos de la ciudad, habían llegado ya al paso; y de tal manera acometieron a los de a pie que, de no haber entrado los de la caballería, todos habrían muerto. Y según nos contaron los sarracenos, primero vieron entrar a caballo a un caballero blanco con armas blancas; y creemos que era San Jorge, pues en las historias encontramos que en muchas ocasiones se le ha visto en otras batallas de cristianos y sarracenos». La imagen de San Jorge cabalgando ha llevado el gótico catalán por todo el Mediterráneo. En Barcelona ha tenido su sede. El Barrio Gótico barcelonés posee el conjunto español de edificaciones de los siglos XII y XIV más denso, y, aun teniendo en cuenta a Venecia, el más completo de Europa. Robert Hughes comenta que el arte gótico catalán, el estilo arquitectónico de la Barcelona del siglo XIV, es muy característico y por completo diferente de las estructuras góticas inglesas y francesas del mismo periodo. Se trata de un estilo que surge de la simplicidad de las instituciones cistercienses del siglo XIII, de los monasterios de Poblet y Santes Creus. El gótico catalán, que se distingue por su amplitud, semeja la expresión de un cielo luminoso y profundo que rebosa de vida. La nave gótica abovedada más amplia de Europa puede contemplarse en la catedral de Gerona, construida como iglesia de nave única en el siglo XIV. El espacio que separa las columnas de Santa Maria del Mar, en Barcelona, es más generoso que en cualquier otra iglesia gótica de Europa: se trata del llamado gótico amplio, que sólo en Cataluña se extiende con prodigalidad. Alexandre Cirici Pellicer nos habla del acentuado contraste entre el gótico catalán y el de otros países, y nos pone el ejemplo de Notre Dame de París: «Cuando un catalán entra allí, se siente profundamente decepcionado. Pese a la espléndida fachada, el interior es como un pasadizo —estrecho, agobiante, en exceso largo y poco espacioso—, y no se puede comparar siquiera con nuestras mejores iglesias, que son mucho más amplias». En el Castel Nuovo napolitano encontraremos también la sala abovedada, cuadrada y sin columnas en medio de la nave, más grande de Europa, obra del

20. Retablo de la Mare de Déu dels Consellers, del siglo XV, pintado por Lluís Dalmau para la capilla de la Casa de la Ciutat de Barcelona, y que, desde 1902, constituye una de las mejores pinturas del Museo de Arte de Cataluña.

arquitecto catalán Guillem Sagrera. Las Atarazanas barcelonesas son las más completas en su género, y quizá constituyan el más antiguo y emocionante espacio industrial de la Edad Media que haya llegado hasta nuestros días: una obra maestra de la ingeniería civil. Las Atarazanas son el templo del mar. Carles Riba escribiría en un poema: «Hay que seguir remando / para no ahogarnos / en la vida abstracta y profunda». En efecto, hay que seguir remando...

Los viajeros antiguos y modernos nos hablan del sol de Grecia, del color de su cielo y del mar, del paisaje rocoso, de los olivos, de las higueras, de las vides que montaña abajo, ebrias de luz, se impregnan de aromas marinos... Pero la presencia catalana en Grecia viene determinada por el espíritu belicoso de los almogávares, que dominaron por las armas aquellas antiguas tierras de la Hélade y las incorporaron a la Corona catalanoaragonesa. Los almogávares —la palabra, de origen árabe, designaba las tropas que realizaban devastadoras incursiones en territorio enemigo— eran soldados organizados en compañías que elegían a sus propios cabecillas. En los comienzos del siglo XIV, los capitanes almogávares nombraron caudillo a Roger de Flor, caballero de origen germánico que había combatido junto a los cruzados de la Orden del Templo; y fueron contratados como mercenarios por el emperador de Bizancio, quien asistía a la imparable disminución de su territorio debido al avance de los turcos otomanos, que se acercaban peligrosamente a Constantinopla, la capital del Imperio.

El mando de la llamada Gran Compañía lo ostentaban Roger de Flor y algunos capitanes de procedencia catalanoaragonesa, como los nobles Ferran Eiximenis y Corberan d'Alet. Formaban la compañía unos 4.000 soldados de infantería y 1.000 de caballería; más tarde se añadieron otros 2.200 y 500, a las órdenes, respectivamente, de Bernat de Rocafort y del noble Berenguer d'Entença.

En el año 1302, el emperador Andrónico II concedió a Roger de Flor el título de *megaduque* (capitán supremo de la flota de guerra del Imperio bizantino) y acordó el pago de sueldos a los almogávares. La Compañía llevó a cabo en la capital imperial algunas acciones contra los genoveses; más tarde, reforzada con otros mercenarios dependientes del emperador, inició una serie de campañas victoriosas contra los turcos en la península de Anatolia (Asia Menor), y entre 1302 y 1303 llegó hasta el reino cristiano de la Pequeña Armenia. Después, los almogávares, que seguían siendo fieles al rey de Sicilia, se establecieron en la península de Gallípolis (la Tracia).

Tras estas victorias (en el curso de las cuales se produjo algún que otro saqueo del que fue víctima la población bizantina de Quiros y Lesbos), el emperador nombró a Roger de Flor césar del Imperio bizantino, cargo que comportaba vastos poderes y que convertía al jefe de los almogávares en el segundo personaje del Imperio después del emperador. Además, Roger recibió a modo de feudo todos los territorios de Asia Menor que los almogávares conquistasen. Eso despertó el recelo del príncipe heredero, Miguel Paleólogo, quien invitó a Roger de Flor a acudir a Adrianópolis, donde lo asesinó (1305); a continuación intentó derrotar a los almogávares y expulsarlos del Imperio.

A partir de ese momento, el mando de la Compañía pasó a manos de Berenguer d'Entença y Bernat de Rocafort, quien declaró la guerra al Imperio bizantino. Daba comienzo así la llamada Venganza Catalana, durante la cual se produjeron razias y matanzas que se extendieron por la región de Gallípolis y, más tarde, por gran parte del territorio bizantino.

Por último, la Compañía pasó al servicio del duque de Atenas (el francés Gautier de Brienne); no obstante, cuando éste quiso prescindir de sus servicios, los almogávares le derrotaron y en 1311 se apoderaron del ducado. Muy pronto los catalanes

21. Pedro el Ceremonioso, siglo XIV. Estatua de alabastro policromado, una de las piezas más notables del arte gótico catalán (Museo de la Catedral de Gerona).

se encontraron a sus anchas en las tierras de Grecia, y demostraron que no eran soldados amantes del pillaje ni avaros de botín, como lo avalan los Capítulos de Atenas, en virtud de los cuales los catalanes del ducado reciben y reconocen como soberano a Pedro el Ceremonioso.

En el tercero de los mencionados capítulos, puede leerse: «Tanto las villas como los nobles que integran los ducados son una sola cosa y serán regidos y gobernados por el *veguer* general, posponiéndose todas las disensiones pasadas». Las ciudades de Tebas, Atenas y Livadia fueron verdaderos municipios catalanes trasplantados al corazón de Grecia. El derecho, tanto público como privado, era el mismo que regía en Cataluña, como declara el capítulo XV: «que la llamada corporación de Cetines (Atenas) y los habitantes de ésta pueden y deben utilizar, y perseverar, y vivir y disfrutar según los estatutos, constituciones y usos y costumbres de Barcelona».

El legado más glorioso que la dominación catalana hizo a la Crecia continental es el elogio que el rey Pedro el Ceremonioso, pese no haber estado nunca en tierras griegas, dedicó a la Acrópolis de Atenas. Este mítico monumento, que en el siglo XIV no había sufrido todavía la destrucción que los turcos le infligirían, irradiaba con tal fuerza su belleza por todo el mundo civilizado que debía reflejarse en las auroras rosadas de Homero, en la ardiente carroza del sol de Ovidio, en los crepúsculos vespertinos de Carles Riba, en los cielos ebrios de azul de Màrius Torres. La pura geometría de esas piedras tenía que reflejarse en el templo de las estrellas.

Cuando los mensajeros llegados de Atenas, el obispo de Megara entre ellos, informaron al rey del valor del monumento, al tiempo que le mostraron unos dibujos de la Acrópolis, el rey sólo hubo de corroborar lo que el sueño clarividente de la naturaleza hacía presentir. Los mensajeros solicitaron al rey una guarnición para la defensa de la Acrópolis. ¡En tal alto precio la tenían! Así dice el texto del documento original, firmado por el rey, en Lérida, el día 11 de septiembre de 1380: «Tesorero: Sabed que han venido mensajeros, síndicos y procuradores de los ducados de Atenas y de Neopatria, con autoridad suficiente otorgada por toda la gente de dichos ducados, y nos han hecho juramento y homenaje, y se han hecho vasallos nuestros. Y ahora el obispo de Megara, que es uno de los citados mensajeros, regresa con nuestra licencia y nos ha pedido que, para vigilar el castillo de Atenas, le diésemos diez o doce soldados. Y nosotros, viendo que esto es muy necesario y que no es cosa que no haya de hacerse, principalmente porque ese castillo *es la joya más rica que en el mundo pueda existir, y tanto que entre todos los reyes de cristianos apenas podrían hacer uno parecido,* hemos ordenado que el citado obispo se lleve dichos doce soldados, los cuales, a nuestro entender, deben ser ballesteros, hombres honestos que estén bien armados y preparados».

En verdad, este elogio constituye el mejor legado de la presencia catalana en la Grecia continental, siendo el primer testimonio, después de largos siglos, de que Occidente volvía a tener conciencia de sus incomparables maravillas. En aquella época, Europa había relegado al olvido incluso el recuerdo de los bellos monumentos que guardaba la antigua fortaleza. El juicio emitido por Pedro IV es del todo estético: una auténtica anticipación del Renacimiento. Las palabras que Pedro el Ceremonioso tributa a la Acrópolis superan a las que con posterioridad le dedican viajeros y humanistas italianos, faltas de emoción estética.

Hasta las puertas de Oriente llegaba la impronta dejada por los catalanes. En el año 1302, los almogávares, bajo el mando de Roger de Flor, alcanzaban Constantinopla, el actual Estambul, que tenía consulado catalán desde hacía varios años. Ramon Muntaner, compañero de Roger de Flor en la aventura, dejó memoria escrita de aquel hecho, en el que los catalanes habían defendido la mezquita de Santa Sofía y las murallas medievales de la ciudad hasta que los turcos fueron exterminados.

También en Rodas y en Chipre el estilo gótico catalán ha dejado sus huellas. En Rodas puede verse el Hospital, el Castell Roig («Castillo Rojo»), el Castell de Sant Nicolau («Castillo de San Nicolás»), el Castell Alfonsí («Castillo Alfonsí»), presidido por las cuatro barras catalanas. En Chipre, el gótico civil catalán dejó su impronta en edificios singulares. Puertas de dovela darían noble bienvenida a la reina Eleonor de Chipre, princesa catalana, prima de Pedro el Ceremonioso.

El hilo conductor de los ligámenes de estos reinos mediterráneos, sin embargo, debemos buscarlos en un organismo básico. En las Cortes Generales de Cervera de 1359 se creó la Generalitat, que actuaba como organismo delegado de las Cortes y

que desde el siglo XV ejerció funciones ejecutivas en materia política, financiera y judicial. Veamos, de la mano del historiador Albert Balcells, los antecedentes: Ramón Berenguer I estructuró el estado feudal catalán, y lo hacía en la misma época en que el duque Guillermo de Normandía estructuraba el estado normando, muy pronto anglonormando; tanto el uno como el otro constituyen los modelos más perfectos de institucionalización de las estructuras feudo-vasalláticas que surgieron en Europa. Después, en la Baja Edad Media, Inglaterra y Cataluña se erigieron también en modelos ejemplares de monarquía limitada por el poder legislativo que detenta la representación parlamentaria de la nobleza, la clerecía y la burguesía.

En la Baja Edad Media, Cataluña desarrolló un complejo sistema político basado en el pacto parlamentario. En esa época no puede hablarse de constitucionalismo, dado el carácter consuetudinario de un sistema basado en los privilegios de los brazos o estamentos, en las libertades de los grupos y no en la libertad igualitaria; pero la monarquía limitada y la tendencia —no consumada— a separar los poderes legislativo, ejecutivo y judicial dieron un carácter peculiar, y en cierta medida precoz, al sistema político catalán medieval. Las Cortes catalanas, nacidas en el siglo XIII, fueron la pieza clave en la concepción paccionada de las relaciones entre el conde de Barcelona y el rey de Aragón con sus súbditos catalanes, al tiempo que Aragón y Valencia tenían también sus propias cortes, independientes de las catalanas.

Desde finales del siglo XIII, en Cataluña el rey no podía revocar una ley aprobada por las Cortes. En la asamblea de 1283, Pedro el Grande otorgó a los tres brazos —nobleza, clerecía y ciudadanos— el poder colegislativo con la Corona. Fue entonces cuando nació el pactismo político catalán. A mediados del siglo XIV se avanzó un paso más en la limitación del poder real por parte de las Cortes, con la creación de una comisión permanente que actuaba cuando éstas no se reunían: la Diputación del General o Generalitat. No sólo la concesión de subsidios al monarca eran objeto de pacto entre el rey y sus súbditos, sino que también la administración de estos tributos correspondía a la Generalitat.

A comienzos del siglo XV, la Generalitat, hasta ese momento un organismo fiscal, se convirtió en un poder político encargado de la defensa de las leyes de Cataluña, y el rey no era considerado legítimo hasta que juraba respetar las leyes básicas. Cortes y Generalitat representaban al Principado ante el soberano y constituían un elemento de cohesión del país, que iniciaba así una organización propia y tomaba conciencia de sí misma.

El historiador francés Pierre Vilar, autor del libro *Cataluña en la España moderna* (París, 1962), escribió: «Quizás entre 1250 y 1350 el Principado catalán fuera el país de Europa a propósito del cual sería menos inexacto, menos peligroso, pronunciar unos términos en apariencia anacrónicos: imperialismo político-económico o Estado-nación». El modelo de organización política que desde el año 1359 adoptaron las Cortes catalanas –uno de los primeros parlamentos de Europa– sirvió durante siglos (hasta principios del XVIII) como base del funcionamiento de los países de la Corona –País Valenciano, Baleares, Aragón y Cataluña–, así como de los demás reinos del Mediterráneo que se habían incorporado a ella: Sicilia, Nápoles, Atenas y Neopatria. En este sentido, el historiador Jaume Vicens i Vives, en su *Noticia de Cataluña*, escribe: «Si hay algo admirable en la historia internacional del útimo medio siglo, no vacilo en poner como ejemplo la Comunidad británica [...] Nuestros antepasados organizaron la cuenca occidental del Mediterráneo durante el siglo XV con una idoneidad y flexibilidad superiores incluso a la tan admirada obra del espíritu inglés moderno, sin duda porque, en un espacio más reducido y alimentado por una misma cultura, no existían entre sus partes los abismos raciales, ecónomicos y mentales que resquebrajan a la Commonwealth».

«Con el viento terral», Cataluña surcó todas las rutas del mar Mediterráneo. Y en el siglo XIV se convertía en el primer modelo de las naciones modernas, basado en el predominio del sistema político representativo. Afirma Pierre Vilar que «los condes-reyes, con esta ayuda, pudieron llevar a cabo un gran juego peninsular, un gran juego mediterráneo, un gran juego europeo... La lengua se ennobleció con el uso diplomático, administrativo y literario, y la cultura y la espiritualidad recibieron la impronta... Los mensajeros catalanes llegaban a Tartaria; Barcelona daba a Atenas sus leyes; Jaime II se convertía en protector de los Santos Lugares; la cartografía catalana iba por delante del movimiento científico. Una época como aquélla no puede dejar de conservar su sentido en el destino de una colectividad». Ahora bien, con la plena incorporación a la monarquía hispánica en tiempos del rey Carlos I, nieto de los Reyes Católicos, y con la apertura de las rutas comerciales del Atlántico (a América y Africa), menguaron de manera progresiva la importancia económica del Mediterráneo y, casi simultáneamente, el esplendor político de Cataluña.

A partir del siglo XVIII, con la pérdida de la soberanía política, en la literatura catalana se inicia un gran tema, retomado de vez en cuando por los escritores: la nostalgia de lo que significamos en el mar. Esta nostalgia resulta desgarradora, sin pizca de romanticismo, en el poeta J.V. Foix, cuando expresa la realidad actual de este «mar de todos», ya no nuestro:

«Mar vital cuando florece la aurora; y oscura
en los huertos de cerezas del pajaroso crepúsculo
cuando regresan los veleros, vetustos, y el puerto alumbra.
Oh mar de todos, sin delfines reales,
con cruces imperativas, y los cuatro palos
sobre el oro secular de una estirpe de hombres libres».

Las cuatro heráldicas y sangrientas marcas de dedos sobre el campo de las mieses doradas marcaban la «estirpe de hombres libres», aquellos almogávares y caballeros que hicieron de la mar, del «piélago frondoso por atlas otoñescos», un «lecho de héroes». Foix evoca también las raíces del patriotismo catalán, la franqueza y la libertad, «las franquicias y los fueros, las libertades aladas», hasta la esencia misma del pacto, la fidelidad recíproca: la del señor hacia el vasallo y la de éste hacia el señor: «y lo que es para quien es y aquello que es justo». Foix, en versos precisos y contundentes, sintetiza la vocación marinera catalana en sus orígenes históricos, el «pajaroso crepúsculo», de donde «regresan los veleros vestustos» que enarbolan los cuatro palos sobre el mar vital que la aurora floreciente dora con oro secular:

«Piélago frondoso por atlas otoñescos
con fuegos profundos y plumones extremos
lecho de héroes destructores de las vidas abiertas
en los aceites, los vinos, las frutas dulces,
bajo la claridad de los pinos en la aurora de almendra.
[...]
Nosotros, ojo novel, por encinar y hayedo
invocamos nombres terrales y su áspera fronda,
las franquicias y los fueros, las libertades aladas,
y lo que es para quien es y lo que es justo
ante las cruces que brotan de los sembrados».

V

TIRANT LO BLANC

«*No sufráis más, doncellas, no sufráis,*
que el hombre siempre es desleal.
Un pie en la orilla y otro en la mar.
Y es inconstante, en eso no tiene igual.
No sufráis más. Dejad que alce el vuelo
el mar de amores que os consumía.
Convertid en canciones vuestros duelos,
y la tristeza, en melodías de alegría.
No lloréis más, que a una doncella
le convienen acordes más vivos.
La falsedad de los hombres es tan bella
como el verde de las hojas en el estío.»

Con tan cautivadores versos comienza la primera escena
de la espléndida versión cinematográfica de *Mucho ruido y pocas*
nueces (Much ado about nothing), de Shakespeare, dirigida por
Kenneth Branagh. Una versión interpretada por el propio director y por Michael Keaton, Robert Sean Leonard, Keanu Reeves, Emma Thompson y Denzel Washington, y con música
de Patrick Doyle. Si analizamos con detenimiento este delicioso poema, encontraremos en él la síntesis del hilo argumental
de la obra de teatro y, paralelamente, la síntesis del clima argumental de *Tirant lo Blanc* de Joanot Martorell. Observad que en
el primer caso nos hemos referido a un *hilo* argumental, y en el
segundo a un *clima*. La diferencia radica en que *Mucho ruido y po-*
cas nueces se basa en un capítulo de *Tirant lo Blanc*, en concreto el
283, «Ficción que hizo la Reprovada Viuda a Tirant». Este capítulo refleja el clima de la novela, que no es sino un «tesoro de
contento», como diría Cervantes en su *Quijote*, refiriéndose precisamente al *Tirant*. Es el canto exultante a la vida, el retorno a
un paraíso terrenal en el que no se hubiera producido la mítica
caída, donde el amor sería risa y canto, luz y color, perfume y
beso, abrazo profundo que convierte en sublime y pura toda

sensualidad, tan vital es ese amor, y lúdico como el chillido enloquecido de las golondrinas en verano...

«*No sufráis más. Dejad que alce el vuelo*
el mar de amores que os consumía.
Convertid en canciones vuestros duelos,
y la tristeza, en melodías de alegría.»

«Con el viento terral» vimos la expansión de Cataluña en
el Mediterráneo. Con *Tirant lo Blanc* podemos ver la expansión
de una de las principales creaciones literarias, en lengua catalana, en los corazones de los hombres y en la vida, por los caminos que atraviesan Europa. Las aventuras del caballero Tirant lo Blanc se inician en la Inglaterra que vio nacer a
Shakespeare, aunque un siglo antes de que el dramaturgo inglés retomase la aventura de la «Reprovada Viuda». No obstante, Shakespeare llega al *Tirant* dando un rodeo. En otras
obras de caballería se encuentran rastros del *Tirant*. Proporcio-
nó a Ariosto su versión (en el canto V de *Orlando furioso*) de la
historia de Plaerdemavida («Placerdemivida») vestida de negro. Este relato de engaño irónico pasó también a Bandello y,
a través de la versión francesa de sus *Novelle*, pudo llegar a Shakespeare; aunque éste pudo haberla tomado directamente de
la traducción inglesa de la obra de Ariosto. Ciertos pasajes del
Tirant aparecen en el *Quijote* (en concreto en el capítulo XXI de
la Primera parte), donde se describe un castillo fantástico
como aquel en que Tirant y Carmesina celebran sus encuen-
tros amorosos. Sin embargo, pese a que llega al *Tirant* por un
camino más largo, fue el genial dramaturgo inglés quien sacó
más provecho de él, hasta construir una obra maestra: su *Mu-*
cho ruido y pocas nueces. La Viuda Reposada del *Tirant* es el malé-
fico Don John de la obra teatral; la dulce Carmesina es la criada Margaret, quien a su vez se hace pasar por Hero en la obra;

22. Miniatura del *Llibre dels Usatges* (Libro de los usos), compilación de normas jurídicas de diversas procedencias, recogidas desde el siglo XII y cuya redacción definitiva se realizó al parecer durante el reinado de Jaime I.

Tirant es Claudio; y la alocada alcahueta Plaerdemavida es Borachio. La Viuda siente una ciega y rabiosa pasión hacia Tirant lo Blanc y, como no es correspondida, inventa la escena de Plaerdemavida transvestida y convertida en el negro hortelano Lauseta, que intenta seducir a la princesa Carmesina, de la que Tirant está locamente enamorado. La Viuda Reposada logra que Tirant pueda contemplar desde un escondite la escena de la seducción ficticia. En *Mucho ruido y pocas nueces*, el malvado Don John se las apaña para que Claudio pueda ver, también escondido, cómo un criado, Borachio, seduce a la hermosa Hero, suplantada no obstante por su criada Margaret. En ambas situaciones, finalmente, se descubre el engaño, y se llega a la conclusión de que todo ha sido «mucho ruido y pocas nueces». Un siglo después del *Tirant*, otro escritor de la talla de Shakespeare se hará eco de esta novela, monumento de la literatura catalana de todos los tiempos. Nos referimos a Miguel de Cervantes, autor del *Quijote*, novela en la que expresa la simpatía que sentía hacia *Tirant lo Blanc*. Joan Fuster nos dirá que la aparente causa de esa simpatía proviene de la ausencia de elementos extravagantes y maravillosos –lo cual distingue al *Tirant* de las demás obras del género caballeresco– y, sobre todo, de su tono jocundo. Precisamente esa sensatez, ese no estar en las nubes, este contacto con la realidad y el tono festivo caracterizan a *Mucho ruido y pocas nueces* e incluso al *Quijote*. De ahí que Cervantes alabara del *Tirant* en particular lo que refleja el aburguesamiento de los caballeros, presentándolos como hombres corrientes, que comían, bebían, hacían testamento y morían en la cama: «por su estilo, es éste el mejor libro del mundo: aquí comen los caballeros, y duermen y mueren en sus camas, y hacen testamento antes de su muerte, con

23. San Jorge y la princesa, siglo XV, de Jaume Huguet.

estas cosas de que todos los demás libros deste género carecen». Cervantes y Shakespeare son sin duda los mejores críticos del *Tirant lo Blanc*. Recordemos la observación de George Steiner: la mejor crítica de una obra de arte engendra otra obra de arte. *Mucho ruido y pocas nueces* y el *Quijote* son, como el *Tirant*, un «tesoro de contento» que, con su tono jocundo, irradian humor, ironía, alegría de vivir y, en definitiva, esa maravillosa sensatez del clasicismo mediterráneo que se mezcla con el arrebato de la tramontana.

«Con el viento terral» hemos visto desfilar toda una recua de caballeros que, con sus travesías por el Mediterráneo, suministraron un sinfín de hechos legendarios que por fuerza tenían que culminar en una gran crónica, «el mejor libro del mundo», como calificó Cervantes al *Tirant*. Ramon Llull había escrito novelas con fines didácticos, y toda su obra constituye la apología del pensamiento. Los grandes mitos de Cataluña vuelven a encontrarse en el género novelesco: la gesta de Tirant en el Imperio griego evoca con cierta fidelidad la odisea de Roger de Flor y de su Compañía catalana –que había sido relatada por Ramon Muntaner–, y en ella puede identificarse, entre los personajes de la ficción, a monarcas, reinas, príncipes y nobles que existieron en la realidad. La novela crece orgánicamente con el héroe, cuya personalidad va desplegándose a medida que la acción avanza desde Inglaterra hasta el Mediterráneo. Por doquier encontramos una mezcla inusual de ficción y realidad geográfico-histórica (nombres reales de lugares y de personas ayudan a hacer verosímiles las incontables aventuras). Martorell se sirve de sus experiencias como viajero y como cortesano, así como de sus frecuentes lecturas y del conocimiento que poseía de su tiempo. Un rasgo particular es la descripción desenfadada de los actos amatorios, ofrecidos en detalle y sin pudor alguno, lo cual la convierte en una obra aparte en el conjunto de la literatura de su época. Tirant, figura central de la novela, se nos presenta ora como valiente soldado, ora como un genial estratega, ora cual astuto político, y también como amante apasionado. Dentro de esta atmósfera de autenticidad encontramos humor, sentimientos y tragedias, relatos llenos de alevosía, traiciones y brutalidad. Y pese a la promiscuidad entre hombres y mujeres, los protagonistas, Tirant y Carmesina, aparecen como modelos de fidelidad y, al estilo de Amadís y Oriana, contraen un matrimonio secreto que será posteriormente solemnizado. Mario Vargas Llosa considera a *Tirant lo Blanc* «una novela total. Novela de caballerías, fantástica, histórica, militar, social, erótica, psicológica: todas esas cosas a la vez y ninguna de ellas exclusivamente, ni más ni menos que la realidad. Múltiple, admite diferentes y antagónicas lecturas y su naturaleza varía según el punto de vista que se elija para ordenar su caos. Objeto verbal que comunica la misma impresión de pluralidad que lo real, es, como la realidad, acto y sueño, objetividad y subjetividad, razón y maravilla. En esto consiste el realismo total». En definitiva –acaba diciendo Vargas Llosa– esta concepción de la novela total anuncia prácticamente toda la estrategia de la novela moderna.

En el marco de este «realismo total», las escenas eróticas y sensuales están tratadas con desenfadada desenvoltura, como si fueran un juego de primitiva inocencia que haría exclamar al Creador: «Creced y multipliaos», como si la serpiente no hubiese todavía envenenado la quimérica manzana. ¿Jugaba Cupido a la ratita, con el espejito del amor, aquella noche en que la manzana corrió de boca en boca sin que nadie llegara a morderla? Sólo fue un hermoso y disparatado juego aquella escena de los capítulos 233-234 en que Tirant, conducido por Plaerdemavida, entra, a oscuras, en el lecho de Carmesina, y ésta lanza tales gritos cuando lo reconoce que se despierta el palacio entero y acude el emperador, espada en mano, y acude también la emperatriz... Carmesina dice, a modo de excusa, que le ha pasado un ratón por encima del rostro. Entretanto, Tirant ha saltado por una ventana y se ha roto una pierna. «La emperatriz estaba admirada de que, por un ratón, se hubiese armado tanto ruido como había en palacio y, sentándose en el lecho, dijo: "¿Sabéis lo que mejor podemos hacer hacer, doncellas? Puesto que el palacio está ya tranquilo, volvamos a dormir". La princesa llamó a Plaerdemavida y preguntóle al oído dónde estaba Tirant. "Ya, señora, hizo su camino –dijo Plaerdemavida– y es con mucho dolor que se va." Pero no se atrevió a decirle que tenía la pierna rota ni lo que le había dicho; estuvo muy contenta de que no le hubiesen visto ni encontrado. La emperatriz se levantó, y todas estaban en camisa para ir a su departamento. Dijo la Viuda Reposada a la emperatriz: "Sería bueno, señora, que mandaseis a vuestra hija a dormir con vuestra alteza, para que, si el ratón volviese, no le asustara más fuerte todavía". Contestó la emperatriz: "Dice bien la Viuda; ven, hija mía, que mejor dormirás cerca de mí que a solas". "No, señora, váyase vuestra excelencia, que dormiremos la duquesa y yo, y no queráis, por mí, pasar mala noche." Habló la Viuda y dijo: "Sin ningún impedimento, encontrándome en avanzada edad, andando por el miserable llano, tengo el fuego encendido de la sangre romana. Yo, primero que todas, pensé con mucho ingenio en mi fantasía apartar tal ocasión, creciendo en mí el deseo de poder alcanzar aquel ratón, y él huyó con el pie turbado de las malditas cámaras mías"» [Traducción de J.F. Vidal Jové]. Y después de este párrafo, en el que la Viuda se expresa con tan elegante retórica, toma la palabra la emperatriz, quien, sensatamente, habla con un cáustico sentido del humor: «Vámonos, que yo aquí me enfrío». Cáustico humor, en efecto, el de la emperatriz, y refinado erotismo, envuelto en ironía sutil, el de la Reposada Viuda, deseosa de «poder alcanzar aquel ratón». ¡Jamás ratón alguno había sido tan codiciado!

Tirant lo Blanc es una exaltación de la vida, del amor cortesano, de la galantería. Y, en este aspecto, otro caballero –símbolo capital de Cataluña– entra de lleno en la mitología que rodea el mundo de Tirant. Se trata del caballero San Jorge, prototipo de la galantería, al que Jaume Huguet había presentado como cortesano elegante y comedido. La tabla de Jaume Huguet es la expresión iconográfica del amor cortés, del juego amoroso entre caballero y dama. Un juego que a finales del siglo XV llega ya a sus postrimerías, con el *Tirant lo Blanc*, de Joanot Martorell, con *Curial e Güelfa*, con el mundo poético de Ausiàs March, que fallecía en Valencia en 1459, preso de angustias por dejar de ser amado, casi al mismo tiempo en que se pintaban San Jorge y la tímida dama. Ausiàs March moría «trémulo por dejar de ser amado»; Tirant lo Blanc, por su parte, quería que en su lápida pusieran esta inscripción: «Aquí yace Tirant, que murió por mucho amar». El amor es una cota de malla, un juego cuando nos la ponemos y un pesado engorro cuando la llevamos puesta. Dirá Tirant lo Blanc, haciendo un juego de palabras eufónico

entre las palabras *mar* y *amar*: «Todo mi mal es de mar», y Ausiàs March escribiría:

> «Amor, amor, un hábito me he cortado
> de vuestro paño, vistiéndome el espíritu;
> mientras lo vestía, muy amplio lo he notado,
> y harto estrecho cuando estuvo puesto».

Tirant lo Blanc y Ausiàs March nos ofrecen una visión del amor que podría parecer llena de escollos, pero que nunca llega al trágico desenlace de *Romeo y Julieta* o de *La Celestina*. En *Tirant lo Blanc* el amor nace de las manos del Creador, y una vez ha nacido escapa, juguetón, hacia las más enloquecidas travesuras, con la fuerza vital de las llamas cuando las aviva el viento impregnado del perfume sensual de las adelfas en verano. *Tirant lo Blanc* es una novela mediterránea: pese a que su acción se inicia en Inglaterra, su desarrollo y desenlace transcurren en Sicilia y Rodas, en el Imperio griego y en el norte de Africa; finalmente, el protagonista regresa a Constantinopla, donde muere. En *Tirant lo Blanc* –ese canto al amor, a la belleza y a la alegría– se encadenan aventuras de toda índole, y todas las situaciones rozan peligrosamente al borde del precipicio, pero nunca se produce la caída ni el desmoronamiento. Aunque los desafíos «a toda ultranza» se suceden una y otra vez, siempre acaban en batallas dialécticas en las que la tinta negra sustituye a la sangre roja. En suma, «mucho ruido y pocas nueces», como conviene a esa alegría de vivir, en mar y en tierra firme, que con hermosas palabras nos ha descrito Shakespeare:

> «No sufráis más. Dejad que alce el vuelo
> el mar de amores que os consumía.
> Convertid en canciones vuestros duelos,
> y la tristeza, en melodías de alegría».

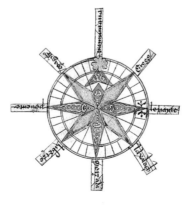

VI

«VELAS Y VIENTOS...»

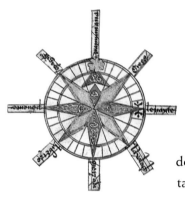

La rosa de los vientos, como paradigma del Atlas, nos conduce a todos los caminos del mundo. Mar y viento habían desvelado el deseo viajero en Cataluña, la voluntad de ensanchar la presencia de esta nación en el mundo. El poeta valenciano Ausiàs March reflejaba este prurito con sólidos versos vibrantes, encendidos:

«Velas y vientos han de cumplir mis deseos
haciendo caminos inciertos por la mar.
Mistral y poniente contra ellos veo armarse;
jaloque y levante deben ayudarlos,
con sus amigos gregal y ábrego,
rogando humildes al viento de tramontana
que sea en su soplo propicio,
y que los cinco favorezcan mi regreso».

Analizando estos bellos versos, obtendremos como una pequeña carta de marear. March ha puesto en juego siete de los ocho vientos que componen la rosa de los vientos. Tras establecer la oportuna enumeración, veamos cuáles pueden empujar una barco desde las orillas italianas hasta las tierras de Valencia. Resulta evidente que el viento mistral (noroeste) y el poniente se oponen al deseo del barco, que quiere ir de Italia a Valencia, mientras los demás —el gregal (noreste), el levante (este), el jaloque (sudeste) y el ábrego (sur)— le son favorables, y más si la tramontana, incierta en las travesías mediterráneas, sopla ese día a favor.

Ausiàs March invoca a los vientos del mundo para que le sean propicios en su regreso a la patria. Esa es la idea del viaje odiseico, donde el retorno a Itaca condiciona la aventura del periplo y excita la añoranza. Esa misma añoranza que encontraremos más tarde en el poema quizá más conocido de Vergaguer, el canto patriótico del *Emigrant* (*El emigrante*):

«Dolça Catalunya,
pàtria del meu cor:
quan de tu s'allunya
d'enyorança es mor».

(«Dulce Cataluña, patria de mi corazón: cuando de ti se aleja, de añoranza muere».)

Este sentimiento, este deseo obsesivo por regresar, que se proyecta ya al inicio del viaje, sólo podría expresarse en esta palabra auténticamente catalana, la *enyorança* («añoranza»), que, como ha dicho el filólogo Germà Colom, todavía en el siglo XIX era sólo distintiva del espíritu de la lengua catalana. Un ejemplo muy explícito lo constituye el citado poeta Jacint Verdaguer, quien en 1884, en un poema de su libro *Pàtria* (*Patria*), dice, dirigiéndose a la infanta María de la Paz Borbón, princesa de Baviera: «Si supieseis catalán, / sabríais lo que es la añoranza, / la enfermedad de los corazones / trasplantados en tierra extraña».

La incorporación del término *enyorança* al castellano es relativamente reciente. En este sentido, *añoranza* demuestra con claridad que una palabra tan arraigada hoy en la lengua castellana, y de la que la mayoría de los castellanohablantes no sospecha su origen catalán, hasta el siglo XIX se empleó en exclusiva en tierra catalana.

El afán viajero de Cataluña, desplegado por todos los caminos de la cuenca mediterránea, conllevó un tránsito de palabras, de tal manera que los términos se invirtieron, y el «tránsito de palabras en el mar» resultó tan intenso que, como dice el filólogo Julio F. Guillén, puede hablarse de una «navegación

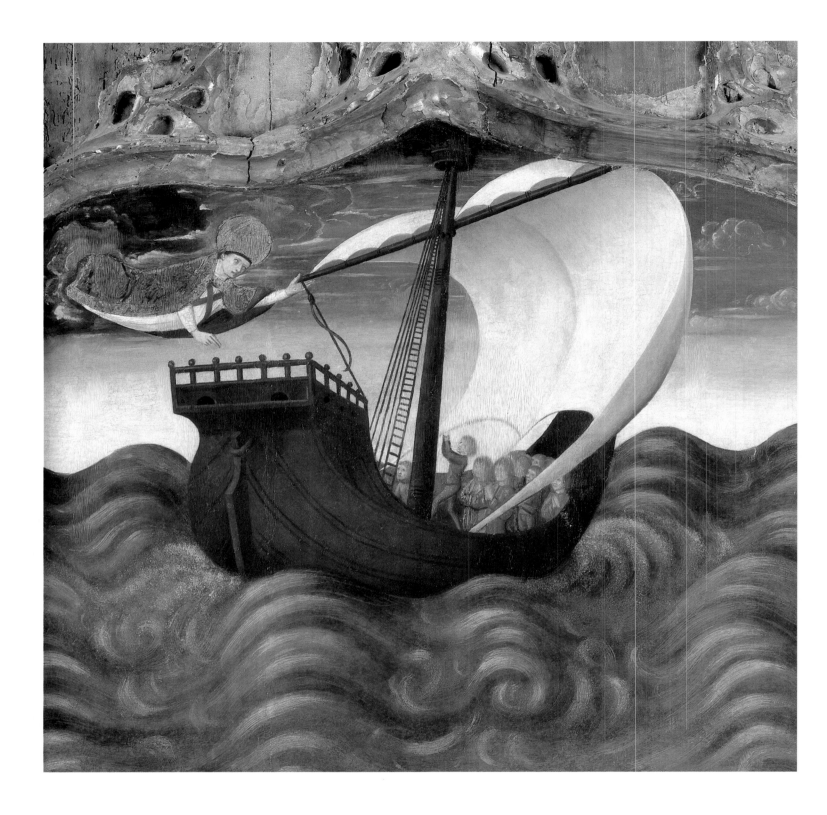

24. Fragmento del retablo de la Virgen del Canapost, del siglo XV, conservado en el Museo Diocesano de Gerona. Con el nombre de Mestre de Canapost se conoce al pintor anónimo de este retablo, cuyo arte refinado señala el viraje en ciernes hacia el Renacimiento.

25. *Altas català* (siglo XIV). El grácil barco navega en las proximidades de las islas Canarias, debidamente etiquetadas con los nombres de ínsula de la Fero (Hierro), ínsula de la Gomorra (La Gomera), ínsula de Lansejano (Tenerife) e ínsula de Canarias.

por el mar de las palabras». Cualquier barco era una torre de Babel y, por tanto, los préstamos lingüísticos fueron mutuos; pero el número de palabras que otras lenguas —algunas muy alejadas del Principado— han tomado prestadas del catalán es insospechado; eso significa que la presencia de los catalanes en esos países, y su influencia, revistió mucha importancia. El filólogo Joan Coromines afirma que, en un ámbito más cercano, casi la mitad del vocabulario náutico castellano procede de Cataluña. Sólo a modo de muestra, podemos mencionar las palabras *nao, buque, bajel, gobernalle, timonel, zozobrar, avante, velamen, mena, mercader, mercería, pila* («montón de mercancías»), *a granel, en orre, remolcar...*

Pero no solamente en castellano son notorios los préstamos del vocabulario náuticos procedentes del catalán. También encontramos en otros idiomas, correspondientes a países del Mediterráneo: en argelino hallamos *rombàiel* («sobresano»); en maltés, *gelu* («caña del timón», *aljal* en catalán antiguo); en griego, *mistiko* y *taphourenza*, nombres de embarcaciones de origen catalán; en italiano, *gancio, bargino, nostromo, paloma, vernigale;* en francés, *leude, deume, galère...*

En Italia, país pionero en incorporar en la gastronomía la pasta alimentaria que Marco Polo trajo de China, encontramos *fideu* («fideo») como uno de los principales ingredientes de la cocina italiana; el mismo término utilizan el griego moderno, el rumano, el suizo-alemán, el occitano, el árabe vulgar del Norte de Africa e incluso de Egipto. Como explica Coromines, la palabra *fideu* se creó en el habla románica de los mozárabes y se propagó primero al catalán, para después pasar de éste al castellano, al portugués y a las lenguas occidentales, francoprovenzales, italianas, rumanas y a otras ya mencionadas. Debe prestarse especial atención al papel transmisor de la lengua catalana. Se observará, de este modo, que en ocasiones algunas palabras no llegan directamente a la otra lengua, sino que antes deben «recorrer» dos o más lenguas, como ocurre con la palabra *orin* (cabo de un gallo o boya), que del francés pasó al caste-

llano, *orinque*, pero que en Francia procede del catalán antiguo *orri*. En Francia hay gran número de voces marítimas prestadas del catalán. Rabelais pone frases enteras en catalán en boca de los marineros franceses. Christian Schmitt, en su estudio *A propos des catalanismes du français contemporain (Sobre los catalanismos en el francés contemporáneo*, 1989) aporta la siguiente relación: *abricot, aubergine, baraque, cuirasse, ganga, misaine, orseille, sardane*, etc., para inmediatamente después pedir con rotundidad que los estudios de los romanistas sobre la lengua catalana cesen de descuidar «este idioma, que no es una simple *lengua-puente*, sino —para utilizar una metáfora aplicada con frecuencia en occitano— una encrucijada de lenguas románicas».

Volvamos, sin embargo, a Italia. A comienzos del siglo XVI, un papa cuya lengua propia era el catalán acogió en Roma a numerosos judíos expulsados de España. Se trataba de Alejandro VI (Rodrigo de Borgia, nacido en Xàtiva en 1431). Todavía hoy, una de las calles del *ghetto* o barrio judío de Roma lleva el nombre de Via Catalana —testimonio del tiempo en que los judíos catalanes se mantenían apartados de los demás sefardíes—, y nombres parecidos se han conservado en las juderías de los Balcanes. No faltan formas específica e inequívocamente catalanas, como *an*, variante judía de la preposición *a* (en catalán, la forma *an* es mucho más antigua de lo que vulgarmente se cree, pues aparece a menudo en un texto del siglo XV: el *Tirant lo Blanc*).

Alejandro VI era hijo de una hermana del también papa Calixto III, nombre que adoptó Alfonso de Borgia al ser elegido Papa (1455-1458). Fue consejero del rey Alfonso IV de Cataluña y Aragón. En 1429 consiguió que Clemente VIII (Gil Sanxis Munyós) renunciara a la tiara en Peñíscola. Como reacción a la toma de Constantinopla por parte de los turcos en 1453, intentó organizar una gran cruzada. Con la colaboración de Hungría y de János Hunyadi, *ban* de Croacia, recuperó Belgrado (1456) y liberó Albania (1457), con la ayuda de Alfonso IV. Como apunta Miquel Batllori en *La familia Borja*: «El peligro turco desvió el interés de Calixto III por la reforma de la Iglesia, que debió haber empezado en Roma. Hombre austero y verdaderamente eclesiástico, tanto en su vida privada como en su política europea, cayó en cambio en un abuso característico de su tiempo, el nepotismo, que ensombrece su pontificado. La animadversión de muchos hacia un Papa extranjero le obligó a buscar apoyo en gente que mereciera su total confianza. Pero eso no justifica la excesiva presencia de valencianos, catalanes y aragoneses en puestos clave; sus tres sobrinos predilectos no eran los más adecuados para calmar los ánimos. El mencionado Rodrigo de Borgia (más tarde Alejandro VI) y Juan Luis del Milà eran conocidos por su vida disoluta; Pedro Luis de Borja, hermano de Rodrigo y capitán general de la Iglesia, fue temido y odiado por su dureza: la reacción popular de los romanos *contro i catalani*, cuando el Papa agonizaba, obligó a Pedro Luis a huir de inmediato, y murió cerca de Civitavecchia poco después de que su tío Calixto III expirase piadosamente el día de la fiesta de la Transfiguración, que él mismo había instituido para conmemorar la victoria de Belgrado».

Debe añadirse que por orden de Calixto III se revisó el proceso de Juana de Arco, quien fue declarada inocente. Así mismo, incoó el proceso de canonización de san Vicente Ferrer, a quien había conocido personalmente en Lérida. Batllori afirma que «tenemos una serie de indicios que muestran cómo, en tiempos del papa Calixto, la lengua de los valencianos y de los catalanes era en Roma una lengua viva, y en consecuencia, aunque en menor medida que en tiempos de Alejandro VI –quien la impuso como lengua habitual del palacio pontificio–, también una lengua de corte, que utilizaban desde sus familiares hasta su confesor, el cardenal catalán Antoni Cerdà, al que los historiadores modernos, engañados por Ludwig von Pastor, suelen llamar «cardenal de la Cerda».

Elegido Papa en 1492, Alejandro VI, como la mayoría de los pontífices de la época, llevó a cabo una política en la que se imbricaban las ambiciones familiares y los intereses temporales del Vaticano como potencia italiana. En 1496 dio el nombre de Reyes Católicos a Isabel de Castilla y a Fernando II de Cataluña y Aragón. Renovó la bula *In coena domini* contra los herejes y estimuló la evangelización de América. Debe recordarse que por decisión suya se trazó la llamada línea «alejandrina» que, por bula de 1493, delimitaba las áreas coloniales de castellanos y portugueses. Batllori nos informa asimismo de que Maquiavelo, político y politólogo, era admirador de Alejandro VI, de César Borgia y de Fernando II. Alejandro VI protegió a Pico della Mirandola y reprimió con dureza el fanatismo puritano de Savonarola, restauró el castillo de Sant'Angelo, construyó un nuevo edificio destinado a albergar la universidad de Roma, y, para él, Miguel Ángel esculpió la célebre *Pietà*.

De los Borgia instalados en la corte papal de Roma se conserva un epistolario, conjunto de cartas privadas que se consi-

dera, en su género, el más importante de la literatura catalana del siglo XV; el documento reviste además un gran interés histórico. El único miembro de la familia que jamás escribió en catalán fue Lucrecia Borgia. Del papa Alejandro VI han llegado hasta nosotros unas cartas autógrafas, en catalán, de estilo vivo y directo, no exentas de humorismo, que revelan el fuerte carácter de su autor.

Recurriendo de nuevo a las aportaciones de Miquel Batllori, el papa Alejandro VI «disgustó a Fernando e Isabel cuando recibió en Roma a muchos judíos expulsados de España», buena parte de los cuales procedían de tierras catalanas. Hasta el momento de su expulsión, la presencia de los judíos en Cataluña había adquirido especial relieve en el terreno económico y, muy particularmente, en los ámbitos del pensamiento y la cultura. La Cábala, culminación de la mística judía, se perfeccionó en Gerona. Las calles estrechas y oscuras de la judería de esa ciudad iban a inundar de claridad al mundo judío. Gershom G. Scholem afirma que Gerona es el núcleo de la Cábala contemplativa en su desarrollo más completo, y una auténtica fuente de nuevas fuerzas religiosas activas en el corazón del judaísmo, que alcanzaron prestigio e influencia universales.

La Cábala es un conjunto de teorías metafísicas, místicas y exegéticas de carácter esotérico que tienen como objeto interpretar el mundo, sus orígenes y sus misterios, a partir de la creencia en un Dios infinito, principio y fin de todas las cosas e incomprensible para las criaturas. La Cábala, en su intento de construir una cosmovisión integral, sostiene que todos los seres, visibles e invisibles, manifiestan de manera progresiva al Dios desconocido porque entre ellos existen correspondencias de orden simbólico que pueden ir descubriéndose por mediación de la mística. La Cábala comprende la teosofía (que estructura los intermediarios entre Dios y el mundo), la cosmología (que clasifica los seres en categorías) y la escatología (que especula sobre el futuro).

Muy posiblemente, la Cábala nació durante la cautividad del pueblo judío en Babilonia, pero se desarrolló en el trancurso de los siglos XII y XIII como reacción contra la filosofía racionalista de Maimónides, quien intentaba relacionar las tradiciones hebraicas con la doctrina aristotélica, así como explicar el judaísmo mediante la razón.

Gerona, en contacto directo con la Provenza, había albergado a una importante comunidad judía, la más notable de Cataluña después de la de Barcelona. En la capital gerundense, los cabalistas abandonan el anonimato y la pseudoepigrafía para pasar a autodenominarse «maestros de la Cábala», siendo la mayoría de ellos alumnos directos o indirectos del venerable Isaac el Cec (Isaac el Ciego), el primer cabalista que registra la historia del pueblo judío. En Gerona lo llamaban el gran «Hassid» o «Juda Hassid». El maestro ciego a quien el Creador había dado ojos celestiales. Gerona, centro de la Cábala contemplativa, se había convertido en el refugio de una asociación mística considerada sagrada en su tiempo.

Esta comunidad, rigurosamente ortodoxa, fiel al Talmud y a la tradición, destaca entre todas las demás por su gran aliento místico, por su originalidad y por su personalidad, rasgos que le dieron renombre en todo el mundo judío.

La figura más importante de este núcleo fue Moisés ben Nahman, conocido con el nombre de Nahmánides, junto al poeta litúrgico Abraham ben Isacc Hazan, el cabalista Ezra ben Salomon y su colega Azriel. Nahmánides (1194-1270), conocido oficialmente como Bonastruc de Porta (o Saporta), fue el más respetado por los autores catalanes. Famosos son sus comentarios al Pentateuco y al Libro de Job, así como sus obras didácticas *Tresor de la vida* (*Tesoro de la vida*) y *La llei de l'Home* (*La ley del hombre*), que constituyen, en opinión de Eduard Feliu, «la cumbre de la literatura religiosa del judaísmo hispánico». Se le conoce también como poeta por su *Oració del primer dia de l'any* (*Oración del primer día del año*), la más antigua muestra de la poesía cabalística peninsular. Sobre Nahmánides, máxima autoridad de su generación, afirma Yitzhak Baer que en la configuración de su personalidad se funden el caudal cultural hispánico, el talmudismo francés, el pietismo alemán, el criticismo cabalístico y la teología cristiana.

Nahmánides participó en polémicas surgidas a raíz de las ideas de Naimónides, y en el año 1263 representó a las comunidades judías de la Corona de Aragón ante el rey para intervenir en una controversia con el dominico y judío converso Pau Cristià. De este discurso en defensa de las bondades de la Torah surgió su libro *Elogi de la Llei del Señor* (*Elogio de la ley del Señor*). Sin embargo, la eficacia de su intervención fue precisamente la causa de su desgracia. En aquellos tiempos, eran frecuentes las controversias o disputas ideológicas entre cristianos y judíos, en muchas ocasiones promovidas por la Iglesia, que contaba con la complicidad de los judíos conversos, afanosos por demostrar la sinceridad y el rigor de su cristianización. Dichas controversias se celebraban casi siempre

en el Palacio Real, pues los reyes, como protectores de los judíos, sufrían también la presión de la Iglesia. Una trampa motivó que Nahmánides entregara una copia de sus intervenciones en la controversia (amparándose en la libertad de palabra que había solicitado y obtenido del rey y de su confesor, san Ramón de Penyafort) al obispo de Gerona. Con ese texto como prueba, fue conducido ante el Tribunal Real y acusado de cometer blasfemia contra la religión católica. El rey Jaime I, a su pesar, lo castigó con dos años de exilio; pero sus acusadores, resentidos, no se detuvieron hasta que el papa Clemente IV logró que el rey lo condenara al exilio definitivo.

A los 72 años de edad, Nahmánides se vio obligado a abandonar Gerona y Cataluña para siempre. Después de recalar en Castilla y la Provenza, se instala finalmente en Jerusalén, donde finalizó su libro sobre la Torah, pieza clave del misticismo judío. En su obra *La Kábala*, Marcos Ricardo Barnatan dice que «del cabalista catalán se conserva su misterioso sello, que pude estudiar tras el cristal de Museo de Israel en Jerusalén. Es quizá el talismán más preciado que nos llega de aquella época, junto con las laberínticas figuras que encierra el manuscrito de Abufalia *Hai Alam Ha Baa*». Antes de morir, sin embargo, Nahmánides (también llamado, recordemos, Bonastruc de Porta) escribe a sus familiares de Gerona estas palabras rezumantes de añoranza: «Dejé mi familia, dejé mi hogar. Allá, con mis hijos y mis hijas, los hermosos y amados niños educados sobre mis rodillas, dejé también mi alma. Mi corazón y mis ojos permanecerán con ellos para siempre».

El doctor Joan Corominas explica que «cuando Atenas y Morea estuvieron en manos de los catalanes durante el siglo XIV, su idioma se difundió ampliamente por todo el mar Egeo. Nos lo demuestran diversos documentos de los publicados últimamente por Rubió i Lluch en su *Diplomatari de l'Orient Català* (*Diplomatario del Oriente catalán*), y hace ya tiempo Baist publicó un contrato privado, firmado en el siglo XIV en el archipiélago de las Sporadas, bien lejos de Atenas, en el que, pese a no figurar ningún catalán entre los contratantes, aparece un buen número de palabras catalanas».

En ocasiones, el nombre de nuestra nación se utiliza en otras lenguas como adjetivo o sustantivo, con diferentes significados. *Catalogne*, como nombre de manta, es palabra común en los Alpes suizos, Lyon y la Borgoña, incluso en Canadá, prueba de la antigüedad y vigor de la industria textil de Cataluña. En albanés, *katalà* (con el significado de «gigante, monstruo») es un residuo del tiempo de la Venganza Catalana en Grecia. Todavía hoy, en ciertas regiones griegas, para denigrar una acción se dice: «esto ni siquiera un catalán lo habría hecho», mientras que en Licaonia, antigua región de Asia Menor, situada en la zona más interior de la Anatolia central, la palabra *Katalanos* se utiliza como nombre de pila, en augurio y testimonio de alto rango. El *cataláner* de las hablas suizas de la Sobre-selva, empleado con el sentido de «milhombres, mocoso», podría ser un recuerdo de los tiempos de odio y rivalidad entre Cataluña y las Repúblicas italianas. En Cuba *catalán* significa «tendero»; en otras repúblicas americanas, significa «panadero» o «confitero», debido a los oficios a que con mayor frecuencia se dedicaban los catalanes emigrados a América. Así mismo, como testimonio de la actividad comercial desplegada por los catalanes en todo el mundo hispanoamericano, tenemos el ecuatoriano *catalán*, «gorra de paño», y el mexicano *catalán*, «aguardiente». Cuando Ernest Hemingway, en su obra *El viejo y el mar*, quiere ofrecer a su protagonista un sedal fuerte, de calidad, que le permita resistir los tirones del enorme pez que ha picado, le pone en las manos un cabo de «buen cordel catalán». Corominas explica que el término catalán *volantí*, «especie de cordel con uno o más anzuelos, usado para pescar» (en castellano *volantín*), se ha extendido por todas las costas de Italia y por las dos orillas del Adriático. La pesca con volantín desde una barca tiene larga tradición en Cataluña. Es un arte de pesca manual, pues no se utiliza caña; el volantín, provisto de una plomada, se hace volar sobre la cabeza, y se lanza lo más lejos posible, si se pesca desde las rocas; se sujeta el hilo con las manos, y éste debe ser un cordel de características muy especiales: poco escurridizo, muy suave y, a la vez, no demasiado rígido, pero fuerte. Si pica un pez grande, su manipulación resulta peligrosa, porque puede desgarrar las manos del pescador, que es lo que le ocurrió al viejo de la épica narración de Hemingway. Ya en el año 1416, en el libro *Consolat de Mar (Libro del Consulado del Mar)* encontramos: «*Item dos boletins un nou altre vell e un palangre de pescar e 100 ams de bolentí de pescar peix*» («Item dos *boletins* uno nuevo y otro viejo y un palangre de pescar y 100 anzuelos de *bolentí* de pescar peces»). El relato *El viejo y el mar* transcurre en el archipiélago del Caribe, y precisamente en Cuba y Puerto Rico la presencia de la lengua catalana es más evidente que en los demás países de ese continente. El diccionario cubano de Pichardo registra, entre otras, las palabras *vegada, alioli, bolanchera, caray, chinchín, devantal, encetar, faena, de falondres, punta, sardinel o sardinet...*

En el castellano destaca asimismo la palabra *naipe*, procedente del catalán antiguo *naïp*. Decenas de documentos demuestran que el juego de cartas apareció en Cataluña bastante antes que en los demás países de Europa y quizá del mundo. Y entre otros catalanismos que el castellano utiliza en el campo semántico del juego de cartas, se encuentran *sota, runfla, flux,* etc. Los préstamos, pese a ser notorios en el vocabulario náutico, no se limitan a ese ámbito; el castellano es especialmente rico en catalanismos: *dátil, palmera, disfrazar, cohete, rape, faena, seo, turrón, pechina, pólvora...* Con la publicación del *Diccionario crítico etimológico de la lengua castellana* del doctor Joan Corominas, disponemos de una espléndida información sobre los catalanismos en el castellano (alrededor de quinientos) y de los empleados en Francia, Italia, Grecia, Portugal, etc.

Pero volvamos a la lengua castellana. Entre otras curiosidades, destaca la palabra *orate*, «loco», evidente catalanismo, como ha demostrado con contundencia Corominas (*orat* aparece en el año 1270, en Ramon Llull). El filólogo Germà Colom aporta un hecho histórico que confirma esa tesis: se trata de la fundación en Valencia, en el año 1409, por el padre Joan Gilabert Jofre, del *Hospital de ignoscents, folls e orats*, primer manicomio del mundo, cuyos métodos curativos aventajaban en mucho a los de los demás hospitales del mundo. Al Hospital de los *orats* valencianos se refiere el escritor extremeño Torres Naharro en su políglota *Comedia Tinellaria*: «*Cap de tal! Tots serem a la cabal, / puig que veig tala esperiencia, / que n'i ha folls en Portogal / com orats n'i ha en Valencia*» («¡Voto a tal! Todos estaremos enterados, / al ver tal experiencia, / de que hay tantos locos en Portugal / como orates hay en Valencia»). Y aun añadiríamos que también se encuentran orates encaramados a los árboles, como cierto Barón Rampante, de Italo Calvino, que un día trepó a un árbol y nunca más bajó de él. Entregado a la lectura, leía toda clase de libros y recibía visitas, como la de aquel bandolero sabiondo que le comentaba, fanfarrón: «Francés, toscano, provenzal, castellano, todo lo entiendo. Hasta un poquito de catalán: «*Bon dia! Bona nit! Està la mar molt alborotada* [sic]». Es más: entre los orates pacíficos, en la línea de aquel chiflado de que habla Jorge Luis Borges, que quería construir un mapamundi de tamaño natural, se encuentra aquel relojero catalán, a quien Predag Matvejevic conoció en Alejandría, que tenía la pasión de compilar meticulosamente, luchando con tenaz minuciosidad contra la exasperante falta de datos, el catálogo de la famosa biblioteca de esa ciudad, la más grande de toda la

26. Esta pintura, de Antoni Estruch, representa la *Revolta dels Segadors,* también llamada Corpus de Sangre,
acaecida en Barcelona el 7 de junio de 1640, primer episodio de una guerra
que duró 12 años.

antigüedad y destruida en un incendio por el califa Omar. Se quejaba el relojero de que su idioma natal perdía terreno, y quería compensar esa pérdida de alguna manera. Matvejevic observa que en el caso de los orates, como en el del relojero, se aprecian no sólo diferencias debidas al clima (pues los locos del Norte difieren de los del Sur); lo que ocurre es que en el Mediterráneo incluso los prodigios son muy distintos, porque «la navegación por el mar de las palabras», como dice J.F. Guillén, o «la filología del mar», como encontramos en Matvejevic, se parece, por su mezcla de rigor y temeridad, precisión científica y manifestación del infinito, a la fantasiosa y metódica empresa del relojero catalán.

El doctor Germà Colom cita la palabra *papel* como resultado del influjo catalán. Los árabes conocieron la técnica de la fabricación del papel –invención china– y en el siglo X la introdujeron en Europa. En el norte de Italia (1270), y especialmente en tierras de lengua catalana, se localizan los más antiguos centros fabriles europeos. Al parecer, no se fabricó papel en territorio cristiano hasta la reconquista de Valencia, en el año 1238. Xàtiva fue un importante centro de fabricación, dato que nos confirma un curioso texto de Ramon Muntaner: «a quien quisiera poner por escrito las maldades [de las comunas de Génova y Pisa] no le bastaría para escribirlas todo el papel que se fabrica en la villa de Xàtiva». La voz catalana *paper* se documenta ya en 1249. Frente a eso, en francés encontramos *papier* en un solo texto del siglo XIII, y no reaparece hasta el siglo XIV, cuando se generaliza su uso; también en occitano surge *papier* en el siglo XIV. Sin embargo, no podemos saber si las formas galo-románicas proceden de Italia o de Cataluña, aunque puede darse por seguro que el catalán *paper* no proviene del galo-romance. El castellano *papel*, en cambio, procede del catalán; hasta el siglo XV no se registra la forma *papel*, aunque con anterioridad puede leerse *paper* en textos castellanos, como, por ejemplo, en los de Alfonso X el Sabio. Buena parcela del léxico castellano de origen foráneo llegó a Castilla a través del catalán; voces italianas, francesas u occitanas penetran por la puerta abierta de las tierras catalanas: *forajido, balance, artesano, esquife, lonja, tarifa, motejar, lustre, palangre, bosque, esmalte, salvaje, patio, gallardete,* etc.

El caso de la palabra *revolución* da pie a una de las consideraciones de carácter histórico más importantes. En castellano, el término *revolución*, «rebelión, sedición», aparece en el siglo XVII, mientras que el francés *révolution* se documenta ya en el siglo

XVI, si bien su significado moderno, «cambio violento en las instituciones políticas, económicas o sociales de una nación», no se registra hasta muy a finales del XVII. El *Diccionari català valencià balear*, de Alcover-Moll, cita para el catalán un documento de 1584 que habla del «tiempo de la guerra y revoluciones». Queda aún, no obstante, una cuestión. Con la sagacidad que lo caracterizaba, el historiador Jaume Vicens i Vives escribe en su ensayo *Noticia de Cataluña*: «Tal vez, la primera gran experiencia revolucionaria europea sea el alzamiento catalán del siglo XV. En nuestra tierra, la aurora de los Tiempos Modernos es testigo de una lucha de las clases altas del país contra el cesarismo monárquico, de las reivindicaciones del pueblo llano para participar en los organismos municipales y de una amplia actitud subversiva del campesinado hacia los propietarios feudales y señoriales. Que este conjunto de circunstancias es revolucionario lo evidencian no sólo los hechos, sino también el léxico utilizado en los documentos de la época. Casi nos atreveríamos a creer que es en Cataluña, en las postrimerías de ese siglo, donde se escribe por primera vez la palabra *revolución* en su sentido moderno de profunda alteración social y política». En efecto, en 1473, en un texto de las cortes de Perpiñán (ésta formó parte de la Corona catalana hasta el año 1659, fecha en que el tratado de los Pirineos entregaba definitivamente el Rosellón a Francia), puede leerse: «*[...] per refformació e redreç de la justícia del dit Principat e tornar en ordre les coses qui per occasió de les reuolacions passades stan desuidades [...]*» («para reformar y enderezar la justicia de dicho Principado y volver a poner en orden las cosas que, a causa de las revoluciones pasadas, están descuidadas») (*Cortes de los Antiguos Reinos de Aragón y de Valencia y principado de Catalunya. Cortes de Catalunya*, XXV, Madrid, 1919). Vicens i Vives contabiliza un total de once revoluciones de importancia general en los cinco últimos siglos de la historia de Cataluña. Todo un récord, comparado con otros países, pues en este mismo periodo, ni en Castilla, Francia, los Países Bajos o Inglaterra habían tenido lugar tantas. Una de las revoluciones catalanas más trascendentales fue la llamada *Guerra dels Segadors* (1640-1659), claro precedente del acontecimiento histórico del Once de Septiembre (fecha en que se conmemora la Diada Nacional de Cataluña), durante la Guerra de Sucesión, entre 1702 y 1714.

La Guerra del Segadors motivó la composición del *Cant del segadors* (*Canto de los segadores*), que se ha convertido en el himno nacional catalán. El escritor cubano Alejo Carpentier, en *La consagración de la primavera* (1978), refiere una velada de heridos de las brigadas internacionales, en un hospital de Benicàssim, durante la última guerra civil española (1936-1939), y pone en boca de la protagonista (la bailarina rusa Vera): «Con unos catalanes invitados, tuvimos la solemne, amplia, casi arcaica melodía de *Els segadors* –que, según me dijo Jean-Claude, andaba desde el siglo XIV por tierras adentro–, y observé que el gran Paul (Roberson), famoso cantante negro, prestaba especial atención a aquel canto, de una ex-canción casi litúrgica, acaso sorecogido por la singular grandeza de su diseño sonoro: "Parece un espiritual", creo que dijo. A mí me recordó un tema de Boris Godunov, y, un poco, también, *Triste es la estepa*, de Gretchaninov».

Precisamente en Cuba, cuando, en 1902, Tomás Estrada Plana fue nombrado primer presidente de la República cubana, visitó el Centro Catalanista de Santiago; acudió acompañado de Emili Bacardí, de familia catalana y primer alcalde de la ciudad, y fue saludado en catalán; ondeaban las banderas cubana y catalana, y se cantó *El segadors*. A buen seguro, Simón Bolívar habría repetido aquella frase: «Ojalá que en el Perú y en América existiera el patriotismo que tienen los catalanes».

En el ambiente inmediatamente anterior a la Guerra Civil española, Christopher Isherwood, autor de *Adiós a Berlín* (1939), obra en la que se basó el guión de la película *Cabaret*, en una de sus mejores novelas, *El mundo al atardecer*, hace que el personaje principal viaje a Barcelona para preparar un reportaje sobre Lluís Companys, presidente de la Generalidad de Cataluña. En respuesta a la pregunta de una amiga suya sobre si se armarían alborotos, el protagonista comenta: «"Seguro que los habrá en breve. O bien Cataluña se separará de la República, o bien los anarquistas y los sindicalistas emprenderán alguna acción, con los comunistas o sin ellos [...]" Y, como para cerrar el tema, añadió: "Claro está que también podría haber un golpe fascista"». *El mundo al aterdecer*, reeditada una y otra vez desde 1954, fecha de su aparición en Gran Bretaña, es una apasionante novela que va revelándonos la intimidad de los personajes a través de una historia llena de amores, pasiones e ideales en la Europa de entreguerras.

Uno de los más grandes escritores ingleses del siglo XX, George Orwell, participó en 1937 en la Guerra Civil española, con el ejército republicano. Es sabido que esa guerra civil fue uno de los acontecimientos decisivos del periodo que media entre la Primera y la Segunda Guerra Mundial. Todo el mundo lo decía. Y todo el mundo tenía razón. Orwell narra su aventura en *Homenaje a Cataluña* (1938), libro que, en opinión de Lionel Trilling, es «uno de los documentos importantes de nuestro tiempo» y «un testimonio de la naturaleza de la vida política moderna». Orwell proponía participar en esa guerra dejando a un lado toda idea política particular que no fuese la defensa de la democracia frente al enemigo fascista. Después, una vez se ganara la contienda, llegaría el momento de resolver los problemas políticos y sociales; entretanto, cualquier disensión sobre tales problemas sólo acarrearía el debilitamiento del frente unido contra el general Franco. Georges Orwell pertenece a esa clase de hombres que no sólo escriben sus visiones, sino que las viven apasionadamente: que *son* aquello que escriben, y a los que consideramos representativos precisamente por lo que dejaron escrito en sus libros. Así, *Rebelión en la granja* (1945) –alegoría política en la que se ataca la revolución que traiciona a los que lucharon por ella– y *1984* (escrita en 1949) –espantosa visión de un totalitarismo del futuro– reflejan la singularidad de sus ideales y una actitud personal. Esos rasgos lo convirtieron, ya desde su temprano *Homenaje a Cataluña*, en una referencia modélica del «intelectual comprometdo» para la cultura europea contemporánea.

Desde Colombia, el premio Nobel Gabriel García Márquez, en su novela *Cien años de soledad* (1967), rendía también un homenaje a Cataluña a través de uno de los personajes que figuran en la novela; un personaje no de ficción, sino del todo real: el sabio catalán Ramon Vinyes, maestro de escuela, escritor y librero nacido en Berga que hacia 1913 se estableció en Colombia, en concreto en la ciudad de Barranquilla, donde fundó una librería que muy pronto se convirtió en el lugar predilecto de los intelectuales de la ciudad, que se reunían allí para sus tertulias. Entre 1920 y 1940, Vinyes realizó ocho viajes entre Colombia y Cataluña, donde murió, en 1952. Esta perenne oscilación entre dos países –Cataluña y Colombia–, entre dos lenguas –el catalán y el castellano de América–, entre dos ciudades –Barcelona y Barranquilla–, marcaron el tono tanto de su vida como de su obra. Jacques Gilard, en el prólogo al libro de Ramon Vinyes titulado *En la boca de las nubes*, subraya la inmensa deuda que Colombia tiene contraída con este librero y maestro: así lo sugiere el entrañable retrato que de él, con el apodo de «el sabio catalán», traza García Márquez en *Cien años de soledad*.

Como escritor de cuentos, «el sabio catalán» Ramon Vinyes se inscribe en el movimiento colombiano y barranquillero que, hacia 1950, generaría los primeros grandes cuentos de

Alvaro Cepeda Samudio y de Gabriel García Márquez. Hombre muy culto, Vinyes pudo hacer de puente entre dos épocas y continentes. Como observa Gilard, sin renunciar a nada de lo que le otorgaba identidad, Vinyes llegó a participar de pleno en las mutaciones de una cultura ultramarina. Tras el rescate conmovedor que de él hizo García Márquez en *Cien años de soledad*, volvió a hablarse de él, al tiempo que empezó a valorarse la tarea llevaba a cabo por el grupo de Barranquilla. Las páginas que le dedica García Márquez son un emotivo homenaje lleno de ternura y admiración: «tenía una hermosa cabellera plateada que se le adelantaba en la frente como el penacho de una cacatúa, y sus ojos azules, vivos y estrechos, revelaban la mansedumbre del hombre que ha leído todos los libros». Muy pintoresca resulta la descripción de la librería regentada por «el sabio»: «más que una librería, aquella parecía un basurero de libros usados, puestos en desorden en los estantes mellados por el comején, en los rincones amelazados de telaraña, y aún en los espacios que debieron destinarse a los pasadizos. En una larga mesa, también agobiada de mamotretos, el propietario escribía una prosa incansable, con una caligrafía morada, un poco delirane, y en hojas sueltas de cuaderno escolar. [...] Vivía en un cuarto lleno de libros donde había además una cama, un ropero, un baúl, dos cuadros, un aguamanil, un escritorio y una máquina de escribir». Cuando el novelista habla de la partida del «sabio», allá en 1950, le dedica unas páginas de sentido afecto: «Era el final. En la tumba de Pilar Ternera, entre salmos y abalorios de putas, se pudrían los escombros del pasado, los pocos que quedaban después de que el sabio catalán remató la librería y regresó a la aldea mediterránea donde había nacido, derrotado por la nostalgia de una primavera tenaz. Nadie hubiera podido presentir su decisión. Había llegado a Macondo en el esplendor de la compañía bananera, huyendo de tantas guerras, y no se le había ocurrido nada más práctico que instalar aquella librería de incunables y ediciones originales en varios idiomas. [...] Estuvo media vida en la calurosa trastienda garrapateando su escritura preciosista en tinta violeta y en hojas que arrancaba de cuadernos escolares, sin que nadie supiera a ciencia cierta qué era lo que escribía. [...] Trataba a los clásicos con una familiaridad casera, como si todos hubieran sido en alguna época sus compañeros de cuarto, y sabía muchas cosas que simplemente no

se debían saber, como que Arnaldo de Vilanova, el nigromante, se volvió impotente desde niño por una mordedura de alacrán». Ya durante el regreso a Cataluña, el barco se convirtió en una nave de recuerdos: «La realidad de a bordo le importaba cada vez menos, y hasta los acontecimientos más recientes y triviales le parecían dignos de añoranza, porque a medida que el barco se alejaba, la memoria se le iba volviendo triste. Aquel proceso de nostalgización progresiva era también evidente en los retratos [...] Aturdido por dos nostalgias enfrentadas como dos espejos, perdió su maravilloso sentido de la realidad, hasta que terminó por recomendarles a todos los que se fueran de Macondo, que olvidaran cuanto él les había enseñado del mundo y del corazón humano, que se cagaran en Horacio y que en cualquier lugar en que estuvieran recordaran siempre que el pasado era mentira, que la memoria no tenía caminos de regreso, que toda primavera antigua era irrecuperable, y que el amor más desatinado y tenaz era de todos modos una verdad efímera».

Hemos visto cómo la añoranza aparece en la hora de la partida del «sabio catalán»; cómo se aturde por dos nostalgias que, enfrentadas al igual que dos espejos, se repiten hasta el infinito: es la añoranza de que hablábamos al principio de este capítulo, la añoranza de Nahmánides al recordar Gerona y a la familia que allí dejó; una añoranza inherente a la idea misma de viaje, el viaje de la identidad a través del tiempo y del espacio bajo el despliegue de unas «velas y vientos» guiados por el resplandor de una rosa, hecha símbolo del *Atlas català*, hecha metáfora de la nacionalidad de Cataluña; una rosa de los vientos que, en una bellísima imagen poética de Octavio Paz, referida al viento, es «molino de sonidos». Un molino de sones que bate en el mar de las palabras; unas palabras que, como ha escrito Eugenio Montale a propósito de la lengua poética de Maragall, son en verdad un molino de sonidos restallantes: *«quel sono scoppiettante di pigna verde butata nel fuoco ch'è propio di tutta la poesia catalana»* («aquel sonido chisporroteante de una piña verde arrojada al fuego que caracteriza a toda la poesía catalana»); un molino de sonidos y, es más, de sonoridades que ondean desde el *Parsifal* wagneriano (cuya acción se desarrolla en los Pirineos catalanes) hasta las *Vísperas sicilianas*, de Verdi. Un molino de iluminadas sonoridades que palpitan bajo la danza matemática de las estrellas.

VII

LA DANZA MATEMÁTICA DE LAS ESTRELLAS

Grecia y Roma nos enseñaron a viajar, y a hacerlo con espíritu de conquista: Grecia, a través del mar, pero despreciando la tierra; Roma, a través de la tierra, pero sin despreciar el mar. El Imperio y la civilización se extendían dejando sus huellas en las encrucijadas de las vías romanas, la Via Apia, la Via Augusta... Profetas y religiones venidos de Asia se encontraron el camino ya trazado. Europa, no cabe duda, se gestó en el Mediterraneo. La singular situación geográfica y la homogeneidad de las características de su entorno nos dan la visión del Mediterráneo como ombligo del mundo y como un mundo todo él isla: el mar entre los brazos de la tierra, la tierra sobre el seno del mar. Pero el Mediterráneo no es sólo geografía, ni tampoco sólo historia. Matvejevic llega, con respecto a este tema, a la siguiente conclusión: «Los griegos despreciaron las rutas terrestres, y las consecuencias se hicieron sentir: debido a ello, no lograron salir de la antigüedad. Los romanos, gracias a sus vías, fueron capaces de realizar conquistas marítimas dignas de mayor consideración que las de los helenos. Los mapas romanos eran itinerarios. Los romanos se interesaban más por el espacio y las distancias que por la forma y su importancia».

Estos itinerarios terrestres o periplos marítimos, sin embargo, están siempre presididos por la rosa de los vientos, como si de la estrella bíblica se tratara. La rosa de los vientos es, pues, la luz resplandeciente de la civilización: resigue su ruta, ilumina sus caminos, dibuja los contornos y centra su cartografía. En lo que respecta a Cataluña, hemos de buscar este resplandor de la civilización en Empúries, como consecuencia de un periplo marinero cuyos antecedentes simbólicos podemos encontrar en la *Odisea* de Homero. Joan Maragall hacía de Nausica nuestra tierra. Itaca será un símbolo para Cataluña, como la patria reencontrada, aquel «lugar sagrado» al que alude Josep Pla, que tiene en Empúries sus raíces, como en breve veremos.

En el subsuelo de la ciudadela de Roses se han localizado restos de la ciudad de Rhode, antigua fundación griega. La ciu-

dad se hallaba situada cerca del mar, y Estrabón (autor griego que vivió entre el año 63 a.C. y el 20 d.C.) da testimonio de ella; según este autor, Rhode fue fundada por navegantes de la isla de Rodas antes del establecimiento de las olimpiadas, es decir, con anterioridad al año 776 a.C., y mucho después la ciudad cayó bajo el dominio de los focenses, que habían fundado Massalia (Marsella) y Emporion (Empúries). Así, Roses y Empúries constituyen las raíces de la civilización helénica y romana en Cataluña. El Cabo de Creus es el portal por el que, desde el mar, se penetra en Cataluña, y por este portal entraron esos primeros colonizadores, portadores de la civilización clásica. Roses y Empúries guardan de ellos su primera huella. Josep Pla ha hablado a propósito uno de estos enclaves, al que considera nuestro «paraíso perdido»: «Empúries es un lugar sagrado, una de las raíces más profundas del país —un paisaje que físicamente es como otro paisaje, pero que no es como otro paisaje. Es el paisaje de nuestro pasado más remoto, de cierto momento de nuestra historia. Es nuestro paraíso perdido».

En pleno centro del golfo de Roses, los pantanos del Empordà, aliados con el mar, constituían un elemento de defensa del primer asentamiento focense. Eficaces vigías, debieron de ser, de ranas, de bandadas de patos y de ocas blancas, que todavía siguen emitiendo su parloteo intermitente, al que querrían unirse las olas susurrantes de la mar inmediata. Los griegos pudieron desembarcar y establecerse en cualquier punto del litoral lo bastante apetecible, pero no del todo por azar se establecieron en el montículo ocupado en la actualidad por Sant Martí d'Empúries.

La intimidad y la dulzura del valle ampurdanés, guarecido por el golfo de Rosas, fue el bello reclamo que retuvo a los primeros griegos que llegaron a nuestro país. A buen seguro sufrieron del mismo espejismo que Arístides Maillol, del que después hablaremos. Creyeron que se encontraban de nuevo en casa, como Ulises en Itaca, tras un largo periplo. Un mismo

27. Mediterráneo, escultura de Arístides Maillol, titulada incialmente *El pensamiento.*

28. Henri Matisse
La danza, 1910
Museo del Ermitage. San Petersburgo

país, un mismo paisaje se ofrecía a sus ojos y sentidos. Pues a través de la piel se siente el paisaje de Empúries, cuando la tramontana rasga su velo y la luz, a los embates del viento, se vuelve más intensa. También la tramontana debía de serles familiar a los griegos, pues en Grecia hay un extenso país llamado Eolia, nombre con el que en ocasiones se sobreentiende Grecia. El espíritu helénico, más contemplativo, anclaba su narcisismo en las marismas del Empordà...

En el Rosellón, la comarca de la Cataluña Norte, se encuentra el pueblo de Banyuls de la Marenda, a orillas del Mediterráneo y muy cerca de los límites de la comarca ampurdanesa, de manera que comparten la misma luminosidad, las mismas tierras, el mismo mar. En esta pequeña localidad nació el escultor y pintor Arístides Maillol, quien por su mediterraneidad depurada y auténtica fue un precursor y un modelo para la plástica *noucentista*. Su mediterraneidad, de raíces clási-

cas, le impulsó a viajar a Grecia, donde confirmó el camino del clasicismo que había emprendido con anterioridad. Una vez allí, en seguida se dio cuenta de que llevaba ya a Grecia dentro de sí mismo. En una evocación de los recuerdos de aquel viaje, explica el espejismo que experimentó: «Es exactamente el mismo paisaje que el nuestro, aunque sin aquel carácter íntimo ni aquella dulzura que nos dejaban embobados en cada rodal del valle. Este es más aspero, más desnudo. Mientras subía [...], me preguntaba si no estaría soñando. Creía haber vuelto a Banyuls. El mismo perfil de las montañas, los mismos olores. El Parnaso tenía la forma de Madeloc. Y cuando llegué al pueblo donde se hallaban mis compañeros, en verdad creí que soñaba al escuchar, tocada con los mismos instrumentos de nuestra tierra, una melodía de contrapaso, y los hombres bailaban cogidos de las manos, como se hacía en el Rosellón de hace cincuenta años. Resultaba pasmoso».

Este texto de Arístides Maillol merece que le dediquemos ciertas consideraciones. En primer lugar, evidencia la convergencia de dos paisajes idénticos: el de Itea, en Grecia, y el del Rosellón-Empordà. El escultor habla de un mismo país, un mismo paisaje. Sutilmente, matiza diciendo que el nuestro tiene un aspecto más íntimo y dulce. El valle de Grecia es más áspero y desnudo. No cabe duda de que estas diferencias vienen dadas por la intensidad de la luz, que en Grecia produce un desnudamiento casi impúdico.

En segundo lugar, Arístides Maillol dice que en Grecia vio cómo los hombres bailaban cogidos de las manos, al ritmo de un contrapaso marcado por instrumentos semejantes a los de Cataluña. Ciertamente, la sardana nació en el Empordà. Aquellos primeros griegos que se asentaron en Empúries dejaron la semilla. En los primeros testimonios gráficos de danzas en tierras mediterráneas observamos que los bailarines se dan las manos y mueven los pies, dispuestos en línea recta o circular: los etruscos, los íberos y otros pueblos antiguos nos han legado relieves, esculturas, pinturas y cerámicas que lo confirman. La primera descripción escrita, no obstante, la da Homero en su *Ilíada*:

«Danzaban hermosos jóvenes y muchachas, las manos de unos unidas a las de otros... Entrelazando los pies, a veces se movían con impresionante viveza, como cuando un alfarero, sentado, aplicando la mano al torno, trata de hacerlo correr... Alrededor de la atractiva danza había mucha gente deleitándose con ella».

También Plutarco habla de un «coro circular de muchachos» y Jenofonte de una «danza ejecutada en corro».

Entre los años 1905 y 1906, Henri Matisse pasó algunas temporadas en el Rosellón, concretamente en Cotlliure, donde se reforzó su amistad con Arístides Maillol. Poco después, en 1910, pintó un plafón alegórico de la sardana de evidentes resonancias griegas. Un corro de cuerpos desnudos en actitudes helénicas que son una pura exaltación de formas y colores vivos. Toda la pintura posee un movimiento ritual. Tres colores básicos marcan el contrapaso de la danza, como señaló el artista: «El azul del cielo, los rosas de los cuerpos y el verde de la colina»; los suaves colores íntimos del valle del golfo de Roses. Los rosas y azules de la pintura de Matisse están en concordancia con aquel *Missatge al món sardanista (Mensaje al mundo sardanista)* escrito por Joan Miró en 1969: «Que el perfume de esta rosa roja que es la sardana, abierta en pleno cielo azul, nos dé a todos, por el mundo entero, una sangre bien catalana».

El sentido del ritmo constituye también uno de los legados del genio helénico. Los poetas griegos fueron los creadores de los ritmos de métrica más sonoros, ritmos que el poeta latino Horacio tomó prestados del país eólico, Grecia:

«Se dirá que yo, poderoso poeta de origen humilde, fui el primero en dar al canto eólico un tono itálico».

El sentido del ritmo, expresado en la métrica poética, es una de las grandes aportaciones de la cultura griega, y los catalanes expresan ese sentido del ritmo en la sardana. En las danzas africanas, por ejemplo, el ritmo es mera improvisación. De manera significativa, las únidades rítmicas de la métrica griega se llaman «pies». Y los pies marcan las unidades rítmicas de la sardana. La sardana es la exaltación de la escultura viviente del cuerpo humano, como nos describe el profesor Frank Marshall: «La sardana extrae, del cuerpo de una mujer, un gran rendimiento. Una mujer de buena planta, bailando con los brazos alzados, la carne viva, palpitante bajo la ropa, es una realidad que la escultura, la mejor escultura, no ha alcanzado todavía de manera notoria».

Los cipreses de Empúries, sombras helénicas enraizadas, son la ascensión de la medida poética y del movimiento, de Erato y Terpsícore: antorchas del sueño, sobre los restos de la Empuria griega, que señalan la danza matemática de las estrellas.

VIII

ERIGIR UN IMPERIO

El desembarco de los romanos en Empúries se produjo en el año 218 a.C. Pero no fue el golfo de Roses donde los romanos echaron sus raíces más profundas. Como cuenta Polibio, al asentamiento incial en Empúries le siguió, con algún punto intermedio, el de *Tarraco*. Y en Tarragona sí se produjo la más prodigiosa eclosión romana. Si bien Empúries fue la puerta de entrada en *Hispania* para los ejércitos romanos, los sucesos bélicos alejaron de allí el campo de operaciones de la guerra. Por esa razón, la presencia física de Roma en esos años no está documentada arqueológicamente. Roma utilizaba a *Emporion* como puerto de llegada de sus ejércitos, y ésta se convirtió en una base militar. Hacia el año 100 a.C. los romanos contruyeron, independiente de los núcleos de la ciudad griega, *su* ciudad, en el lugar más alto de la colina de Empúries.

César instaló en Empúries un contingente de soldados, veteranos de guerra. Diversas comunidades convivían en una sola ciudad regida por las leyes romanas. Tito Livio describe esa situación: «aquellos tres pueblos [el romanos, el ibérico y el griego] se confunden hoy en día en un único pueblo. Los hispanos, en primer lugar, y después los griegos, accedieron a la ciudadanía romana». En el siglo I d.C., Empúries, alejada de los centros de poder del momento, es una ciudad que vive del recuerdo esplendoroso de su pasado.

En el transcurso del siglo I d.C., mientras Empúries se nutre del hermoso recuerdo de su pasado, Tarraco alcanza una época de esplendor creciente, marcada por la construcción de los monumentos más emblemáticos de la ciudad y de su territorio. En el año 27 a.C. se había convertido ya, formal y administrativamente, en la capital de la provincia de la Hispania Citerior. Otro acontecimiento que implica a Tarraco y Empúries desvela el motivo de la elección de Tarraco por parte de los romanos: al igual que los griegos –recordemos la experiencia vivida por Arístides Maillol– encontraron la réplica de su paisaje en el golfo de Roses, el mismo perfil de las montañas e idénticos colores, también los romanos sufrieron un fenómeno semejante a su llegada a las tierras de la futura Tarraco.

Allí los romanos reencontraron los ocres y jaldes de Italia. Ocres entre vegetales y minerales; los ocres de las hojas secas de magnolia, los de las antiguas monedas de cobre. Esos ocres melosos que sólo tienen las piedras de Tarragona, ocres itálicos que rezuman de los monumentos romanos como de colmenas rumorosas, endulzadas por la noble pátina de la historia. La luz de Tarragona toma, por mimetismo, tonos de matices sutiles: en el mar, la luz adquiere irisaciones opalinas y sensuales que producen escalofríos; sobre los pinos, toma reflejos de esmeralda; sobre los olivos, parece un puñado de monedas de plata; sobre las piedras de la muralla romana, a la salidad del sol, la luz se torna arquitectura y trigo segado y rosa de otoño...

Resulta oportuno seguir el rastro de esas excepcionales piedras de que hemos hablado. De la cantera romana del Mèdol, situada en las afueras de Tarragona, se extrajeron las piedras de color meloso con las que se construyó la mayoría de los monumentos de Tarraco. Quien visite esa cantera tendrá la impresión de volver al pasado, de retroceder dos mil años. La cantera se ha conservado exactamente como la dejaron los romanos. El recinto, rodeado por un muro, ha preservado su integridad. Pinos, cipreses, encinas, matorrales y hierbas olorosas constituyen la esencia de un paisaje bimilenario, el paisaje de Roma. Ruiseñores, jilgueros y mirlos ponen música a los colores y a la claridad de la luz. De noche, el silencio se espesa entre el follaje, turbado sólo por la lechuza, que tiene los ojos de Atenea y es el murmullo de Roma... En el centro del recinto se alza una aguja de piedra, monolito enraizado en la tierra.

Si en el Empordà, en el golfo de Roses, encontrábamos el paisaje de Grecia y los orígenes y raíces de la sardana con contrapuntos helénicos, en Tarragona reencontramos el paisaje romano. Y si en la cantera del Mèdol hemos descubierto las entrañas maternas, ante las que el poeta Josep Carner exclamaba: «alzasteis la acrópolis, el templo, la ciudad...», también hallamos los cimientos de uno de los símbolos de Cataluña. Nos referimos a los *castellers*, las torres humanas, el ascenso de cuerpos verticales que rasgan la piel del aire, y que cálidamente se funden, como la sangre jadeante de las venas que se alzan. La aguja formada por el monolito del Mèdol es el testimonio que quedó del vaciado de la cantera. Conforme iban arrancando los sillares, los romanos dejaron intacta, justo en el centro de la excavación, una columna que marcaría la altura, la profundidad y la medida de la piedra extraída. Era el auténtico *descarregament* de un *castell de nou amb agulla al mig*: el descargue de un *castell* (textualmente, «castillo») de nueve pisos con aguja enmedio.

Han transcurrido siglos, y aquella aguja permanece, *no ha fet llenya* (literalmente «no ha hecho leña»), como se dice en argot *casteller* cuando un *castell* se cae. El impulso constructor de Roma, como el de los *castellers*, nace de la energía, de la fuerza del cuerpo, del sentido de la jerarquía. Un impulso constructor del que nace un sentido del orden distinto. Una energía, una fuerza de los cuerpos, una jerarquía, un sentido del orden que encontramos en las legiones romanas. Un impulso constructor que se halla en los principales monumentos de la Tarragona romana: el anfiteatro, el circo, el acueducto de las Ferreres, el pretorio, las murallas, el arco de Barà... Un impulso constructor que erigió un imperio. Erigir, levantar un *castell* es erigir un imperio. La sardana es la estética de las matemáticas, los *castells* son la sublimación del impulso constructor de Roma.

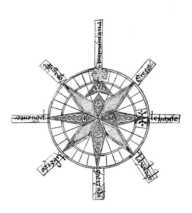

IX

MARAGALL Y EL PAISAJE

El paisaje de Cataluña es la fabulosa constelación de un mosaico romano incrustado en las bóvedas de una catedral cósmica. El sol, cada día de buena mañana, sale, por levante, se pone de puntillas y mira a través de los vitrales del mar. El polícromo resquebrajamiento que se produce dibuja arboledas y caminos, castillos y monasterios, montañas y llanuras, y se torna historia y leyenda. Si observáramos atentamente esta cristalina constelación de una manera panorámica, al norte veríamos, tratando de alcanzar la bóveda celeste, la blancura del silencio de la nieve sobre las elevadas montañas del Pirineo. Silencio blanco con aroma de magnolias; silencio que se desliza entre abetales y hayedos, alamedas y pinedas, que ponen un color sonoro al silencio transparente de las cumbres cuando el aire suave las peina; silencio hecho clepsidra en los arroyos que miden la distancia y que son murmullo puro, como la rosa de los vientos, que dice sólo el nombre de cada viento, sin batir sus alas.

Paralelas y próximas a la franja costera, se extienden las sierras, cuyos riscos a menudo se despeñan en el mar. Minúsculos llanos y deltas se ensanchan y van plegándose sobre rebanadas de tierra que se dispersan entre la montaña y la arenosa costa. Pasada la cordillera litoral, menudean las mismas características, debido a depresiones que tienen su origen en antiguos hundimientos de las montañas costeras. Invadidas en un principio por el mar, estas depresiones fueron colmatadas y se convirtieron, finalmente, en las llanuras atemperadas y suavemente ondulantes que propiciaron la aparición de la civilización agraria y urbana.

En Cataluña, considerada en su territorio estricto, el antiguo mosaico adquiere tonalidades de fascinante efecto multiplicador, como apunta el geógrafo Pau Vila: «Las condiciones de los terrenos, del clima, las necesidades locales y las conveniencias de la economía forman un mosaico matizado que caracteriza al país con esa variedad de paisajes que sorprende a quien lo observa». Relieve, clima, suelo y vegetación configuran esa gran diversidad del territorio catalán que hace posible el contraste entre las altas cumbres pirenaicas, de prados y espesos bosques semejantes a los alpinos, y las áridas llanuras que se tienden en occidente, con intermitencias de huertas regadas por aguas fluviales y subterráneas; contraste entre la franja marina, abrasada por el sol, aunque suavizada, acogedora y de dibujados labrantíos, y las húmedas montañas de la Garrotxa, con frondosos hayedos como el de Jordà, glosado por Maragall. He aquí la diversidad que da forma y color al paisaje de Cataluña.

Cataluña es predominantemente montañosa y esencialmente mediterránea, y ello por la complicada diversidad de su relieve como por su clima y su vegetación. Josep Pla comentaba, festivo y socarrón, la orografía del país: «Cataluña es uno de los países más llenos de montañas que exite. Hay montañas a manos llenas, todas las habidas y por haber; hay tantas que, el día en que se sepa, la gente se quedará viendo visiones. Se nos ha reprochado que Cataluña es un país pequeño. Es verdad. La piel del país tiene arrugas muy profundas y unos altibajos del todo inútiles. Pero que nos sirva de consuelo pensar que el día en que sea posible estirar esa piel hasta quitarle las arrugas, el país en que vivimos quedará multiplicado al menos por diez...».

En los albores del siglo X, cuando las antiguas montañas del Pirineo empezaban a llamarse Cataluña, casi simultáneamente los monasterios daban forma a una nueva geografía. El misterio de la maravilla de los monasterios catalanes que iban erigiéndose, construidos allí donde la naturaleza casi se vuelve irreal, nace de la necesidad de dar una respuesta humana al reto de la eternidad. En esos parajes, la naturaleza y el paisaje se tornan irreales porque son como una transfiguración del Tabor. El reto a la eternidad lanzado por estos monasterios que se funden con el paisaje alcanza su máxima expresión en el *Cant espiritual* (*Canto espiritual*) de Joan Maragall:

> «*Si el mundo es ya tan bello, si se mira,*
> *Señor, con la paz vuestra en nuestros ojos,*
> *¿qué más nos podéis dar en otra vida?*».

En la apoteosis de la transfiguración, el apóstol Pedro dijo a Jesús: «Señor, es bueno estarnos aquí. Si quieres, hare aquí tres tiendas, una para ti, otra para Moisés y otra para Elías» (Mt 17, 4-5). Pedro entiende que no es menester otra vida ni otro mundo. En el monte Tabor ha reencontrado el antiguo paraíso perdido: «es bueno estarnos aquí»... Joan Maragall dirá: «¿qué más nos podéis dar en otra vida?». La vida, para él, es la vida terrenal, la belleza del mundo, el latido del corazón, la alegría de los sentidos. El paisaje es el Tabor, donde «es bueno estarse». Los monasterios y el paisaje son esta pequeña patria invocada por el poeta:

> «[...] esta tierra, con todo lo que cría,
> es mi patria, Señor, ¿y no podría
> ser también una patria celestial?».

Maragall ha reencontrado el Tabor y la conclusión práctica de Pedro. Con el apóstol y el poeta, el paisaje adquiere un sentido trascendente: las tiendas invocadas por el apóstol en el Tabor hallan su réplica en los monasterios pirenaicos y en los que más adelante se diseminarán por todo el país; el Tabor incluso tiene su réplica en los Pirineos. El *Cant espiritual* nació en el monte Tabor. En eso radica su originalidad. Muestra además, de manera inequívoca, cómo la estima al paisaje puede convertirse en pasión, y cómo, por ser tan humana, puede hacerse trascendente. Esta es la relación que se ha trenzado entre los hombres y el paisaje de Cataluña a lo largo de los siglos y que sólo la ambición poética de Maragall podría plasmar en uno de sus mejores poemas. Pensemos en las palabras de Joan Fuster: «El *Cant espiritual* es sin duda una de las creaciones más ilustres de la poesía catalana de todos los tiempos e, incluso, de la poesía europea del siglo XX». Un poema que, no por azar, ha suscitado el interés de dos premios Nobel de Literatura: Albert Camus (cuya madre, Caterina Sintes, era menorquina), quien lo tradujo al francés, y el poeta Eugenio Montale, que hizo la versión al italiano.

En la apoteosis de la transfiguración del paisaje, Maragall comienza este salmo dirigido a Dios:

CANTO ESPIRITUAL

> «Si el mundo es ya tan bello, si se mira,
> Señor, con la paz nuestra en nuestros ojos,
> ¿qué más nos podéis dar en otra vida?
> Por eso estoy celoso de los ojos
> por el cuerpo y el rostro que me disteis,
> Señor, y el corazón que siempre late,
> y por eso a la muerte temo tanto.

> Pues ¿con qué otros sentidos me haréis ver
> este azul que se cierne por encima
> de las montañas, y este mar inmenso,
> y este sol que por todas partes brilla?
> Dadme en estos sentidos paz eterna
> y no querré otro cielo que éste azul.

> Al que a ningún momento dijo: «¡Párate!»
> sino a aquel que la muerte le traía,
> no le entiendo, Señor; yo que querría
> parar tantos momentos cada día
> y eternizarlos en mi corazón...
> ¿O es que este «eternizar» es ya la muerte?
> Pero, entonces, la vida ¿qué sería?
> ¿Sólo sombra del tiempo que transcurre,
> y la ilusión del lejos y del cerca,
> cuenta del poco, mucho y demasiado,
> engañadora, pues todo es todo?

> ¡Lo mismo da! Este mundo, sea cual sea,
> tan diverso y extenso y temporal,
> esta tierra, con todo lo que cría,
> es mi patria, Señor, ¿y no podría
> ser también una patria celestial?
> Hombre soy y es humana mi medida
> de cuanto pueda y crea yo esperar:
> si mi fe y mi esperanza aquí se para,
> ¿me acusaréis de ello más allá?
> Más allá veo el cielo y las estrellas,
> e incluso allí querría yo ser hombre:
> si hicisteis que las cosas sean tan bellas
> a mis ojos, e hicisteis para ellas
> mis ojos y sentidos corporales,
> ¿por qué cerrarlos dándome otro cómo?
> ¡Si, para mí, como éste no hay ninguno!
> Ya sé que sois, Señor, ¿mas dónde estáis?
> Cuanto yo veo se os parece en mí...
> Dejadme, pues, creer que estáis aquí.
> Y cuando llegue la hora tan temida
> en que se cierren mis humanos ojos,
> abridme otros, Señor, que sean más grandes
> con los que vuestra faz inmensa vea.
> ¡Y un mayor nacimiento sea mi muerte!».

> [Traducción de Angel Crespo]

Así como difícilmente podríamos comprender el *Cántico al sol* de Francisco de Asís sin tener en cuenta el paisaje de la Umbría italiana, de la misma manera Maragall, impregnado de franciscanismo, eleva su canto espiritual desde su más profundo arraigo en el paisaje de Cataluña, desde su más plena identificación con «este azul que se cierne por encima / de las montañas, y este mar inmenso, / y este sol que por todas partes brilla».

Dirá Gaziel que Maragall nos ofrece una visión del paisaje «sana, optimista, muy bien avenida con el mundo», con esta naturaleza llena de «puras maravillas vitales. Y las esferas mismas del cielo, si están más allá, demasiado allá, de nuestros sentidos, tampoco le atraen. La mejor poesía de Maragall es puro embelesamiento ante la naturaleza geórgica».

Azorín, uno de los más destacados escritores de la Generación del 98, escribiría: «Cataluña, para nosotros, no son las fábricas, las ciudades fabriles, el rumor de sus espléndidas calles, el tráfago incesante de sus máquinas. Cataluña es la alta y silenciosa montaña; la montaña, que desde la ciudad, se divisa a lo lejos; la montaña, que tan maravillosamente han pintado algunos de los poetas y novelistas catalanes. Todo es en ella esquividad, silencio y paz». Y Vicente Aleixandre, premio Nobel de Literatura del año 1977, tras un viaje por tierras catalanas, hacía este comentario: «No me gusta hacer frases, pero al ver estas tierras trabajadas desde hace tantos siglos y transformadas por el esfuerzo, me entran ganas de decir que, así como en Castilla el paisaje ha hecho al hombre, en Cataluña el hombre ha hecho el paisaje». Por eso podemos hablar de la dimensión humana del paisaje. Maurici Serrahima concluirá diciendo: «Hay que ver a Cataluña como un país hecho a escala humana. No sólo en el paisaje, sino también en la estructura, y en la manera de vivir, y en la visión de la realidad». Es el paradigma de Joan Maragall ante ese paisaje: «Hombre soy y es humana mi medida».

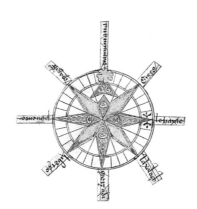

X

GAUDÍ: LA ARQUITECTURA DEL MISTRAL

Lluís Racionero ha escrito que «es curioso que Cataluña produzca un alto porcentaje de hombres geniales en dos lugares: Reus y el Empordà. ¿Se debe al viento? ¿Es una herencia genética? ¿Es el ambiente de la tradición cultural?». Sólo a modo de muestra, estrechamente relacionados con el Empordà podemos mencionar, entre otros, a Dalí, a Pla, a Ruyra. Y en el Camp de Tarragona, a Prim, Gaudí, Fortuny y Ferrater. Joan Miró manifestaba con contundencia: «Considero a Antoni Gaudí el primero entre los genios». Antoni Gaudí (1852-1926), figura capital del complejo movimiento del Modernisme, ha sido, no cabe duda, el principal arquitecto que jamás haya tenido Cataluña y una de las primeras figuras mundiales del arte del siglo XIX.

Antoni Gaudí nace en Reus, hijo de una familia vinculada a la localidad de Riudoms. Una serie de pueblos, muy próximos unos de otros, se alinean en los alrededores de Reus. Pasado Riudoms, muy pronto encontramos Montbrió, y enseguida Montroig, el pueblo de Joan Miró. Hacia la montaña, en l'Aleixar, residió Joaquim Mir. En todos los pueblos del lado de poniente se oye un mismo rumor cuando silba el mistral, un viento escandaloso y fisgón, pues se mete dentro de las casas por la menor rendija. El rumor de estos pueblos es como el de un enjambre de abejas huésped del viento. El mistral desciende por Coll d'Alforja cual caballo desbocado; antes de llegar a Reus, donde suele soplar con más fuerza, visita a todos los pueblos que encuentra en su camino; pero no se detiene en Reus, sino que continúa hasta el mar, donde sostiene un combate enfurecido y a contrapelo con las olas. Raras veces entra en Tarragona, pero si lo hace, llega ya amortiguado. El acantilado del Cabo de Salou hace de línea divisoria entre el mistral y el levante; antipara natural, ejerce gran autoridad sobre los embates de estos dos vientos. Más abajo del Cabo de Salou, encontramos el Pas de la Mala Dona, donde, según cuenta la leyenda, los vientos se reúnen en asamblea y hacen travesuras. Por toda la costa, desde el Cabo de Salou hasta el Delta del Ebro, pueden verse muchos pinos completamente inclinados debido a la fuerza del viento. El cielo de estos parajes, límpido gracias a las rachas de mistral, es un diamante esplendoroso, reluciente. La claridad del sol es afilada cual punta de lanza. El aire se ilumina, se dora. La impronta de estos paisajes en la infancia y en la adolescencia de Antoni Gaudí propició que se establecieran vivas raíces entre el futuro arquitecto y la naturaleza domada por el viento. Gaudí elevará la arquitectura de esa naturaleza. Pero esa arquitectura se adivina ya en el paisaje. La ley que impone el mistral mantiene las nubes a raya, y así la escasa lluvia, el azote del viento y la violenta luz dotan de austeridad al paisaje, una austeridad noble, sin embargo. En esta tierra el mistral impone una arquitectura concreta. Con respecto a la importancia de los elementos de la naturaleza, Jacques Dupin comenta: «En Mont-roig, la acción del agua y del viento, del calor y del hielo sobre esta piedra blanda y porosa, una cantera del color del vino, ha producido alucinantes esculturas naturales que parecen surgidas directamente de la imaginación de Gaudí». La influencia de éste en las estructuras y ritmos de Miró es frecuente. La genialidad de Antoni Gaudí radica en haber sabido captar esa arquitectura y haberla hecho suya. Gaudí, con sus construcciones, dio corporeidad al viento. Robert Lubar escribiría: «La ornamentación de la obra de Gaudí es el reflejo de una fantástica recreación del ciclo cósmico». Del mismo modo que para entender la pintura de Miró y el cubismo de Picasso hay que recorrer, respectivamente, el Camp de Tarragona y la Terra Alta, para comprender la arquitectura de Gaudí hay que adentrarse profundamente por el mismo Camp de Tarragona del que más tarde se nutrió Miró. Si así lo hacemos, después, cuando nos detengamos ante el edificio barcelonés de La Pedrera, descubriremos en ella la arquitectura del mistral. Los estudiosos ven en La Pedrera un mar petrificado, como si todo el edificio plasmara el movimiento ondulante de las olas. Es cierto. Pero, ¿acaso no es el viento el que mueve las olas? Sin viento no hay olas. La Pedrera es un mar puesto en pie por la fuerza del viento. Sin la fuerza del mistral, no habría podido erigirse La Pedrera. Como dice Jacques Dupin, Gaudí «libera a la arquitectura de todas las reglas y prefigura todos los delirios surrealistas, todas las liberaciones del arte abstracto, todas las audacias del arte gestual». El arte gestual es cimbreante. El templo de la Sagrada Familia es como un gigantesco álamo de hojas siempre temblorosas, movidas por el viento. Es como el árbol de luz inquieta de que nos habla el poeta Ramon Xirau. Es la luz inquieta, violenta, del Camp de Tarragona. Si La Pedrera es el mar puesto en pie, el templo de la Sagrada Familia es todo el Camp de Tarragona erguido, de pie. Los árboles se han encaramado a la montaña del viento: algarrobos, avellanos, encinas, pinos, melocotoneros, ciruelos, nísperos, todos trepan montaña arriba hasta formar un bosque vertical agitado por el viento. La Pedrera y la Sagrada Familia, el mar y la montaña acunados por el mistral, son la síntesis del Camp de Tarragona. Más aún, las torres entrelazadas, abrazadas, que se alzan como agujas alrededor de la cósmica catedral del viento, semejan las torres de los *castellers* de los pueblos tarraconenses, torres temblorosas, vivas: son el alma del viento hecha piedra. Las columnas decantadas del Parque Güell nos recordarán aquellos pinos inclinados por el viento. Todo es vegetal en la arquitectura de Gaudí. Pere Gimferrer nos hablará de ella como de una «floración mineral, arquitectura vegetal, piedra viviente». El *trencadís* (cerámica rota y dispuesta formando mosaico) es el resultado del tumultuoso galope del caballo desbocado del viento. Jacques Dupin nos dice, a propósito de Gaudí, que «inventa el *collage* con trocitos de vajilla». Cuando Gaudí combina los colores de la vajilla troceada es como si arrojara un cesto lleno de frutas sobre la mesa, porque el arquitecto concibe los colores volumétricamente. Sus colores son cosas: son cerezas, nísperos, ciruelas, granadas empezadas, manzanas, peras, avellanas, uvas, son los colores y los frutos de su Camp de Tarragona. La admiración de Miró hacia Gaudí tiene sus raíces comunes en esa tierra. Ambos se han nutrido del Camp de Tarragona. Los colores de la cerámica de Miró serán también fruta cálida recogida en Montroig. Joan Miró ha pintado el mistral; Antoni Gaudí ha hecho de él arquitectura. Escribe Jacques Dupin: «Gaudí es el precursor con el que la escultura de Miró tiene profundas afinidades y ligámenes de parentesco muy sólidos», y añade: «*Mujer y pájaro* es una centelleante escultura de cemento con incrustaciones de fragmentos de cerámica coloreada, y como un último homenaje del pintor a Gaudí, por la referencia a la vajilla hecha añicos del Parque Güell». Gaudí fue como un trozo de piedra arrancado de la cantera del Còbic, próxima a Reus; un avellano viviente de cerca de Riudoms; un retorcido algarrobo frente al mar; un olivo del Camp de Tarragona. Jacques Dupin lo sabía: «Gaudí es la energía visionaria en estado puro y es la libertad. La libertad de un pueblo, el vínculo con la tierra, el grito de su libertad». Cataluña es

29. Dragón de Antoni Gaudí, en la escalinata de acceso al Parque Güell de Barcelona (1900-1914).

su pueblo, la libertad; el vínculo, la tierra, es el Camp de Tarragona; el grito de la libertad es el mistral.

Gaudí poseía una sensibilidad única, mediterránea en el sentido más pleno de la palabra. Si el monasterio de Poblet significaba para el arquitecto el esplendor y la independencia que Cataluña tenía, de alguna manera, que recuperar, Barcelona era la síntesis mediterránea donde el genio de Gaudí, más que en cualquier otro lugar, tenía que expandirse. Y, precisamente mediante símbolos, su arquitectura cobra forma y se indentifica con los signos de identidad nacional de Cataluña. Así, la Casa Batlló es una metáfora de San Jorge. El edificio representa al dragón y, a la vez, su escondrijo. Los balcones de la fachada son los tubos de un órgano hecho de huesos, amolados y pulidos por la fuerza del viento, por la lluvia, por el sol; y son rocas peladas de árboles bruñidos por la intemperie; y son estalagmitas que suben hacia las puertas de la gruta donde el dragón tiene su guarida. Y en lo más alto del edificio, el escamoso espinazo del dragón se agiganta, y una cruz floral de cuatro brazos señala exactamente los cuatro puntos cardinales. Es la rosa de los vientos que se arbola en cruces florales plantadas en los cuatro caminos del espacio, y que en la azotea del Palacio Güell tomaba la forma concreta de una rosa de los vientos auténtica, bajo una veleta formada por un murciélago con las alas extendidas, ciego como el viento que sopla en la

30. Pabellones Güell (1884-1887). Dragón de hierro forjado, obra de Gaudí. El arquitecto planeó el jardín como una metáfora del mitológico huerto de las Hespérides, y un dragón de hierro forjado, llamado el *dragón de Pedralbes,* custodia la verja de la entrada. El conjunto es hoy sede de la Cátedra Gaudí, con archivo y biblioteca especializados en el Modernismo.

31. Casa Batlló (1905-1907) de Antoni Gaudí. Las formas orgánicas de la fachada evocan ciertos aspectos de la leyenda de San Jorge, patrón de Cataluña.

dirección que quiere hasta fraguarse y convertirse en una rosa hecha insignia de Cataluña: la rosa de San Jorge. Volvemos a encontrar al dragón en la antigua finca Güell, en Pedralbes, camino de Sarrià. Se trata de un dragón encadenado a la puerta misma; un dragón que cobra vida cada vez que se abre y se cierra esa puerta, que se enfurece cada vez que el viento baja con fuerza de la sierra de Collserola. En el Parque Güell, sin embargo, el dragón se hace cerámica en *trencadís;* es un dragón que ha perdido su furia, un dragón de jardín convertido en lagarto, y es color y luz y juego. Un dragón al alcance de los chiquillos y que, como un niño más, se desliza, juguetón, por las barandillas de las escaleras bellamente cuarteadas, como un Ra-Kú japonés. Cresques Abraham había desterrado a los dragones de su *Atlas;* los dragones eran para él feroces centinelas que cerraban el paso a la expansión cartográfica. Gaudí los reúne bajo la lanza de San Jorge.

En el Parque Güell, el arte arquitectónico de Gaudí se identifica y se funde con la naturaleza. La sala hipóstila del parque, con su impresionante columnata, es un auténtico templo de la naturaleza que nos trae a la mente la sutil ironía de Gaudí, pues ese espacio estaba destinado a ser un mercado. De haber ocurrido así, se habría convertido en el mercado más aristocrático del mundo.

Es posible que Gaudí concibiese el mercado como un auténtico templo, muy cercano a la desnuda suntuosidad de las lonjas de contratación catalanas de la época medieval. Se trata, en verdad, de un templo de la naturaleza, sin puertas, en contacto directo con la tierra, el aire y la luz. Esta prodigiosa columnata camina, como un bosque, tierra adentro, y se confunde con su entorno vegetal, se fusiona. Ciertamente, Gaudí no era un arquitecto de templos, sino de bosques. En este caso, no obstante, entre el templo y el bosque se establece, diríase, una lucha, pues ambos se interfieren: el bosque se transforma en templo, los árboles se convierten en columnas de piedra; el templo se transforma en bosque, las columnas de piedra se vuelven árboles vivientes. Espectacular metamorfosis que es como una danza milimetrada, matemática; como una ceremonia litúrgica de vestales hieráticas. Este templo-bosque del Parque Güell entronca con las construcciones hipóstilas de los templos egipcios, de los palacios persas y de la arquitectura griega. El *trencadís,* técnica introducida por los

32. Monasterio de Sant Martí (siglo x), situado en un espolón rocoso de la montaña del Canigó:

«Lo que un siglo edifica, el otro lo derriba,
pero queda siempre el monumento de Dios;
y las tormentas, la ventisca, el odio y la guerra
al Canigó no echarán a tierra,
no desramarán al altivo Pirineo».

(Jacint Verdaguer)

33. Grupo románico de Descendimiento, conocido por el Santísimo Misterio,
del monasterio de Sant Joan de les Abadeses.

árabes en la antigua Hispania, estalla en el techo, apuntalado por la armónica columnata. Al contemplar este techo geométricamente resquebrajado, se tiene la impresión de que un terremoto arquitectónico lo haya hecho quebradizo, como una rosa que se deshoja en los dedos del mistral. Sobre el techo, descansa una gran terraza que es en verdad un patio luminoso en el regazo de la naturaleza: el sinuoso banco continuo revestido de cerámica en *trencadís* es como el oleaje polícromo del mar, un día de sol radiante y de ábrego travieso, en que va adquiriendo diferentes tonalidades cromáticas: azules, verdes, turquesas, pardoamarillentas, blancas como la espuma... Un *trencadís* viviente, en movimiento, rodando hacia las playas hechas patio en el sueño de Gaudí, hechas cerámica luminosa en las terrazas del Parque Güell. En otra zona del parque, unos arcos parabólicos, sostenidos por columnas decantadas sobre los brazos de una beatífica somnolencia vegetal, adoptan una actitud litúrgica. El viento se arrodilla ceremoniosamente, se incrusta en las piedras de las columnas que son los contrafuertes de la base de una catedral gótica, sobre la que se alzan árboles y plantas. La penumbra y la áspera grandiosidad de los pórticos y arcadas de piedra seca evocan la Cataluña románica, nacida en su secular refugio de los valles del Pirineo, al amparo de los monasterios: el de Sant Miquel de Cuixà, medida de la Cataluña vieja; el de Sant Martí del Canigó, con su campanario, colmena del viento, sin campanas, testimonio del antiguo zumbido de abejas de bronce; el de Ripoll, cuna de Cataluña; el de Sant Joan de les Abadesses... Los frescos, esculturas y detalles arquitectónicos procedentes de estas primeras iglesias pirenaicas fueron una fuente de inspiración para los arquitectos catalanes del siglo XIX, como Puig i Cadafalch, Domènech i Montaner, y, claro está, Gaudí. Desde que fueron trasladadas a Barcelona para su salvaguarda, estas obras de arte reunidas en el Museo de Arte Románico constituyen el conjunto más impresionante de pinturas murales románicas de Europa.

A la salida del Parque Güell, en la entrada principal, se alza la torre helicoidal sobre la que volvemos a encontrar la doble cruz característica de Gaudí. Los cuatro puntos cardinales también se han hecho rezo con la larga letanía de los vientos...

La arquitectura arbórea de Gaudí se traslada del campo a la ciudad. El galáctico bosque de chimeneas de formas y colores caprichosos que se alza en la azotea del Palacio Güell es la plasmación doméstica de la naturaleza. La frialdad mineral se torna cálida gracias a la cerámica troceada que, con la fuerza del sol,

incendia su ámbito urbano con un fulgor salvaje extraído de las flores silvestres. Si en la finca Güell, en Pedralbes, Gaudí había tomado como referencia la *Atlàntida (Atlántida)* de Verdaguer –de la que sólo figuran el dragón, como guardián en la puerta del jardín de las Hespérides, y unas naranjas de hierro sobre una columna–, en el Palacio Güell plasmaría una idea extraída del *Parsifal* de Richard Wagner, que había situado el escondite del Santo Grial en Cataluña. En el bosque de chimeneas de la azotea sobresale la torre-claraboya que se eleva sobre el gran salón del palacio. Es la torre en la que el pararrayos, la cruz griega, la veleta formada por el murciélago de alas extendidas y la dorada rosa de los vientos se clavan en el espacio formando un insólito signo zodiacal... Bajo esta torre, la cúpula parabólica sobre el gran salón es una representación del Montsalvat, el castillo de los caballeros cristianos de Wagner en que descansa el Grial. Las sombras, traspasadas por dardos de luz, se convierten en un desfile del rebaño de sombras de la gruta de Morfeo y en lúgubres guerreros de las cuevas de Mercurio. Una lucha silenciosa de sombras y claridades hechas arquitectura, danza, mito...

Casi toda la arquitectura de Gaudí es expansiva, sale a la calle, al campo, al aire celeste, al viento: el templo abierto de par en par del Parque Güell; la cripta de la colonia Güell, estallido del campo hecho liturgia, uno de los mejores espacios arquitectónicos de Europa; el templo de la Sagrada Familia, escala de Jacob que pone peldaños al viento; el gran vendaval de La Pedrera; el dragón de la Casa Batlló... Tal vez, el Palacio Güell sea el único de los pocos lugares en los que la arquitectura gaudiana se repliega, se recluye, se hace interior y juega con las sombras. Es cierto que fue una de las primeras manifestaciones de la madurez artística de Gaudí. Sin embargo, en esta ocasión se dejó seducir, o atrapar, por las profundidades de la jungla, donde los árboles son tan altos y espesos que deshilachan la luz, deshaciendo el tejido como los dedos incansables de Penélope. Pero el *grito de la tierra* resonaba en el espíritu del arquitecto del viento, y estalló con rotundidad en la apoteosis final de la Sagrada Familia. Ese grito todavía perdura, y se levanta piedra sobre piedra, y se eleva en el cielo como el sacramento de la consagración de los frutos de la tierra... Es el grito de la tierra que pone en pie a esos guerreros galácticos hechos chimeneas y a las cruces abrazadas a los cuatro vientos... Es el grito de la tierra que dota de sonoridad a la arquitectura de Gaudí, la arquitectura del Cristo cósmico clavado en el viento y de la rosa eólica que brilla en el cielo de Cataluña.

XI

DEL CUBISMO A LAS CONSTELACIONES

«Todo cuanto sé lo he aprendido en Horta» (Picasso)
«Toda mi obra está concebida en Mont-roig» (Miró)

Estas dos afirmaciones, definitivas y elocuentes, bastan para situar de manera rotunda e inequívoca las raíces del arte de Pablo Picasso y de Joan Miró.

Algunas de las innovaciones más importantes de la historia del arte del siglo XX tienen como referencia principal la austeridad y la desnudez de los paisajes de Tarragona. El cubismo nació en Horta de Sant Joan, cerca de Gandesa (en la Terra Alta). Mont-roig y el Camp de Tarragona no son sólo una etapa en la obra pictórica de Joan Miró, sino la referencia que nutrió su alfabeto pictórico, tal vez el más original de nuestra centuria.

PICASSO

Cuando Picasso afirma: «Todo cuanto sé lo he aprendido en Horta», de inmediato queremos descubrir el enigma de ese pueblo legendario. La obra de Picasso perteneciente a la etapa de Horta de Sant Joan puede dividirse en tres grupos: el primero corresponde a las obras realizadas durante el verano de 1898, y en él abundan los dibujos (de personajes populares, paisajes y animales de Horta, y los puertos), en los que utiliza un lenguaje pictórico tradicional; el segundo comprende obras de 1902 y 1909 (dibujos y acuarelas realizados en Barcelona, correspondientes a una parte de la época azul, en los que se evoca Horta); el tercer grupo, y más conocido, lo forman obras de su segunda estancia (1909) en tierras tarraconenses, en los inicios del cubismo.

En 1898, debido a su delicada salud, a Picasso le recomiendan un cambio de aires y le sugieren ir a la montaña. Eso le llevaría a Horta de Sant Joan, invitado por su amigo Manuel Pallarès, quien poseía allí una masía. El viento seco y el aroma de las hierbas silvestres ayudarían con eficacia a que el artista re-

cobrara la salud. Horta era, y todavía lo es, un lugar bellísimo, situado al pie de una sierra agreste y junto a una llanura en declive que se extiende hacia otros confines, también cerrados por un horizonte de montañas, las de Cavalls y Pàndols. Pueblo ciertamente «cubista», el perfil de sus casas –dispuestas en cubos, unos encima de otros– contrasta con fuerza con el lleno y el vacío de sus masas y agujeros-espacios, homologándose todo ello en un conjunto presidido por la iglesia. Horta de Sant Joan es un pueblo antiguo que hace de estribo a una iglesia también antigua. El resultado es perfecto: todo él formas muy estructuradas y simples, de volúmenes arquitectónicos, favorables al tratamiento geométrico. A su derecha se alza la estructura cónica de Santa Bàrbara, con el convento de Sant Salvador d'Horta. Al fondo, queda el telón geométrico de los puertos de montaña y las «Roques de Benet». Los ojos del pintor abarcan y escudriñan rincones umbríos, torrentes de agua helada, matorrales silvestres, y contemplan la silenciosa hilera de cumbres: allí el gris delimita el verde, aquí alguna parcela roja de sembrados, más allá el tajo de una garganta pétrea en cuyo fondo discurre a buen seguro el agua cristalina de un riachuelo. Bajo la luz cálida, rojiza, y la atmósfera seca, la ambigüedad de los verdes se disemina con generosidad por todos esos parajes.

De su primera estancia en Horta, Picasso se llevó una serie de dibujos de árboles (el contorno, la textura, la identidad) y los esbozos de un cuadro, al que quería titular *Idilio*, en el que aparecen un pastor y una pastora. Dibujó también diversas casas y realizó el retrato de la niña Josefa Sebastián Nembrado, así como un óleo bautizado *Costumbres de Aragón* (en efecto, éste quedaba muy cerca y se adentraban en él cuando deseaban). En 1909, exactamente diez años después de su primera estancia en Horta, pasadas las épocas azul y rosa, y tras residir cierto tiempo en París, Picasso regresa a Horta de Sant Joan. Había pintado ya obras de textura interior muy acusada; obras límpidas, sencillas, de líneas precisas. Y va a Horta. No elige Gòsol, Ceret o Cadaqués (pueblos en los que había ya ejercido la actividad de pintor), sino precisamente Horta. ¿Por qué? La respues-

34. Pablo Picasso
El depósito de Horta (Horta de Sant Joan, 1909)
Óleo sobre tela, 60 x 50 cm
Colección Sr. David Rockefeller y Sra. Nueva York

ta a esta pregunta se encuentra en los cuadros que en adelante pintará allí: el cubismo. En Horta comienza el cubismo.

Aquel verano de 1909, Picasso, acompañado de Fernande Olivier, se trasladó a Horta de Sant Joan por segunda vez. Fernande Olivier, en sus *Recuerdos íntimos para Picasso,* manifiesta que «en 1909 pasamos cuatro meses en Horta, un pueblecito del sur de Cataluña. Y fue allí, ante aquellas montañas de líneas muy sencillas, muy depuradas, donde Picasso inventó aquello que de inmediato se llamó cubismo. Se llevó de Horta unas cuantas telas, las mejores de las cuales las adquirieron los Stein: unos paisajes de dibujo geométrico. En uno de ellos, unas palmeras animaban con una nota verde y cruda el estudio de unas tierras».

Si se contempla el paisaje desde las alturas de la cima de Santa Bàrbara, se evidencia que la visión de los ocres y de los verdes de los campos no se corresponde con las formas. El color desborda los límites de la forma, no respeta esos límites, se expande formando dos realidades diferenciadas, disociadas, extrañas, posteriormente fundidas en un mosaico. Joan Peru-

cho afirma que «Horta es un auténtico lienzo cubista, visto desde los ángulos y las distancias más variadas». Gertrude Stein decía, refiriéndose a los cuadros que había comprado: «con respecto a los tres paisajes, una vez fueron colgados en la pared, todos los que los contemplaban manifestaron su disconformidad». Sin embargo, Picasso y Fernande había tomado varias fotografías de los lugares que aquél había pintado, y entregaron copias de ellas a Gertrude Stein. Así, cuando alguien comentaba que los cubos que aparecían en los paisajes sólo parecían eso, cubos, Gertrude Stein se echaba a reír y le replicaba: «Si hubiese criticado estos paisajes por ser excesivamente realistas, tal vez habría tenido razón». Esos cuadros significaron el verdadero inicio del cubismo. Y aquel cálido color amarillento plateado (ocre, con un ligerísimo matiz verdoso) caracterizaría las posteriores obras cubistas de Picasso, así como las de sus seguidores. Gertrude Stein siempre afirmó que el único cubismo de verdad era el de Picasso y el de Juan Gris. Braque queda definitivamente excluido.

¿Qué cuadros cubistas pintó Picasso en Horta? La obra más conocida es *L'usine* (*La fábrica*), donde las palmeras, y una chimenea junto a un núcleo de edificaciones, se dibujan con claridad. Las hojas de las palmeras son concretas, cortantes como las aristas de la chimenea. *Le résservoir* (*El estanque*), en el que destacan los reflejos y las transparencias; *Retrato de Fernande,* inspirado en la idea del cono, extraída de la montaña de Santa Bàrbara, según Palau i Fabre; *Torso de hombre desnudo; Casas sobre una colina; Otra cabeza de Fernande; Busto de mujer con naturaleza al fondo; Mujer sentada en una butaca; La botella de Anís del Mono* (*Naturaleza muerta con botella de licor*); *Madonna.* Y aunque realizado en Barcelona en mayo de 1909, puede decirse que el *Retrato de Manuel Pallarès* pertenece al ciclo de Horta de Sant Joan. Se han catalogado veintitrés óleos realizados en este pueblo de la Terra Alta, y veintitrés dibujos y aguatintas. Palau i Fabre asegura que, a partir de estas obras de Horta, puede aplicarse el nombre de cubismo geométrico a la producción picassiana. Esa geometría, iniciada en el cono que intenta imponerse a través de la forma oval y de la elipse, evolucionará hacia la introducción del cubo y de los poliedros regulares o irregulares, que van haciéndose a su vez, de manera progresiva, polifacéticos. Característico también del cubismo de Horta es el color, que en algunos casos parece obtenerse por transparencia. En complicidad con los grises, que crean espacios en sordina, el pintor logra que los colores parezcan iluminados por detrás y

35. Pablo Picasso
La fábrica de Horta (Horta de Sant Joan, 1909)
Óleo sobre tela, 53 x 60 cm
Museo de l'Ermitage, San Petersburgo

resulten muy vivos e intensos. Algunos de los efectos observados en vitrales góticos, donde el emplomado ayuda a definir los colores y a hacerlos vibrar, se trasladan a estos cuadros dando vida a una nueva forma pictórica. Picasso abrió efectivamente las puertas del siglo XX, y forjó, con combatividad, un estilo que resultó ser creador de formas atrevidas y fecundas.

Como nota aclaratoria, añadiré que desde el siglo XIX, con la alternancia de los moderados y los progresistas, Horta fue víctima de los avatares políticos, y vio cómo su nombre se transformaba sucesivamente en Horta de Sant Joan y Horta d'Ebre. El propio Picasso contaba que, al tratar de recordar y puntualizar este hecho, se hacía un lío. Para él siempre fue Horta d'Ebre.

MIRÓ

Bajando de la Terra Alta, llegamos al Camp de Tarragona, el centro del universo de Joan Miró, pues además de ser un espacio natural privilegiado –que permitía al pintor el contacto con el Mediterráneo y con los valores del mundo rural, donde encontraba lo primitivo y primigenio–, también es el lugar donde descubrió la profundidad de lo telúrico y la magnificencia de lo cósmico. Daniel Giralt-Miracle afirma que «allí fue donde se encontró a sí mismo y donde comprendió su relación con el mundo». Miró nos da las claves de su vocación pictórica: «Toda mi obra está concebida en Mont-roig, todo lo que he hecho en París se concibió en Mont-roig».

Jaques Dupin observaba: «Mont-roig y su paisaje han desempeñado un papel esencial en la formación de la personalidad de Miró y en el desarrollo de su obra. Su energía, su entusiasmo y su testarudez son ciertamente de este país».

Profunda es la identificación de Miró con Mont-roig, tanto como las raíces de los olivos centenarios. Refiriéndose a este fenómeno de identificación, Joan Perucho escribiría que «su amor por la tierra de Tarragona es provervial, y en muchas ocasiones se ha dicho que en sus pinturas está la luz de Mont-roig. Hay, no obstante, otra cosa: la vida que le ha enseñado Mont-roig. Sin Mont-roig, sin ese campo de Mont-roig al que Miró vuelve una y otra vez, no existirían estos cuadros fabulosamente vivos y desconcertantes».

En 1911, Miró, enfermo, pasa una larga temporada en la finca que sus padres poseen en Mont-roig, donde se reafirma en su decisión de abondonar toda actividad que no sea la pintura y donde inicia un diálogo con los alrededores de la masía y del Camp de Tarragona, diálogo que proveerá el fondo referencial de los signos de su personal lenguaje innovador. Las obras de este periodo son paisajes realistas con destellos de cubismo, expresionismo o postimpresionismo. Es un tiempo de observación, de preparación, de maduración espiritual y profesional.

En 1919 encontramos ya pinturas fundamentales. En las representaciones de la masía y los huertos de las cercanías de Mont-roig, además de la composición de influencia cubista en las casas, el interés se centra en el estudio de las plantas que suministrarán las múltiples formas del alfabeto visual de Miró. Las cañas cruzadas a las que se asen las tomateras engendran las estrellas características de sus pinturas; las algarrobas anuncian los signos alargados tantas veces repetidos; los racimos de tomates y los rabillos de cebolla se identifican con la línea rematada en una bola, o con las dos o múltiples líneas que acaban en esferas. Los agujeros de las minas de agua se vuelven también símbolos. Las figuras humanas se simplifican y se parecen cada vez más a esquemas mentales. Las palmeras, los pájaros, las escaleras, las cepas de vid, los troncos agujereados de algarrobos y olivos, los carros, los animales, van aproximándose a lo que serán los símbolos, los personajes y los monstruos surrealistas mironianos. El aire transparente del Camp de Tarragona entra a formar parte del clima de sus pinturas. La atmósfera de Miró no suele ser nebulosa, sino límpida; puede incluso hallarse vacía, pero el viento –espectáculo táctil de la atmósfera– suele estar presente.

Explica Miró: «Pasaba tres meses del año en la casa de Mont-roig, me quedaba solo. Me impregnaba de la atmósfera campesina, alejado del bullicio urbano, en compañía de animales: gatos, perros, aves; sólo tenía lámparas de aceite...». Cada signo tiene un referente, y el repertorio de formas habituales se elabora en gran parte en Mont-roig.

En el Camp de Tarragona, el hombre ha de luchar con la naturaleza. Y Miró queda fascinado por la áspera austeridad de ese paisaje. El hombre, el campesino, se convertirá en uno de los símbolos más destacados de la pintura del artista. Sus primeros cuadros hablan por sí solos: *El cántaro* (1912), *El campesino* (1914), *Casa de Poca* (1914). Las formas en el espacio van configurándose para aproximarse a una descripción del territorio donde lo más valorado son los ritmos y los colores, entre el expresionismo y el divisionismo. Las obras de 1916 (*Mont-roig, el pueblo; Mont-roig,*

36. Joan Miró
La masía (1921-1922)
Óleo sobre tela, 132 x 147 cm
National Gallery of Art, Washington
(donación de Mary Hemingway)

paisaje; y *Mont-roig. Sant Ramon*), o las de 1917 (*Mont-roig, el puente; Mont-roig el río; Cambrils, la playa; Ermita de Sant Joan d'Horta; Ciurana, el camino; Ciurana, la iglesia; Ciurana, el pueblo; Calle de Prades;* y *Prades, el pueblo*) representan a la perfección lo que Dupin llama «fauvismo catalán», y constituyen un magnífico prólogo de las interesantes experiencias de las pinturas detallistas de 1918, que lo preparan para abordar *La masía* (1921-1922).

De esta serie de cuadros realizados entre 1916 y 1917, sobresale el óleo *Mont-roig. Sant Ramon*, el más contundente, pues posee todo el vigor cromático del fauvismo al tiempo que su construcción sigue los cánones del cubismo, corriente que había perdido ya la frescura de la novedad y se había convertido en un método, una disciplina, un control de la forma.

Retratos, objetos y paisajes recibieron el tratamiento propio de una naturaleza muerta; fueron considerados el fundamento de una composición ideal. Entre las pinturas que Miró realizó en esta época, tres en concreto marcan la progresiva consolidación de sus objetivos: *La casa de la palmera* (1918), *Huerto y asno* (1918) y *La masía* (1921-1922). Otras, como *El tejar* (1918), *El surco de las ruedas* (1918), *Viñas y olivos* (1919) o *Pueblo e iglesia de Mont-roig* (1919), complementan y rectifican este proceso.

Entre 1918 y 1920, Miró inició una nueva estrategia plástica que respondía a una nueva poética. Se enfrascó en un profundo estudió de la realidad –el mundo vegetal, el mundo animal, los objetos, las arquitecturas– y situó esa realidad en la superficie plana del cuadro, sin sombras ni perspectivas. Lo que más le interesaba, según escribió el propio artista, era «la caligrafía de un árbol o de un tejado, hoja por hoja, ramita por ramita, hierba por hierba y teja por teja. La más pequeña cosa de la naturaleza es un mundo. Encuentro todos mis temas en el campo y en la playa [...] Trabajo mucho para conseguir un arte de *concepto*, utilizando lo natural como punto de partida, nunca como una meta». La individuación de las cosas, ese afán por transformarlo todo en un ideograma de valores poéticos que trasciende la significación concreta, lo descubrimos en las siguientes obras: *Naturaleza muerta del molinillo de café* (1918), *Caballo, pipa y flor roja* (1920), *La mesa (Naturaleza muerta del conejo)* (1920), *La mesa del guante* (1921), *La lámpara de carburo* (1922-1923), *La espiga de trigo* (1922-1923) y *La masovera* (1922-1923). En *La casa de la palmera* (1918) se detecta un cambio conceptual y técnico.

Miró configuró una pluralidad de signos flotantes que ofrecen una visión de la realidad marcadamente poética, cuya magia y misterio aumentan en *Huerto y asno* (1918). *La masía* (1921-1922), la pieza más elaborada de toda la obra mironiana, señala la culminación de la etapa figurativa y el inicio de un proceso de simplificación de signos; en el curso de este proceso Miró empezó a formular el lenguaje de un universo semántico que afloró de manera definitiva en *Tierra labrada* (1923-1924), en *Paisaje catalán (El cazador)* (1923-1924) y en *El carnaval de Arlequín* (1924-1925). Comentaba Miró: «*La masía* es el resumen de toda mi vida en el campo. En él quise poner todo lo que yo amaba del campo, desde un gran árbol hasta un pequeño caracol». Este cuadro lo consagró definitivamente y lo convirtió en el gran maestro del siglo XX. *La masía* es la fusión del objetivismo y el subjetivismo, como un encuentro entre la realidad sensible y la realidad imaginaria.

La senda de *La masía* le conduciría a las puertas del surrealismo. El mismo Breton calificó la irrupción de Miró de «entrada tumultuosa, un importante hito en el desarrollo del arte surrealista». Los surrelistas descubrieron en Joan Miró una magia visual surgida de aquello que era más primitivo y autóctono, de la mitología mediterránea que otorga un valor supremo a todo lo que forma parte de la naturaleza. La unión entre el mundo imaginario y el mundo real propuesta por el pintor dio al surrealismo una realidad visual inédita hasta entonces. *El carnaval de Arlequín* (1924-1925) refleja el momento culminante de esa escritura poética en la que lo maravilloso es expresado con una iconografía imaginaria claramente mironiana y declaradamente surrealista.

Raymond Queneau ha visto en la pintura de Miró como una escritura, una lengua que permite establecer un diccionario «miroglífico»; en una línea parecida, William S. Rubin plantea un alfabeto de signos mironianos que surten el diálogo entre lo imaginario y lo real. Y Pere Gimferrer apunta que toda la obra de Miró no responde a una abstracción de la realidad, sino al «estadio más evolucionado de la pintura figurativa».

La gestación de un vocabulario personal y característico, la articulación de este sistema de signos poéticos, se produjo de manera evolutiva, progresiva, y Miró fue elaborándola a lo largo de su vida. En cierto sentido, puede decirse que toda la obra mironiana responde a la búsqueda y creación de este lenguaje.

El lenguaje del pintor sustituye el significado inmediato de las cosas por su significante. Se interpreta un país por su signo: una bandera. Un hombre, una mujer, por un atributo: una pipa, una *barretina*, una falda, un lápiz de labios. Con ojos, orejas o

37. Joan Miró
El tapiz de Tarragona (1970)
280 x 400 cm
Hospital de la Cruz Roja, Tarragona

sexos, formará ideogramas, a la manera de los antiguos egipcios o como los chinos. Las acciones se representarán por el acto de mirar, de correr, de volar; el diagrama científico, por líneas de puntos, plantas... Esquemas mecánicos, como las ruedas o las poleas, expresarán el movimiento. Un arte de lenguajes sustituye a un arte de palabras. Esta transformación del sentido de las cosas provoca que, paradógicamente, la pintura de Miró no sea un arte visual. El sistema es enumerativo. Cada cosa es una escritura de la cosa; cada figura, un ideograma. En el paisaje, ya sea terrestre o cósmico, se encontrará aquello que el pintor considere conveniente y se expresará con los elementos estrictamente necesarios. Los objetos a los que Miró da forma pertenecen casi siempre al mundo campesino. Pero su instinto selectivo, de síntesis, aislará los objetos susceptibles de convertirse en signo de los conceptos. La rueda del carro personificará el movimiento horizontal; los elementos intangibles, como el sol y la luz, suelen representarse con trayectorias rectilíneas muy finas y continuas. Las masas de las pinturas y esculturas de Miró jamás permanecen inertes, en reposo; simpre hacen algo o les ocurre algo. Cirici Pellicer, al que seguimos de cerca, sintetizando su teoría del *Miró llegit (Miró leído)*, escribe: «cada día está más claro que el sistema estructural de la pintura y de la escultura se halla más cerca del lenguaje que de la palabra, más cerca del signo que de la expresión».

Como colofón al cuadro *La masía*, agreguemos que Miró veía realizada en él su vocación de «hortelano» en el campo del arte; y así lo explicaba: «Considero mi taller como un huerto. Aquí, alcachofas. Allá, patatas. [...] Trabajo como un jardinero, como un viñador. Las cosas vienen poco a poco. Mi vocabulario de formas, por ejemplo, no lo he descubierto de repente. Ha ido formándose casi a pesar de mí mismo. Las cosas siguen su curso natural. Crecen, maduran [...] Van madurando en mi espíritu. Por eso trabajo en muchísimas cosas a la vez».

En el ámbito de la cosmología, Miró inscribirá una nueva caligrafía materializada en sus famosas *Constelaciones*. Octavio Paz explica que, en la realización de esta serie, «la mano del pintor diseminó sobre la tela un puñado de semillas, gérmenes, colores y formas vivas que se acoplan, separan y bifurcan con una alegría a la vez genérica y fantástica. [...] Las *Constelaciones* de Miró iluminaban, literalmente, las oscuras relaciones entre la historia y la creación artística. Miró había pintado estos cuadros, de dimensiones más bien reducidas, en un momento terrible de su vida y de la historia moderna: España bajo la dictadura de Franco; Europa ocupada por los nazis; sus amigos poetas y pintores, perseguidos, en Francia o exiliados en América. La aparición, esos días oscuros y negros, de una obra que es un manantial de colores y formas vivas fue una respuesta a la presión de la historia». Picasso dio su respuesta con el *Guernica*. Las *Constelaciones* de Miró, al igual que el *Guernica* de Picasso, son la explosión de la vida humillada por la dictadura y la guerra.

Acabada la Segunda Guerra Mundial, Miró, tras experimentar una fuerte crisis de identidad que le obligó a abandonar la pintura durante algunos años, volvió al Camp de Tarragona, lo que supuso un nuevo estímulo para su imaginación. A partir de 1946, el pintor gozó intensamente de aquel paisaje, de sus campos, de sus árboles, los cultivos, la playa, el mundo marino... y, de rebote, reemprendió la actividad pictórica, con el mismo ritmo de trabajo que el anterior a aquel conflicto.

El inicio de la actividad del polifacético Miró en las artes textiles está directamente relacionado con el célebre *Tapiz de Tarragona*, realizado en 1969 en los talleres de Josep Royo. De gran impacto plástico, en esta obra se combinan las formas con los colores y grafismos más personales del último Miró.

En los primeros años del presente siglo, cuatro grandes artistas —Picasso, Mir, Mercadè y Miró— coincidieron en una búsqueda innovadora en el ámbito de la pintura, búsqueda que halló en los paisajes de Tarragona una atmósfera propicia e innumerables motivos de inspiración. Picasso descubrió en Horta de Sant Joan el primitivismo de una realidad rural que no había sufrido manipulación alguna, y aplicó el lenguaje cubista a la arquitectura de esa localidad. Joaquim Mir, en L'Aleixar y en Maspujols, desarrolló la etapa pictórica más libre, poética y expresiva de toda su carrera. Jaume Mercadé, desde Valls, ofreció una visión austera y en extremo original de las comarcas tarraconenses. Raras veces en un territorio se concentran tantas experiencias individuales de búsqueda creadora. En el caso concreto de Miró, comprender Tarragona significaba, para él, comprender su propia personalidad.

XII

LA AURORA DE CADAQUÉS

*L*a persistencia de la memoria, el cuadro pintado en 1931 por Salvador Dalí, quiere ofrecer un perspectiva blanda, maleable de la gráfica del tiempo. Dalí, en busca de la persistencia de la memoria, lucha con el tiempo. Pero sabe que la memoria es puro accidente y que por tanto no puede persistir por sí sola, necesita de hombres mortales, que precisamente por su condición de mortales limitan y agotan la memoria, y ésta acaba reblandeciéndose, adelgazándose y deformándose. Dalí, por analogía, veía este proceso como el resultado de una *escalivada*. El código de signos culinarios y sexuales es prácticamente una constante en la obra pictórica de Dalí; una terminología a la vez literaria y plástica. Por otro lado, sólo un pintor catalán podría concebir una *escalivada* en objetos metálicos o vítreos, pues la *escalivada* es un arte culinario casi exclusivo de la cultura catalana. La perfección del absurdo da sentido a la ruptura de la realidad. Sin embargo, Dalí crea otra realidad dentro del mundo irreal. El tiempo se ha distorsionado, desfigurado, y sólo persiste en la memoria. El tiempo se ha vuelto memoria porque se ha detenido o, mejor dicho, tal vez haya tropezado y no pueda seguir adelante.

Minkowsky y Einstein consideraron el tiempo como una cuarta dimensión de las cosas. ¿No sería una cuarta dimensión lo que buscaba Dalí en sus relojes blandos, a través del tiempo? Hemos hablado de una detención del tiempo. Pero espacio y tiempo se mueven continuamente. La contradicción detención-movimiento forma parte del teatro del absurdo daliniano. Tiempo y vida. Tiempo y muerte. Esa es la cuestión. La búsqueda de la inmortalidad obsesionaba a Dalí; una inmortalidad que persigue a través de su pintura, como si de una procreación física se tratara. Por eso la presencia del sexo se hace obsesiva en su pintura. Dalí, que declaraba sentir aversión hacia el acto procreador, encuentra en la pintra la afirmación sexual, procreativa, de continuidad. En este sentido, su pintura es una investigación constante. La ansiedad lo conducía; el tema afloraba de manera inconsciente desde la subconsciencia del pintor. Dalí no dio nunca una respuesta coherente a sus cuadros; no podía darla con palabras, pues ya la había dado con la pintura. Ese era su lenguaje, y no podía ser de otro modo, porque era, por encima de todo, pintor. Tal vez esta obviedad pueda parecer pueril, pero es fundamental no exigir a Dalí otra clase de explicaciones; él era muy consciente de eso, de ahí que se divirtiera cuando le interrogaban sobre estos temas, y se hiciera el loco. Sólo podía explicar una pintura con otra pintura. Su obra es enciclopédica; todo se corresponde, todo está relacionado. Creó su propia cosmogonía, y a través de los signos encontraremos su respuesta, respuesta que, no obstante, es una eterna pregunta, porque el pintor responde a un cuadro con otro cuadro, y ello de manera incansable. La pintura de Dalí es un círculo que va agrandándose; es una pintura abierta, en el sentido de una fuerza expansiva. Los dramáticos paisajes desnudos de Cadaqués, de sus playas y de las alucinantes rocas del Cabo de Creus son un tema único que se repite, aunque con variaciones constantes, como si se tratara de una sinfonía polícroma, como una mar de sonrisa innumerable, al modo en que la veía el poeta latino Virgilio. Es el círculo en expansión, es *La persistencia de la memoria*, la antítesis del círculo que se expresa en los relojes blandos, abolladura de la circunferencia del tiempo que da un rodeo para no llegar al final, porque el tiempo es siempre un recomenzar. Los relojes blandos —cuerpos distendidos sobre la playa del tiempo— evocan también a tres buenos amigos cerca del mar de Cadaqués, tres compañeros que se enfrentan al mismo tiempo al desafío de la vida: García Lorca, Dalí y su hermana Anna Maria. Gran amigo de juventud de Salvador Dalí, Federico García Lorca pasó largas estancias en Cadaqués, en la casa que el pintor tenía en aquel Portlligat que Albert Manent describe como un «rincón acolchado de silencios, rodeado de colinas de pizarra, de vides helénicas, de un mar arisco, fascinante, y que tenía como dios, temible o tutelar, el Cabo de Creus». Al poeta García Lorca, ese paraje le arrancaba una invocación «admirativa»:

«¡Oh magnífico
desierto coronado
de vides y olivos!».

38. Salvador Dalí
La persistencia de la memoria (1931)
Óleo sobre tela, 24 x 33 cm
Museo de Arte Moderno, Nueva York

Lorca se sentía vivamente impresionado por esta tierra de olivos retorcidos y vigilantes que le recordaban Tierra Santa: «Pienso en Cadaqués. Me parece un paisaje eterno y actual, pero perfecto». En la *Oda a Salvador Dalí*, escrita en 1926, el poeta andaluz conserva todavía viva esa sensación de oasis privilegiado en el que se extiende el pueblo:

«Cadaqués, en el fiel del agua y la colina,
eleva escalinatas y oculta caracolas».

Cuanto hasta ahora hemos comentado se sintetiza en estos versos que forman parte de la *Oda a Salvador Dalí*, de Federico García Lorca:

«La corriente del tiempo se remansa y ordena
en las formas numéricas de un siglo y otro siglo.
Y la Muerte vencida se refugia temblando
en el círculo estrecho del minuto presente».

La evocación de la vida, de la muerte y del tiempo son «formas numéricas», y el «círculo estrecho del minuto presente» nos habla de relojes torturados. Es más, las manecillas de los relojes forman un «compás de acero»; las esferas son «desconocidas islas», hijas del tiempo sobre el mar del olvido:

«Dice el compás de acero su corto verso elástico.
Desconocidas islas desmiente ya la esfera.
Dice la línea recta su vertical esfuerzo
y los sabios cristales cantan sus geometrías».

Los homéricos rosados dedos de la aurora de Cadaqués son evocados también por el poeta, en la hora prima de un reloj que es «una rueda en la pura sintaxis del acero»:

«Una rosa en el alto jardín que tú deseas.
Una rueda en la pura sintaxis del acero.
Desnuda la montaña de niebla impresionista.
Los grises oteando sus balaustradas últimas».

Mientras los cuerpos inermes de los pescadores del tiempo duermen sobre la playa, las esferas cronométricas son sustituidas, mar adentro, por una brújula que es, a la vez, la transformación de una rosa. El tiempo busca un horizonte donde se alzan los pañuelos del adiós bajo una vidriera de escamas traspasada por la luna.

«Sus pescadores duermen, sin ensueño, en la arena.
En alta mar les sirve de brújula una rosa.
El horizonte virgen de pañuelos heridos,
junta los grandes vidrios del pez y de la luna.»

García Lorca nos ha conducido a la rosa de los vientos, brújula del mar, veleta en tierra, llama del jardín y aurora de Cadaqués:

«Pero también la rosa del jardín donde vives,
¡siempre la rosa, siempre norte y sur de nosotros!
Tranquila y concentrada como una estatua ciega,
ignorante de esfuerzos soterrados que causa.

Rosa pura que limpia los artificios y croquis
y nos abre las alas tenues de la sonrisa.
(Mariposa clavada que medita su vuelo.)
Rosa del equilibrio sin dolores buscados.
¡Siempre la rosa!»

A orillas del mar, relojes de clepsidra se han tornado, según la metáfora de García Lorca, «agua curva», y los pinceles son ahora manecillas de la esfera celeste:

«No mires la clepsidra con alas membranosas,
ni la dura guadaña de las alegorías.
Viste y desnuda siempre tu pincel en el aire
frente a la mar poblada con barcos y marinos».

Ante esta «mar poblada con barcos y marinos», mira, apoyada en la repisa de las olas, Anna Maria, la hermana de Dalí, en el cuadro *Muchacha en la ventana*, pintado en 1925. Anna Maria es una figura silenciosa del entorno de Dalí, pero de presencia constante en su obra. Presencia real, aunque esté ausente: es la presencia de la memoria, que no necesita de realidades físicas. La pintura de Dalí está abierta al mar. Y también el mar, pese a estar ausente, es una presencia constante en su obra; una presencia hecha, asimismo, memoria. En las profundas lejanías de la escenografía daliniana, con frecuencia el horizonte es ambigüo; en la línea del infinito, la tierra, el mar y el cielo crean una cuarta imagen, producto de la refundición de los tres elementos primeros. De ello resulta una perspectiva inédita, como una cuarta dimensión que muestra invariablemente el mar de Cadaqués. Los conceptos de realismo, surrealismo e hiperrealismo van entrelazándose en la pintura de Dalí. El realismo de *Muchacha en la ventana* está por encima de la realidad. Sin embargo, por muy realista que sea, la pintura de Dalí nunca es copia de la realidad. De tan pura, es pre-real. En este caso, es la naturaleza en estado de gracia. *Muchacha en la ventana* tiene un halo supra-real. Es la realidad en estado de éxtasis; un éxtasis sin misticismos exaltados. Tan natural, tan real que supera a la naturaleza, a la realidad; es como un mundo recién creado de la nada, de la anti-materia, de la anti-realidad, diríase captado en el momento supremo en que Adán salió de las manos del Creador. ¿En qué vientre materno había estado antes? ¿En qué realidad? En ninguna, claro. Adán es pura creación. La pintura de Dalí parece anterior a la realidad existente. Sólo después de *Muchacha en la ventana* puede decirse que existe el mar, que existe la mujer. Ahí reside el misterio de la pintura de Dalí, un misterio que debemos buscar en el sueño, en el subconsciente, en las fuerzas oscuras de éste, tan profundas que en ellas se mezclan razón y delirio, razón y locura, como en aquellos divinos locos que fueron Ramon Llull y Francisco de Asís. Esa razón y esa locura que nuestro poeta J.V. Foix intentaba conciliar:

> «*Si pudiese acordar Razón y Locura,*
> *y en clara mañana, no lejos de la mar clara,*
> *mi mente, que de gozo es avara,*
> *me hiciese presente lo Eterno. Y con fantasía*
>
> *—que el corazón enciende y mi angustia desvía—*
> *de palabras, sonidos y tonos, a veces*
> *hiciese permanente el hoy, y la sombra rara*
> *que me imitó por los muros fuese sensatez y guía*
>
> *de mi errancia por tamariscos y losas;*
> *—¡oh dulces pensamientos, dulzuras en boca!—*
> *si volviesen verdadero lo Oculto, y en calas cerradas,*
>
> *las imágenes de los sueños que el ojo evoca,*
> *vivas; y el Tiempo no existiese; ¡y la esperanza*
> *en inmortales Ausentes fuese luz y danza!*»

Dalí y Foix han sido dos maestros en la exploración del mundo onírico. Uno y otro, «no lejos de la mar clara», han hecho «presente lo Eterno». Y mediante la fantasía han hecho permamente el hoy. Presencia de lo Eterno; permanencia del hoy, fantasía iluminada por «las imágenes de los sueños que el ojo evoca». Estas imágenes surgidas del sueño están vivas, pero son, a la vez, atemporales.

Hay sin embargo imágenes que, más que hallarse fuera del tiempo, constituyen una premonición del futuro. Un ejemplo de ello lo encontramos en el cuadro *Premonición de la guerra civil*, pintado en 1936, seis meses antes de que estallara la conflagración española. Dalí, que consideraba este cuadro un «delirio de autoestrangulación», dijo de él, con palabras llenas lucidez: «pinté un paisaje geológico, que había sido innecesariamente revolucionado durante miles de años, congelado en su "curso normal"». Ciertamente, en el subconsciente del pintor hay unos paisajes geológicos congelados en su curso normal, visiones que existen antes de que se produzcan en la realidad física. *Premonición de la guerra civil* es una visión apocalíptica; vemos en él el troceamiento de una figura humana, devorada por la llama del viento, un viento que deforma, destruye, pero que, a diferencia del fuego, no consume. En la base del monstruo hay legumbres desparramadas, premonición del hambre. Una mano, aunque vigorosa, la mano desesperada por una agonía violenta, exprime un pezón reseco, escarnio del hambre, y una lengua que cuelga sobre una extremidad deforme del monstruo hace muecas ante la impotencia de un diálogo mutilado, hecho pedazos. Una diminuta figura humana emerge de la mano del monstruo. Se trata de una figura que aparece también en otros cuadros: un misterioso boticario, impotente ante la desolación, engullido por la inmensidad de la catástrofe. Es el esmirriado testigo humano de una época en extinción. Un paisaje desolado se proyecta en el fondo del cuadro: un paisaje cósmico, formado por un cielo inquietante, de colores surgidos de un violento incendio voraz, consecuencia de una explosión ensordecedora; esas tonalidades se crean a partir de un verde que es la mezcla de un fuego mineral y vegetal, un fuego apocalíptico, apoteósico, que formará nuevos colores, hasta ahora desconocidos: otra de las premoniciones del pintor.

«Huyendo de la guerra civil y de la revolución», como dijo él mismo, Dalí y su compañera, Gala, emigraron a América en 1940, donde permanecieron unos largos ocho años. En Estados Unidos se relacionó con los hermanos Marx, con Walt Disney

39. Salvador Dalí
Muchacha en la ventana, 1925
Óleo sobre tela, 105 x 74,5 cm
Museo Nacional de Arte Reina Sofía
Antigua colección E. Marquina

y con Alfred Hitchcock, para quien el pintor realizó unos decorados de gran fantasía y muy surrealistas (*Spellbound*, 1945, con Ingrid Bergman y Gregory Peck como protagonistas). Su experiencia cinematográfica se remontaba a su colaboración con Buñuel en películas como *Un chien andalou* (1929) y *L'âge d'or* (1930), y en 1951 trabajó con Robert Descharnes en la *Historia prodigiosa de la encajera y el rinoceronte*. El surrealismo de Dalí es tan real que, cuando éste visitó a Sigmund Freud en Londres (Stephan Zweig le presentó a Dalí como «el único pintor genial de nuestra época»), Freud reconoció que aquella visita le hizo cambiar de opinión con respecto a los surrealistas. La eclosión del Dalí total se produce a través de su obra escrita (*La vida secreta de Salvador Dalí, Diario de un genio, La mujer invisible, Las Pasiones según Dalí...*), donde las chispas de genialidad restallan entre párrafos de buscado efecto desconcertante.

Una faceta muy importante de Dalí es la de ilustrador de libros y diseñador de joyas, mobiliario e incluso prendas de vestir. Entre los muchos libros que ilustró, cabe mencionar la *Biblia, El arte de amar*, de Ovidio, *La divina comedia*, de Dante, el *Quijote*, de Cervantes, el *Fausto* de Goethe, y los *Poemas secretos* de Guillaume Apollinaire. Dalí era ferviente admirador de Marià Fortuny, quien para el arte catalán ha constituido siempre el primer gran artista internacional. Sus cuadros, llenos de luz, color y movimiento, sitúan a la pintura de Marià Fortuny (1838-1874) en las corrientes más vanguardistas de su época, en especial las obras pintadas en Portici durante los últimos años de su vida, truncada por una muerte prematura. En homenaje al famoso pintor reusense pintaría Dalí «su» *Batalla de Tetuán*. En el primer término del cuadro de Dalí, los cuatro jinetes del Apocalispsis galopan bajo la espada del general Prim. En los segundos planos, principalmente, este cuadro deriva hacia una textura abstracta. Pese a que Dalí había dicho que el arte abstracto significaba no pintar nada, o casi nada, añadía: «pero este "casi nada" genera felices aciertos o asociaciones de formas y colores». En 1948, Dalí regresa a Europa y se instala definitivamente en Portlligat. Muy pronto manifiesta en su pintura nuevas ideas místicas, como, por ejemplo, en el *Cristo de san Juan de la Cruz*. Si observamos a este Cristo, encontramos a sus pies aquel verde de la premonición bélica, un verde mineral, volcánico, que flota como una aurora aplastada por nubes negras que se enzarzan en una lucha feroz con los ocres escuálidos. El espectáculo de este cielo, que sirve de escabel al Cristo clavado en una cruz flotante, semeja las escurriduras de una erupción volcánica. El cielo se ha ennegrecido; en primer término, una barca solitaria descansa sobre una playa negra como el cielo. Cielo y tierra son un mar de cenizas y hollín. Una vez más, se trata de un paisaje desolado. Y sobre este paisaje claustrofóbico, caótico, escatológico, flota el Cristo crucificado, cual Icaro clavado en las alas del viento, que observa el mar negro de nubes, ceniza y hollín. Es el Cristo total clavado a los cuatro vientos, la verdadera rosa de los vientos, palo mayor de la nave de la tierra, aurora del mundo, mirada del infinito, pájaro de luz sobre la noche ceniciento, barco galáctico, arca anclada en el mar de fuego y cenizas de la cima del Ararat. Cristo, asomado a la Tierra, contempla el ennegrecido silencio que va a iluminar con sus últimas palabras. Es el Cristo que preside el cabezal del mundo. El Cristo que preside el último sueño de Dalí, un sueño luminoso, como una llama más del estandarte de Cataluña izado sobre la aurora de Cadaqués.

XIII

EL «PAÍS DE ANTONI TÀPIES»

*L*as cuatro crónicas de Antoni Tàpies, el plafón mural que des- de 1990 preside una sala del Palacio de la Generalitat de Cataluña –la sala homónima del pintor, en la que se celebran las sesiones de Gobierno–, es la síntesis de las cuatro grandes crónicas medivales catalanas. La carga simbólica que contiene esta obra pictórica invita a hacer de ella una lectura atenta y expectante. En el centro del plafón, vemos la alegoría de la crónica de Bernat Desclot: el insinuado galope de un caballo cuya crin se halla en la alegoría de otra crónica, la de Ramon Muntaner. En cabeza, la inicial del rey Jaime el Conquistador inicia la cabalagata, llevando como escudo y coraza la cruz afirmativa que se abraza a los cuatro vientos de las conquistas mediterráneas. En la grupa del plafón aparece la alegoría de la crónica de Pedro III el Ceremonioso: una cruz tres veces afir- mativa de la grandeza de la inicial del rey Pedro, que ha burla- do las fauces del león y las zarpas del oso. «¿Qué os diré?», es- cribe Ramon Muntaner a propósito de las cuatro barras. Crines de polvo de mármol entelan el fondo lejano, y el silen- cio retumba en el recuerdo.

Pere Gimferrer evocará ese polvo de mármol, color del invierno, que se ha hecho pátina del tiempo y de la encrucija- da de caminos que abren y cierran dos cruces de término, alfa y omega de las cuatro crónicas. Pero el invierno es sólo epita- fio de mármol, pues lo ha invadido un incendio de abril. El galopar de las cuatro grandes crónicas, hechas cuádriga en el plafón de Tàpies, no se ha detenido. Las cuatro siguen su ca- rrera bajo verdes claridades. Cuatro ramas, cuatro llamas, avi- van el cercado de un país palpitante de agua y hierba. Las fau- ces del león son ahora la garganta, el desfiladero del cielo; las zarpas del oso espolean el galope de las cuatro crines llame- antes por caminos de Cataluña, por el *País de Antoni Tàpies (País d'Antoni Tàpies)*, epígrafe con que Pere Gimferrer encabe- za su poema:

«*Trae el invierno el color de este polvo de mármol.*
Arde una fragua de claridades verdes
bajo la luz visible de las ramas, tan claras
por tan desnudas, el cercado de los incendios de abril.
Nos pertenece un país palpitante de agua y de hierba,
un gotear de nieblas en el desfiladero del cielo».

[La versión castellana de todo el poema es del propio Pere Gimferrer]

El *País de Antoni Tàpies* tiene un tiempo, del que el propio pintor es cronista. El ha transcrito esa crónica, pero sólo ha hecho de trujamán, de profeta. La ha transcrito tras leerla en las piedras. Como si de un legado de las estaciones se tratara, el tiempo se ha incrustado en la piedra, en el mármol, en el cartón, en la chatarra; en definitiva, en la materia, en cual- quier clase de materia. Antoni Tàpies, lector de muros, ha transcrito «la herencia del tiempo que rodea al hombre». Pere Gimferrer nos introduce en el laberíntico «país de An- toni Tàpies»:

«*El polvo de mármol, la piedra, el cartón y la chatarra*
han recibido el legado de las estaciones,
la herencia del tiempo que rodea al hombre,
el oro ceremonial y el verde trémulo,
el azul nocturno y el azul que ven unos ojos cerrados
en el anillo de oscuridad que enciende las apariencias»

Las cruces afirmativas, indicadoras de caminos, encuen- tran su expresión en la cruz griega, la cruz simétrica, signo positivo y aumentativo. La cruz de san Andrés, la equis, es una cruz contradictoria: puede anular o multiplicar. Y la *tau* es una cruz de apoyo, como un bastón; también se la llama «cruz de san Antonio». Estas tres cruces son las más utiliza- das por Antoni Tàpies, y, como él ha escrito, «este interés

40. Antoni Tàpies
Las cuatro crónicas, 1989
Técnica mixta sobre madera, 251 x 600 cm
Palacio de la Generalitat, Barcelona

por la cruz obedece a la gran variedad de significados, a menudo parciales y en apariencia diferentes, que se le han dado: cruces (y también equis) como coordenadas del espacio, como imagen de lo desconocido, como símbolo del misterio, como señal de un territorio, como marca que sacraliza distintos lugares, objetos, personas o fragmentos del cuerpo, como estímulo para inspirar sentimientos místicos, para recordar la muerte y, en concreto, la muerte de Cristo, como expresión de un concepto paradógico, como signo matemático, para anular otra imagen, para mostrar desacuerdo, para negar algo».

La cruz simboliza al Hombre Universal; la cruz aspira a ser una verdadera estructura del universo, una «geografía mística», el «árbol cósmico». Tapiès sabe que los chinos desglosan la cruz en dos bastones, los dos bastones del logos, dos fuerzas, el *yang* y el *yin*, la cruz filosófica que explica los fenómenos del universo: la astronomía, la meteorología, la física del agua, el camino del fuego, la vida y la muerte, todos los acontecimientos sociales e individuales, la agricultura, la moral... Esta cruz cósmica es síntesis de los cuatro elementos considerados por Ramon Llull en su *Llibre de meravelles (Libro de maravillas)*: fuego, aire, agua y tierra. Y es también la transfiguración de la rosa de los vientos que Gresques Abraham y Antoni Gaudí han alzado sobre el cielo de Cataluña y que ahora

Antoni Tàpies ha circunscrito en su cosmogonía pictórica. Pero no hay que olvidar el triángulo, núcleo de todas las transformaciones, como expresa Lao-Tsé: «El uno produce el dos, el dos produce el tres, el tres es la manifestación de todos los seres posibles». Las cuatro barras catalanas se han convertido también en uno de los símbolos básicos, y de los más importantes, del universo pictórico de Tàpies: los colores rojo y amarillo-dorado —cuando no las huellas de los dedos explícitas— nos han dado su imagen subliminal en la obra artística del pintor. Sin embargo, al mensaje de Tàpies no le basta el esquema de unos signos, de unos símbolos. El *graffiti* reivindicativo constituirá la base de su obra «mural», no precisamente en el sentido de pintar sobre las paredes, sino en el inverso: el de trasladar las piedras, paredes y muros a sus cuadros, donde la escritura se mezcla a menudo con la pintura y se torna un mensaje contundente y explícito. Es ésa una de las manifestaciones fundamentales de Tàpies como «cronista de su tiempo». El artista ha buscado el origen de las imágenes murales en los muros de las callejuelas del Barrio Gótico de Barcelona, en el que nació. Aquellos muros son testigo del paso del tiempo y de la acción del hombre. Muros que sufrieron el impacto de balas y de metralla de obuses durante la Guerra Civil; muros donde los *graffiti* reivindicativos testimonian las vejaciones de que fue objeto su país, su pueblo.

41. Antoni Tàpies
El Espíritu Catalán, 1971
Técnica mixta sobre madera, 270 x 200 cm
Colección Huarte, Madrid

El propio Tàpies nos introducirá en la lectura de los muros: «¡Cuántas sugerencias pueden desprenderse de la imagen del muro y de todas sus derivaciones posibles! Separación, enclaustramiento, muro de lamentaciones, de cárcel, testigo del paso del tiempo; sensación de lucha, de esfuerzo; de destrucción, de cataclismo; de construcción, de brote, de equilibrio; restos de amor, de dolor, de asco, de desorden; de prestigio romántico de las ruinas».

Tàpies, lector del libro-muro, logrará una fusión, una síntesis de la pintura y la escultura. En muchos de sus cuadros, como si éstos fueran trozos arrancados de un muro, raspa, hurga, incrusta un lenguaje ancestral de letras, cifras, jeroglíficos, pisadas o huellas de manos. Ante la elocuencia de la pintura *Espíritu catalán* —un *graffiti* con las cuatro marcas de dedos al rojo vivo, lleno de expresiones patrióticas y reivindicativas— estalla una apoteosis que se expande desde la pintura misma, que se proyecta en el espacio inmediato, y es el vino, y es la sangre, y es el trigo y el pan de cada día y el sol y el fuego y el grito que clama democracia y cultura y libertad; es el «espíritu catalán» que estalla y se expande como un fuego, como una luz incandescente y pura... Es la afirmación de Gimferrer en su poema *País de Antoni Tàpies*:

«*Nos pertenece un país, un legado, el alto ejemplo
de la claridad de los álamos y la ventana desnuda
que ve la transparencia del vacío total*».

Sobre este «vacío total» ha escrito J. Corredor-Matheos: «La esencialidad de Tàpies le ha llevado a desnudar el espacio de sus obras. Diríase que lo único que vemos son rastros. Como si los rastros estuvieran ahí para indicarnos la infinitud del espacio». Ese «vacío total» se expresa plásticamente en la pintura *Gris con cinco perforaciones*, un trozo de muro, arrancado del Barrio Gótico, en el que se han practicado cinco perforaciones en línea horizontal, cinco cicatrices de proyectiles, verdadero mensaje escrito en la oscuridad de las piedras grises, piedras heridas que llaman a la conciliación de un espacio, de un país, y de todos los hombres que en él han arraigado. Un país que nos acogerá «más adentro que los que pedimos», pese a la oscuridad de ese espacio, oscuridad no obstante prolífica, pues es la oscuridad fecunda del firmamento, sembrada con la semilla de las estrellas:

«*Un país para volver a él, más adentro*
que lo que pedimos, y más adentro aún
que lo que nos podremos atrever a soñar:
un país donde la oscuridad fuese conciliación
del espacio y el hombre, como la raíz del espacio
aferrada al subsuelo, como la raíz del subsuelo
aferrada a las minas negras del firmamento».

Una raíz del subsuelo que, al aferrarse a las minas negras del firmamento, se ha convertido en el rastro de un gran pájaro nocturno. *Gran pájaro* se titula una pintura de Tàpies, y en ella puede verse, sobre una gran mancha negra, el rastro espectral de un gran pájaro, un rastro que se asienta en dos patas arañadas como dos estrellas empañadas por una nube de oscuridad. El pájaro de la noche, perdido en el vacío, no puede desgarrar su entorno. Tras la aventura cósmica, regresará al país donde el presente es irreductible y los instantes no nacen ni mueren:

«*Volver a él es como volver al país donde no nacen*
ni mueren los instantes: presentes, irreductibles,
rehusados al recuerdo, son sólo conocimiento.
Como la mano, como el cuerpo, como la mente febril
todo el ser ha dejado de arañar el entorno».

En la pintura *Torso*, a través de un vidrio de hielo puede verse la silueta de un cuerpo humano, un torso desnudo, hecho agua bajo el agua, vidrio tras el vidrio, vuelto tiempo de esperar y de conocer, pura desnudez sobre la desnudez de lo que es ignoto y exaltación ante la experiencia vital, de la pura nitidez de saberse vivos. Pere Gimferrer concluye el poema invocando un tiempo, un ámbito, un país en el que merece la pena experimentar la aventura de sentirse vivos. Es el *País de Antoni Tàpies*:

«*Ahora ha llegado el tiempo de esperar y conocer,*
tiempo de herramientas sumergidas en el agua de los desvanes,
la navegación de escombros, monasterio
de sábanas y moho, país de esta sangre.
Tiempo de hombres que han hallado súbitamente un ámbito:
la pura nitidez de saberse vivientes».

La pintura de Antoni Tàpies nos invita a lanzarnos en busca de nuestra identidad como hombres y como país; una identidad que hace que nos sintamos solidarios con el hombre total, con el Universo que nos rodea. Antoni Tàpies lo corrobora con estas palabras: «Quién sabe si todas nuestras obras son sólo eso: intentos de responder a aquel interrogante, aquella incógnita, aquella x, aquella *tau*, aquella cruz... que uno sigue encontrándose cuando llega a los límites del conocimiento: el gran Misterio ante el cual, hoy como ayer, nos sentimos iguales y solidarios con todos los seres del Universo».

XIV

EPÍLOGO

En el año 1919, el poeta Josep Carner, en una conferencia que Marià Manent recoge en uno de sus dietarios titulado *L'aroma d'arç (El aroma de espino)*, decía: «Una de las cosas más interesantes, como experimento humano, consiste en vivir unos momentos en que la sociedad empieza a vivir su propia vida. Los habitantes de un pueblo libre y normal no disfrutan, como nosotros, del gozo de intervenir, dentro de una colectividad, en la recuperación de su vida propia. Este gozo –decía Carner, recordando a un gran arquitecto catalán– se parece al de una casa en construcción: ventanas abiertas al sol y al viento, pájaros sobre los muros, gente que va y viene, poleas que chirrían, la impresión alegre y dinámica de un enjambre humano». Carner se refería al renacimiento de Cataluña, a partir de la consolidación de su identidad sobre la base irrenunciable de la lengua: «La mutilación más triste que puede sufrir un hombre –dice Carner– es la renuncia a su idioma natural». La alegoría del arquitecto nos trae a la memoria aquella antigua arquitectura que posibilitó la *presencia de Cataluña* en tres ámbitos: el europeo, el mediterráneo y el peninsular; una triple presencia que aún perdura.

Cataluña ha vivido grandes desmoronamientos. De hecho, como señala Vicens i Vives, en el caso de Cataluña «precisamos tres centurias de esfuerzo ininterrumpido para pasar de la Cataluña románica y campesina a la Cataluña gótica y mercantil; y tres centurias más para superar la decadencia en que naufragamos a finales del siglo XV y llegar a la Cataluña industrializada del Ochocientos». Cataluña, sin embargo, ha luchado siempre por la recuperación de su vida propia, por su reconstrucción como pueblo, por su identidad. «La vida de los catalanes», observa Vicens i Vives, «es un acto de afirmación continuada; es el *sí*, no el *si*. Por eso, el primer resorte de la psicología catalana no es la razón, como en los franceses; la metafísica, como en los alemanes; el empirismo, como en los ingleses; la inteligencia, como en los italianos; o la mística, como en los castellanos. En Cataluña, el móvil primario es la *voluntad de ser*». Veámoslo.

En el ámbito político, mientras en toda Europa, ahora incluida Inglaterra, a partir del siglo XV el jusconstitucionalismo desaparecía devorado por el absolutismo monárquico, en Cataluña sucedía lo contrario: el pactismo salía fortalecido de las polémicas con Carlos I, Felipe II, Felipe IV y sus secretarios, ministros y consejeros. Los catalanes recordaban las constituciones fijadas por Jaime II, Fernando I y Fernando II sobre los pactos. Es decir, que el rey no se erigía monarca por herencia, sino que juraba, en persona, fidelidad a las constituciones catalanas. Y así fue hasta el año 1714, en que Cataluña perdió su soberanía política a raíz de la derrota militar en la Guerra de Sucesión. Felipe V abolió todas las instituciones propias de Cataluña: la Generalitat, las Cortes, los Consejos Municipales... Desparecieron también los sistemas fiscal, militar y monetario, y todos los símbolos, entre otros la bandera. El Decreto de Nueva Planta (1716) estableció una Real Audiencia presidida por el Capitán General, reformó la organización territorial, implantó los Corregimientos (regidos por delegados del rey) y abolió las aduanas con otros reinos peninsulares. El absolutismo borbónico impulsó la represión cultural: las univesidades fueron suprimidas y se creó una universidad única en Cervera; se impuso la lengua castellana en todos los ámbitos de la vida colectiva y, en 1768, en la enseñanza.

A partir de 1714, truncada su libertad política, la principal aspiración de Cataluña consiste en crear una industria propia y una agricultura moderna, y en comerciar con esos productos en España, pero también en Europa y, sobre todo, en América. Cataluña posee una sólida tradición industrial. Así lo muestra la primera revolución industrial, que se inicia en el siglo XVIII y se completa durante la segunda mitad del siglo XIX; fue el único estado dentro de España en experimentarlo.

Después de la invasión napoleónica (1808), todo parecía indicar que España se convertiría en un estado moderno y dinámico: a eso apuntaban las Cortes de Cádiz (1812) –por vez primera los catalanes tenían una presencia significativa en los asuntos de Estado–, el Trienio Liberal (1820-1823), el Bienio

Progresista (1854-1856) y el Sexenio Democrático (1868-1874). Pero la realidad social española, muy heterogénea y falta de un grupo cohesionador, no logró culminar con éxito estos intentos. Los frecuentes conflictos del siglo XIX tienen su origen en las fricciones permanentes entre concepciones muy diversas, y a menudo irreconciliables, sobre la estructura política española y las diferencias de clase: absolutistas, liberales, carlistas, progresistas, moderados, demócratas, republicanos, federalistas, anarquistas, socialistas... De estas luchas surgió un Estado proclive a las fuerzas conservadoras. No obstante, la participación de los catalanes fue más destacada en los periodos más renovadores: las figuras de Capmany, Figuerola, Prim o Pi i Margall son una buena muestra de ello.

Los dirigentes de la política española del siglo XIX no pudieron satisfacer las necesidades de la sociedad catalana, que poseía una dinámica económica propia, en la que se injertó un poderoso movimiento cultural, muy influido por el romanticismo europeo. Sigamos de nuevo a Josep Carner: «La Renaixença de Cataluña se produce precisamente como consecuencia de un doble hecho de libertad: romanticismo y Revolución francesa». Esta situación propició la emergencia de un proyecto político particular para Cataluña. Pese a que al principio se trataba de grupos minoritarios, el contexto político de la Restauración (desde 1875) y el desastre colonial español (1898, con la pérdida de Cuba y Filipinas, últimos dominios de ultramar) favorecieron, en distintos aspectos, la implantación gradual del catalanismo: los federalistas, como Valentí Almirall, propugnaban un catalanismo social, democrático, progresista y republicano; los tradicionalistas, como Torras i Bages, un catalanismo conservador.

El 8 de marzo de 1873 Cataluña declara su independencia con respecto a España. Esa proclamación quedó sin efecto a consecuencia de una negociación que garantizó una nueva estructura federal de España en el marco de una República democrática. Poco después, en 1892, la Unió Catalanista aprueba el primer proyecto de Constitución catalana (las llamadas «Bases de Manresa»). Dos años después, Prat de la Riba intervenía en el debate doctrinal utilizando el término «nación» para describir la articulación política de la identidad catalana. En 1901 se fundó la Lliga Regionalista, que incorporó a personalidades de la burguesía catalana y participó con éxito en las contiendas electorales. Dada la incapacidad de la política económica del Gobierno español para resolver las necesidades de la economía catalana, surgió la reivindicación de una descentralización administrativa y la exigencia de un trato especial (un concierto) para Cataluña. La tarea llevada a cabo por las grandes generaciones del siglo XIX, que supieron conjugar el campo poético y el ingenio material, triunfaron en lo que se propusieron: dar al país un tono europeo, activo, progresista, y adquirir la conciencia de sí mismos como parte diferenciada de la sociedad occidental. Ese estado de opinión coadyuvó a la victoria de las candidaturas catalanistas en las elecciones a las Cortes de Madrid el año 1901 y favoreció la creación de una alianza electoral entre todas las opciones políticas del país (salvo la de los españolistas de Lerroux), conocida con el nombre de Soliaritat Catalana, que consiguió una gran victoria en las elecciones generales españolas de 1907. Cataluña reanudaba políticamente su afirmación nacional.

Vinculados a las grandes corrientes del siglo, los intelectuales y escritores se interesaron por la historia del país –en especial la medieval–, retomaron el uso del catalán como lengua culta e impulsaron la cultura catalana en todos los ámbitos: periodismo, estudio de la lengua... A lo largo del siglo XIX fueron creándose diversas instituciones: en 1847, el Gran Teatro del Liceo; en 1872, el Ateneo Barcelonés; en 1881 tuvo lugar la solemne coronación de la Virgen de Montserrat y su proclamación como patrona de Cataluña; en 1890 se creó el Centro Excursionista de Cataluña, y, en 1891, el Orfeón Catalán; en 1899 se funda el Fútbol Club Barcelona, y en 1907, un año después de la celebración del Primer Congreso de la Lengua Catalana, el Instituto de Estudios Catalanes. El poema *La pàtria* (*La patria*), de Bonaventura Carles Aribau, constituyó el primer hito del romanticismo y, a la vez, de la Renaixença catalana.

Los hombres de la Renaixença –de procedencia y talante diversos: conservadores y progresistas, eruditos y populistas– prestigiaron, obteniendo gran difusión, todos los campos de la creatividad. En poesía, destaca la gran figura de Jacint Verdaguer, que compuso poemas líricos de misticismo trémulo o de desgarrado ascetismo, libros de memorias y de viajes, en exquisita prosa, y dos grandes poemas épicos, la *Atlántida* y *Canigó*, que intentan fundir la visión cristiana del mundo con el mundo pagano de la mitología clásica o el folclore pirenaico. La novela –con Pin i Soler, Vayreda y Emili Vilanova– y el teatro –con F. Soler («Pitarra»)–, los dos géneros más representativos de la nueva sociedad industrial, matizaron las propuestas románticas con otras de carácter más realista. Angel Guimerà, notable poeta y dramaturgo, compuso una obra enérgica y vigorosa —*Terra baixa* (*Tierra baja*), *Mar i cel* (*Mar y cielo*) entre otras— que alcanzó gran difusión y cosechó éxito internacional. El novelista Narcís Oller articuló, en obras como *La febre d'or* (*La fiebre del oro*), el testimonio vivo y coherente de la sociedad industrial y del dinamismo de la burguesía.

Entre los años noventa y las primeros décadas del siglo XX, como ha escrito Joaquim Molas, tuvo lugar la fulgurante aparición del modernismo, «que combinó la exaltación nietzscheana de la voluntad y el individualismo más agresivo con las actitues otoñales y delicuescentes del decadentismo. El innegable esplendor arquitectónico del modernismo (Gaudí, Domènech i Muntaner, Puig i Cadafalch, Josep M. Jujol) tuvo un equivalente en el ámbito de la creación literaria. Así, Joan Maragall, autor del *Cant espiritual*, con procedimientos mitad goethianos mitad novalianos, cantó sus experiencias, las de un hombre que debe cumplir un destino personal en una tierra determinada y contradictoria. Joan Alcover transformó el dolor de la condición humana en unos versos dramáticos y vagamente leopardianos. Miquel Costa i Llobera, más cerebral, elaboró una forma poética rotunda a partir del ejemplo de los clásicos latinos». Joaquim Molas añade que «los novelistas refundieron, en una arquitectura desintegrada, el individualismo modernista con el positivismo naturalista [...] Así, Víctor Català situó el dramatismo de sus argumentos en una oscura geografía rural, llena de odios y de pasiones. Joaquim Ruyra, en cambio, idealizó la realidad marinera mediante una forma que, en principio, buscaba la armonía homérica. Por último, Santiago Rusiñol tradujo en términos teatrales los aspectos más decadentes del modernismo. E Ignasi Iglésias compuso dramas sociales de inspiración ibseniana».

Con la Semana Trágica (1909) culminó un proceso de enfrentamiento —cada vez con mayores turbulencias— entre las clases populares y la oligarquía, que sirvió de pretexto para retrasar el reconocimiento de Cataluña como entidad política. Hasta el año 1914, fecha de la creación de la Mancomunidad de Cataluña, no pudo hacerse realidad el deseo del Noucentisme: llevar a cabo una firme estructuración del país (comunicaciones, bibliotecas, educación, instituciones culturales, etc.). El crecimiento de la econocmía catalana había disminuido, pero los empresarios aprovecharon la neutralidad de la Primera Guerra Mundial para experimentar un corto periodo de prosperidad económica. El rápido enriquecimiento de la bur-

guesía, el desequilibrio entre coste de vida y sueldos, la reorganización del movimiento obrero (encabezado por la CNT y la figura del «Noi del Sucre») y el clima social suscitado por la Revolución rusa motivaron el incremento de los enfrentamientos sociales y la aparición de un elemento perturbador, el pistolerismo. Pese al breve paréntesis de recuperación económica que supuso la Exposición Internacional de Barcelona (1929), la radicalización de la cuestión nacional catalana y el deterioro de las relaciones sociales propiciaron la intervención de los militares, quienes instauraron la Dictadura del general Primo de Rivera (1923-1930). Algunos de los sectores más conservadores de la Lliga adoptaron una postura conciliadora que motivó la pérdida del liderazgo por parte de esa formación política. Con un programa social más favorable a las clases populares, y ayudado por su carismático prestigio personal, Francesc Macià consiguió aglutinar —en torno al partido político Esquerra Republicana de Catalunya— al nacionalismo republicano, lo que le llevó al triunfo en las elecciones de 1931. El 14 de abril de ese mismo año, en medio del entusiasmo popular y del fervor nacionalista, el presidente Francesc Macià proclamó la República Catalana como estado miembro de la Federación Ibérica. Este pronunciamiento, que iba más allá de los acuerdos establecidos en el Pacto de San Sebastián (1930) por las diversas fuerzas de oposición a la Monarquía, tuvo que retirarse para constituirse, en su lugar, un poder nacional autónomo dentro del Estado Español republicano, con el restablecimiento de la histórica Generalitat de Cataluña (1932). Lluís Companys, abogado que poseía gran ascendencia sobre el mundo obrero, sustituyó a Macià, tras la muerte de este último (1933), en la presidencia del gobierno de la Generalitat. Desde ese cargo, en octubre de 1934, se pronunció contra el Gobierno español y proclamó el Estado Catalán dentro de la República Federal Española. La reacción militar no se hizo esperar: el Gobierno catalán y algunos diputados del Parlamento de Cataluña fueron encarcelados. El Estatuto de Autonomía catalán quedó suspendido hasta febrero de 1936. Durante la República no hubo señales de recuperación económica. Y en julio de ese mismo año estallaba la Guerra Civil española (1936-1939), que daría la victoria al general Francisco Franco.

La Dictadura del general Franco (1939-1975) suprimió las instituciones políticas catalanas, recuperadas desde hacía poco (Parlamento, Generalitat, Tribunal de Casación) y aplicó una política centralista y de enérgica represión hacia la lengua cata-

42. Ramon Casas
La carga, c. 1899
Óleo sobre tela, 298 x 470 cm
Museo Comarcal de la Garrotxa, Olot (Gerona)

lana. Con violencia reprimió las mínimas expresiones de la identidad de Cataluña y de oposición del régimen, y provocó que muchos catalanes tuviesen que exiliarse (primero a Europa y posteriormente, al iniciarse la Segunda Guerra Mundial, a causa de la colaboración de Franco con Hitler, a América). Tras un periodo de aislamiento internacional y de autarquía (1939-1959), caracterizado por las restricciones, el estraperlo y el dirigismo estatal, el franquismo optó por la expansión desenfrenada (1960-1975), que incidió especialmente en la economía catalana. La transformación, que tuvo aspectos negativos (desde la especulación urbanística hasta los desequilibrios territoriales) y aspectos positivos (desde la reactivación económica al aumento del nivel de vida), implicó ciertos cambios en la vida cotidiana; estos cambios —junto con los intentos de las fuerzas de oposición, que aglutinaban al mundo sindical, cristiano, intelectual, político y de diversas clases sociales— hicieron fracasar el intento del franquismo por perpetuarse en el poder.

En 1978, bajo los auspicios del rey Juan Carlos I y del conjunto de las fuerzas políticas, se aprobó la Constitución española, que sanciona un régimen político basado en la monarquía parlamentaria. Se iniciaba una transición política modélica que, concretamente en Cataluña, con la aprobación plebiscitaria del Estatuto de Autonomía de Cataluña (1979), permitía el reconocimiento de ésta como realidad diferenciada y el restablecimiento de la Generalitat, del Parlamento y del Gobierno. La Generalitat quedó restituida de manera provisional con el regreso del exilio del presidente Josep Tarradellas, sucesor de Lluís Companys (fusilado en 1949) y de Josep Irla (quien había dimitido en el exilio). Las primeras elecciones al Parlamento de Cataluña, celebradas en abril de 1980, dieron la victoria al partido nacionalista Convergència Democràtica de Catalunya, en coalición con UDC, y otorgaron la presidencia de la Generalitat a su líder político, Jordi Pujol. El gobierno catalán actuó de inmediato en tres direcciones: desarrollo del Estatuto de Autonomía, fortalecimiento de su dinámica económica, y consolidación de la identidad nacional (en especial, en el ámbito de la normalización de la lengua catalana).

Esta dinámica, y el nuevo rumbo tomado por la vida política y cultural —sostenido por la recuperación de la conciencia nacional—, caracterizan la extraordinaria vitalidad de Cataluña en la época contemporánea, cuya principal característica es la búsqueda constante de un punto de equilibrio entre prosperidad económica, justicia social e identidad colectiva.

La economía catalana del siglo XX viene definida por su tendencia a la diversificación de la producción: energía hidroeléctrica; industrias química, metalúrgica y del automóvil; así como por una potenciación de la ganadería orientada al mercado (cerdo, leche) y de los derivados del vino. El crecimiento del sector terciario es muy importante (comercio, administración, transportes...), casi espectacular en el caso del turismo. La existencia de un mercado de trabajo, en combinación con el retraso del desarrollo económico en el resto de España, motivó importantes oleadas inmigratorias, especialmente en los años veinte y los sesenta. La inmigración, el alargamiento de la esperanza de vida y la disminución de la mortalidad han favorecido el aumento de la población en Cataluña, que, en lo que llevamos de siglo, ha pasado de 2 a 6 millones de habitantes. Las mejoras sociales y la aparición de una clase social media mayoritaria han ayudado a la dismininución de las tensiones sociales. Este renacimiento de Cataluña, no sólo cultural sino también político, marca la continuidad de ésta, su presencia. Cataluña se siente inmersa en la cultura europea, cuyo destinatario es, a su vez, la persona: es una cultura de vocación personalista. Y los signos de identidad son signos de humanidad. La reciente incorporación a la Comunidad Europea abre nuevas posibilidades a una sociedad catalana plural y diversa, próspera y solidaria, dinámica y creativa, y que en la afirmación de su identidad halla el mejor estímulo para proyectarse al exterior.

Barcelona, capital de Cataluña, es el símbolo de la continuidad de esa fuerza expansiva que, si bien en un principio llevaba implícito un espíritu de conquista, después, como hemos visto, se resolvía en una política de proyección de la economía, de la industria, del arte, de la literatura, y, en definitiva, en una política que tiene como fundamento esencial nuestra identidad como catalanes.

Probablemente, Barcelona es la ciudad más dinámica de la cuenca mediterránea. Constituye un importante centro de atracción también para las regiones del sur de Francia. No se muestra, con respecto a Cataluña, ni absorbente ni excluyente. Barcelona no es un monolito ni un monólogo, sino todo lo contrario: es la *ciudad del diálogo*. Y un diálogo no sólo con todos los catalanes, sino con todo el mundo civilizado. Un diálogo que se hizo muy explícito con los Juegos Olímpicos de 1992. Un diálogo que entroncaba con el pasado cuando Empúries, la antigua huella helénica, recibía la antorcha olímpica. Aquella llama era el regreso de la dulce Nausica, del intrépido

43. Wyndham Lewis
La rendición de Barcelona, 1936
Óleo sobre tela, 84 x 59,5 cm
Tate Gallery, Londres

Ulises, del irascible Polifemo; aquella llama nos traía el mensaje que tejían y destejían los dedos de Penélope en la mítica patria, Itaca, símbolo también de Cataluña. Aquella llama era un diálogo luminoso que resplandecía en el cielo de Barcelona y se proyectaba en todos los lugares del mundo. Barcelona, ciudad del diálogo, diálogo cuyas raíces se hallan en las piedras del Barrio Gótico y que remonta el vuelo hasta las altas torres de la Sagrada Familia, con las aves migratorias, y las nubes viajeras, y el carro del sol galopando con las horas veloces. Un diálogo que va aún más allá mediante las chispas de las estrellas engastadas en la torre de Collserola.

Desde el mirador de la torre de telecomunicaciones de Collserola, obra del arquitecto inglés Norman Foster, podemos apreciar a la perfección los profundos cambios que ha sufrido la ciudad. Distinguiremos, a vista de pájaro, el núcleo primitivo de Barcino, situada sobre una colina, el monte Taber amurallado, cuyo centro estaba situado en la actual Plaça de Sant Jaume. Sobre esta ciudad romana se construyeron los principales edificios de la ciudad medieval. También se distingue claramente el desarrollo urbanístico que, en la segunda mitad del siglo XIX, hizo de Barcelona una gran urbe, gracias al impulso y a la visión urbanística moderna de Ildefons Cerdà. La capital de Cataluña se ha convertido hoy en una ciudad cosmopolita, motor de la economía catalana, en un exponente de las corrientes artísticas y culturales y en un innegable núcleo de atracción de la nueva Europa sin fronteras. En pocos años, Barcelona se ha situado de nuevo en la vanguardia de la arquitectura internacional: Richard Meier es autor del magnífico Museo de Arte Contemporáneo, y Gae Aulenti está terminando la construcción del Museo de Arte de Cataluña, situado muy cerca del Pabellón Mies Van der Rohe (una de las joyas de la arquitectura del siglo XX, ahora reconstruido); Arata Isozaki hizo para los Juegos Olímpicos el bellísimo Palacio Sant Jordi, cuyo diseño se adapta perfectamente a la sinuosa orografía de la montaña de Montjuic; Ricard Bofill ha dirigido la construcción del Teatro Nacional de Cataluña, así como del nuevo edificio del aeropuerto de Barcelona; Esteve Bonell y Francesc Rius llevaron a cabo la primera obra olímpica, el Velódromo, junto a la sierra de Collserola y en el barrrio de la Vall d'Hebron, rodeado de zonas ajardinadas en las que destaca una escultura-poema de Joan Brossa frente al Laberinto de Horta; Santiago Calatrava es el autor del puente escultórico que une los barrios de Sant Andreu y Poblenou; Martorell y Mackay han diseñado el parque de la Creueta del Coll, en cuyo estanque se refleja la escultura *Elogio del agua*, de Eduardo Chillida...

Tal vez alguien diga, como Josep Carner nos transmitía: «¡Pero si Cataluña es tan pequeña!». Ante este argumento, el poeta afirmaba: «Quienes esto dicen son gente que desconoce el movimiento histórico de la Civilización. Siempre han sido pequeños núcleos los que se han convertido en grandes fuentes de civilización, porque las grandes extensiones territoriales son inhumanas. Véase, si no, la gran influencia que en el mundo han ejercido el pequeño fragmento de la península balcánica que se llama Grecia, o la pequeña tierra de los hebreos, o la reducida Inglaterra en tiempos de Isabel y de Shakespeare: fueron pueblos pequeños pero *intensos*. No se trata de extensión, sino de intensidad».

En una conferencia pronunciada en 1986 por Jordi Pujol en la Universidad de la Sorbona, en París, y que llevaba por título *La vocación europea de Cataluña*, el presidente de la Generalitat dijo unas palabras que tomaremos prestadas pues son el mejor colorario de cuanto hemos dicho hasta ahora: «Tal vez los catalanes podamos ofrecer un mensaje válido para el resto de Europa y para otros pueblos: en España siempre hemos luchado contra el resentimiento; contra la incomprensión; en Europa, en Cataluña, contra el peligro de la pérdida de la identidad. Y no es seguro que todo esto no sea necesario en el mundo actual. No es seguro, por ejemplo, que nuestra sociedad europea de finales de siglo no necesite ejemplos, coronados por el éxito, de construcción pacífica de una identidad colectiva. Nosotros, al menos, no tenemos la sensación de hacerlo exclusivamente para nosotros».

44. El Montseny, una de las montañas míticas de Cataluña junto con Montserrat, Montsant y Montsec, en un diálogo celeste en el que las nubes le hacen de blando escabel.

▷ 45. Los hoyos volcánicos de Olot son ahora tranquilos y fértiles oasis... aunque tal vez en sus profundas entrañas duerma todavía un antiguo fuego.

▷ 46. Columnas basálticas en Sant Joan les Fonts. Los vestigios volcánicos de la comarca de la Garrotxa han dado origen a estos caprichos de la naturaleza.

47. Los caprichos de la naturaleza, en estas rocas de Tavertet, nos recuerdan, por su perspectiva y sus formas,
a La Pedrera del Passeig de Gràcia de Barcelona.

48. Mosaico romano de Empúries. Durante el Imperio romano, Empúries ocupaba una extensión de ocho hectáreas,
se hallaba totalmente amurallada, poseía lujosas villas y contaba con un foro, un anfiteatro y una palestra.

49. La estatua de *Asclepio* de Empúries (siglo V a.C.) es la obra de arte griega más importante hallada hasta el momento en nuestro país. Dios de la medicina, preside un paisaje aguijoneado por la tramontana entre los pinos y el mar.

▷ 50. El monolito de la cantera romana del Mèdol, en Tarragona, indica la medida del vaciado de la piedra que se extrajo de ella. Pétrea aguja *castellera*, en su punta los pájaros son atrevidos *anxanetas*.

▷ 51. El acueducto romano de Les Ferreres, próximo a Tarragona. Sillares de diversos tamaños, dispuestos en pilastras y arcos, conforman la totalidad de la obra, que mide 217 metros de longitud y 17 metros de altura.

52. El rebaño de ovejas ante esta iglesia pirenaica, redil de amor y paz, evoca la parábola del buen pastor.

▷ 53. Con el poema *Elfs a Montserrat*, Marià Manent humaniza la niebla de esa montaña: «Hay un polvillo de luna en los olivos. / Los elfos pasan con alas sutiles. Llevan ligeros / gorros de madreselva y una falda de flor de brezo. La niebla irisada ¡cómo brilla!...».

◁ *54.* Los Pirineos tienen espléndidos momentos de colores y luces. Tabor catalán, su transfiguración nos muestra más profundamente su belleza, que el viajero querría hacer eterna en su corazón.

55. Desde el siglo XVI el Pont Nou de Camprodon ve pasar las aguas del río Ter por el interior de su ojo.

56. El puente gótico de Besalú (siglo XIV), sobre el río Fluvià, fortificado con torres, se considera el más importante de los puentes medievales catalanes.

57. Arcos del dormitorio del monasterio de Poblet (siglo XIII). Los altísimos y solemnes arcos
de media almendra elevan el sueño, como una ofrenda a Dios.

58. Salón del Tinell, edificado por iniciativa de Pedro el Ceremonioso entre los años 1359 y 1362.
Su nombre podría proceder de las tinajas en que se guardaba el grano, o del mobiliario donde se exhibían las
piezas más valiosas de la casa real.

59. Bodega de Gandesa, del arquitecto Cèsar Martinell. La monumentalidad de todas los bodegas que construyó este
arquitecto, de diseño utilitario y espectacular, troca estas bodegas en auténticas catedrales del vino.

60. Las antiguas Atarazanas de Barcelona, convertidas actualmente en Museo Marítimo, empezaron a construirse en el siglo XIII, por orden de Pedro el Grande. Provistas, para su defensa, de un recinto amurallado y de un foso, recuerdan los tiempos en que Cataluña se convirtió en una gran potencia mediterránea. El edificio se considera uno de los más excelsos del gótico civil catalán.

▷ *61.* Las laderas de la sierra de Cardó son como un anfiteatro griego en pleno teatro de la naturaleza.

62. El Mas Pla, en Llofriu, la masía en la que Josep Pla cultivó tan bellamente su fértil parcela de las letras.

▷ 63. Sant Joan les Fonts. El agua, la luz, los colores, el aire... todo son fuentes que gotean generosamente.

▷ 64. Labrantíos en Santa Coloma de Queralt. En esta tierra, hecha caligrafía, la semilla se volverá palabra, como en la parábola evangélica del sembrador.

65. El Montseny es la «despensa» de los colores de Cataluña. En otoño, la tierra, el agua y los árboles
se confabulan para alcanzar un exaltado paroxismo cromático.

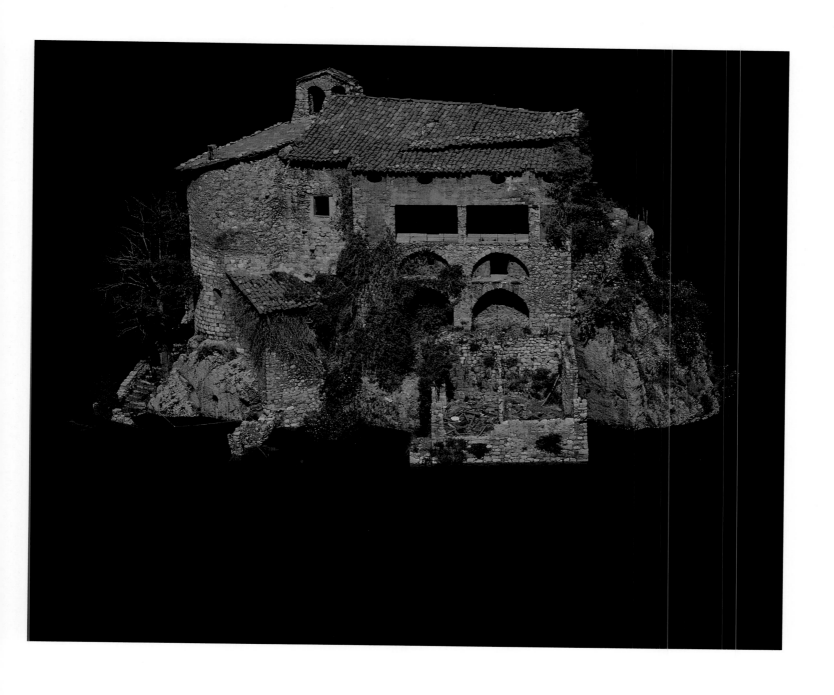

66. Viejo molino del Llobregat, cuya fidelidad a la tierra lo ha mantenido en pie como un castillo legendario.

▷ 67. La comarca del Priorat, agreste e indómita, produce un vino robusto y vigoroso como esta tierra.

▷ 68. El Cabo de Creus es una de las terminaciones mediterráneas de los Pirineos. Los azotes de la tramontana configuran una costa salvaje, sin refugios, evitada, como todo el Golfo de León, por los antiguos navegantes.

69. La Costa Brava se extiende desde el Empordà hasta el Maresme: una trama de calitas, puntas y cabos que van entretejiéndose, unas veces cubiertos de pinos, otras veces desnudos y abiertos como una barcaza abandonada.

70. En Calella de Palafrugell, como escribiría Josep Pla, «la pálida vacuidad azulada del cielo parece sufrir una crispación lumínica».

◁ *71.* Los tejados de las casas de Cadaqués, a orillas del mar, son como el costillaje de una barcaza.

72. Albert Manent ve Cadaqués como un «rincón acolchado de silencios, rodeado de colinas de pizarra, de vides helénicas, de un mar arisco, fascinante...».

77-78. La procesión marinera del Carmen, en Palamós, es una muestra más de la religiosidad arraigada en todos los puertos de pescadores de Cataluña.

79. Palamós se extiende por las llanuras del valle de la riera de Aubi, y por el sur roza parte de la sierra litoral,
creando un sector de costa accidentada y recortada que contrasta con la playa arenosa de la bahía.

▷ 80. Una exhibición de *castellers*. La base, el fundamento de todo *castell*, es la llamada *pinya*,
un símbolo de solidaridad.

▷ 81. En el balcón del Ayuntamiento de Barcelona, el *anxaneta* es izado por la faja tras coronar un «pilar de cinco».

82-83. Las fiestas de la Merced, en Barcelona, tienen gran eco popular. La Plaça de Sant Jaume
y el Arco de Triunfo son escenario de actos lúdicos.

▷ 84. *Castell «dos de nou amb folre i manilles»* levantado por los Minyons de Terrassa en la plaza de Sant Jaume,
durante las fiestas de *La Mercè* del 94.

◁ *85.* Vilafranca del Penedés es una ciudad *castellera* de primer orden.
El *anxaneta* saluda a la multitud apiñada.

86. Plaza de Sant Jaume. La fiesta en la calle, reducida ya a confetti, es todavía un motivo de diversión en las manos de un niño.

▷ *87.* La Patum es un entremés típico de la ciudad de Berga, en el que personajes y figuras evolucionan por la
plaza al son de distintos ritmos y melodías, en la tarde del Día de Corpus.

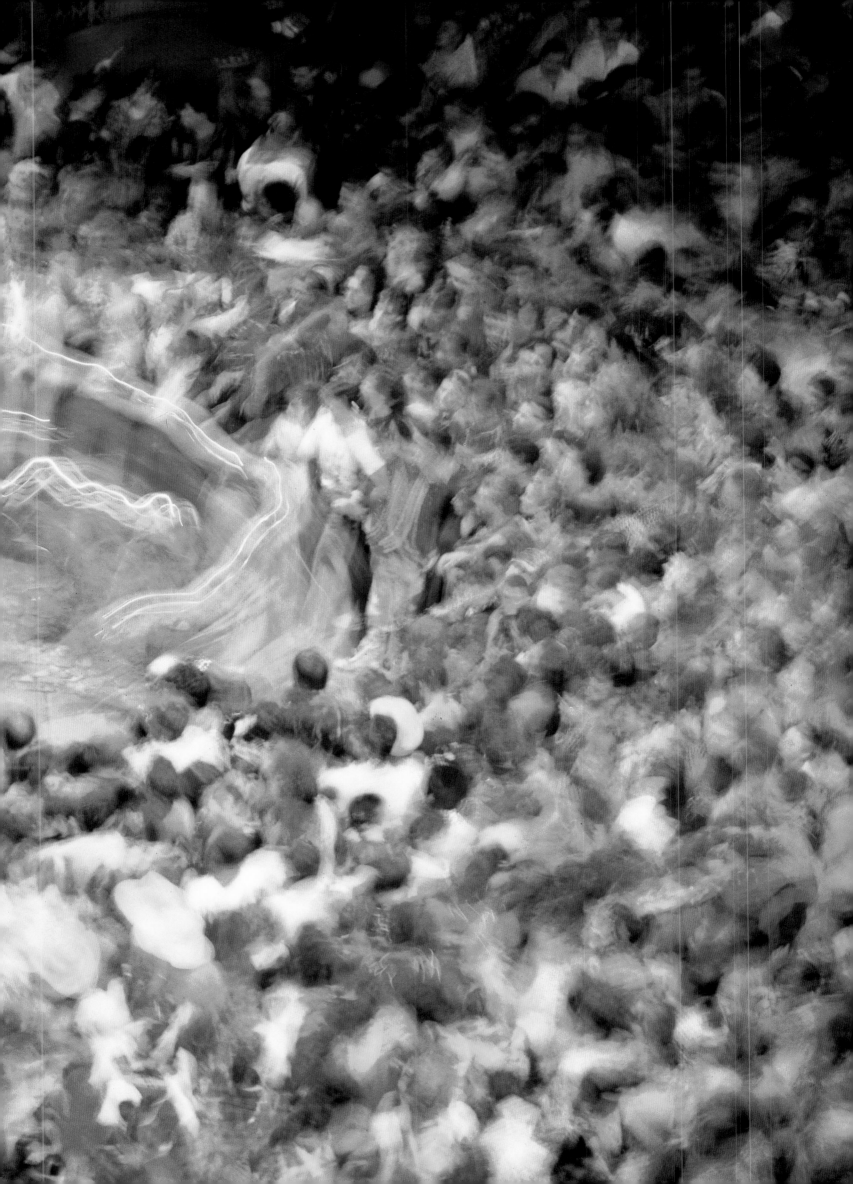

◁ *88-89*. La sardana, uno de los símbolos de identidad de Cataluña, nos invita tanto bailarla como a escucharla.

90. La ciudad de Tàrrega acoge cada año un Festival de Teatro cuyo escenario es la calle.

91-92. Gerona, a orillas del río, alarga su paso, parsimonioso como las lentas aguas, con una solemnidad litúrgica.

93. El paisaje marino que deslumbró a Salvador Dalí ha sufrido la metamorfosis mediterránea y se ha convertido en plata luminosa sobre la pequeña bahía de Portlligat, que el pintor transformó en un puro manantial de luz y color.

94. El pueblo de Sant Martí d'Empúries se halla entre las antiguas desembocaduras de los ríos Ter y Fluvià,
en un promontorio rocoso que era antes una isla, al norte de las ruinas de la ciudad grecorromana de Empúries.

95. Josep Pla evocó así Calella de Palafrugell: «la luz, en fusión sobre las paredes blancas, en la arena rosada, produce unas flotantes, vaporosas lengüetas de aire que dan saltitos».

▷　96-97. Dos perspectivas de Fornells, en la península del Cabo de Creus. Después de las calas Tamariua, Càtiva y Fornells (con escollos e isletas, como la Meda), el roquedal se eleva desde la punta Blanca para formar los grandes acantilados del cabo Gros, promontorio que se alza a 176 metros sobre el mar.

98. La población de Llafranc, muy apreciada como lugar de veraneo, con su paseo delante de la playa,
está rodeada de pinares, y albergó un importante poblado de la época romana.

▷ 99. Palamós se extiende por las llanuras del valle de la *riera* de Aubi, y por el sur roza parte de la sierra litoral,
creando un sector de costa accidentada y recortada que contrasta con la playa arenosa de la bahía.

▷ 100. El casco antiguo de Tossa de Mar, sobre una colina asomada al mar, rodeada de murallas medievales.
Forma una agradable bahía, ceñida por pinares sensibles a la brisa del Mediterráneo.
Marc Chagall lo llamaba «el paraíso azul».

101. «Senya Blanca», en S'Agaró, es un maravilloso balcón sobre el mar. El clásico equilibrio arquitectónico
evoca el Noucentisme más señorial.

102. El Canigó, desde Sant Pere de Rodes. Por su vinculación con la mitología nacional de Cataluña,
el Canigó se ha convertido en el símbolo de la personalidad catalana de las comarcas pirenaicas.

103. El desolado vacío del interior del campanario de Sant Pere de Rodes. No sólo ha perdido las campanas, sino también la escalera de caracol, ruta del campanero.

104. En los parajes duros, ásperos y minerales del Cabo de Creus se encuentran los sopladeros de la tramontana. Sant Pere de Rodes, hoy deshabitado, con sus ventanales abiertos de par en par y parte de sus edificios sin techumbre, es el «monasterio del viento».

105. Miravet, situado en las cercanías del Ebro, bajo la colina donde se hallan los restos del Castillo de Miravet,
último reducto de los Templarios en Cataluña.

106. Monasterio de Gerri de la Sal. La iglesia, gran edificio de tres naves consagrado en 1149, se ha conservado en su integridad. Sobre la fachada se alza un airoso campanario de pared, de tres pisos.

107. El pórtico románico del monasterio de Ripoll, con esculturas en alto relieve del siglo XII, es uno de los conjuntos escultóricos y arquitectónicos más remarcables del arte románico catalán.

108. Vista parcial del gran claustro de Ripoll. El campanario ha puesto corazas de bronce al tiempo hecho historia.

109. Claustro de Santa Maria de Vallbona de les Monges, donde conviven los estilos románico y gótico.

110. Claustro del monasterio de Vallbona de les Monges. Fundado en la primera mitad del siglo XII, constituye una representativa muestra del arte de transición, con elementos románicos característicos. La transición al gótico puede apreciarse en las bóvedas del claustro y en el cimborrio del crucero.

▷ *111.* El cielo de la Cerdanya se arrodilla sobre las montañas, y el paisaje se eleva hacia el cielo. La confluencia de estos elementos evoca unos Pirineos sin fronteras.

112. Paisaje de Castellar de N'Hug. La majestuosidad de las montañas se enaltece aún más junto al cielo azul.

113. El arco iris sobre el paisaje de Vilamós, en el valle de Arán.

▷ *114.* Lago de Sant Maurici. En la región de los Pirineos hay numerosos lagos pequeños de origen glacial, como el de Sant Maurici, sosegado y solitario, sólo alterado por las leves irisaciones de la brisa ligera; forma parte, con otros, de la región lacustre de Els Encantats.

115. En los Pirineos, los abetos, codiciosos, van pasándose la nieve de una rama a otra, como si se tratara
de un juego en el que el silencio blanco se deja caer en las manos del susurrante viento.

▷ *116.* Los valles de los Pirineos son el descansillo donde el silencio toma aliento en su ascensión
a las cumbres, detenidas a medio camino del cielo.

117. El valle pirenaico de Lérida.

118. Iglesia y campanario románicos (siglo XII) de Sant Climent de Taüll. El valle de Boí se ha hecho célebre en todo el mundo ilustrado gracias a sus magníficas iglesias románicas.

119. Vista de los Pirineos, incierta y esotérica como una panorámica astral.

120. El Quer Foradat, en la sierra del Cadí. La fusión de pueblos y montañas crea una insólita
y bella fisonomía de la paz.

121. La Conca de Barberá se extiende circundada de montañas: un pequeño mundo aislado
pero secularmente acogedor.

122. El paisaje de la Cerdanya posee una personalidad propia, sazonada por un clima que la dota de colores y luces de transparencias iridiscentes.

123. El valle de Aran, uno de los paisajes más tiernos y verdes de Europa.

124. Paisajes bucólicos como éste, de Os de Civis, son una pura exaltación de la vitalidad de un tiempo y de un país muy arraigados a la tierra.

▷ 125. Las fuentes del río Llobregat nacen, transparentes y puras, bajo Castellar de N'Hug, paraje muy visitado por turistas y grupos de excursionistas.

▷ 126. El impresionante «salto de Sallent», en Rupit. El camino que conduce hasta allí está jalonado de antiguos molinos abandonados, pozas, cascadas y fuentes.

◁ *127.* Castellar de N'Hug, de terreno muy accidentado, enclave donde se celebra anualmente
un concurso internacional de perros pastores.

128. El río Noguera Pallaresa, en la baronía de Sant Oïsme, torna itinerante el paisaje reflejado
en sus aguas límpidas.

129. El Congost dels Collegats, en el Pallars, detiene el paisaje como en un lúdico secuestro entre montañas.

130. La Pobla de Lillet, arrodillada a los pies de la altísima catedral de las montañas.

131. En Aigüestortes, el arroyo y el paisaje entablan un largo diálogo, diáfano y transparente
como el aire que nace de las cimas más altas.

132. El río Segre, en Urgellet, todavía montañoso, abreva rebaños de nubes y prados recostados en sus orillas.

133. El bucólico emplazamiento de Vallfogona ofrece la perspectiva de un fabuloso tapiz extendido sobre las montañas gerundenses.

134. Los tejados de Olot, en la comarca de la Garrotxa, son como un mosaico dispuesto sobre
un paisaje rural que se infitra entre las casas y se torna doméstico y urbano.

135. En Alella, en la comarca del Maresme, una señorial torre a la que una elegante palmera rinde cortesía.

136. La antigua y señorial villa campesina de Millàs, en Gerona, evoca la nobleza de la tierra y de sus hombres.

137. La masía de Scala Dei, en la comarca del Priorat, es el único testigo viviente de la antigua cartuja,
cuyos escasos restos, mal conservados, se encuentran a un paso de la bien conservada masía.

138. La iglesia románica de Sant Jaume de Frontanyà, magnífico edificio románico lombardo del siglo XI.
Constituye uno de los mejores ejemplos de la arquitectura del primer románico en Cataluña,
emplazado en un paisaje muy bello.

▷ *139.* Los ventanales y balcones de esta casa de Hostalets, en el Gironès, rebosan de flores y plantas,
como un incendio de colores olorosos de luz.

140. Porches de Peratallada, en la comarca del Baix Empordà, orfebres de la sombra que se agradece
en verano y nos resguarda cuando los temporales arrecian en invierno.

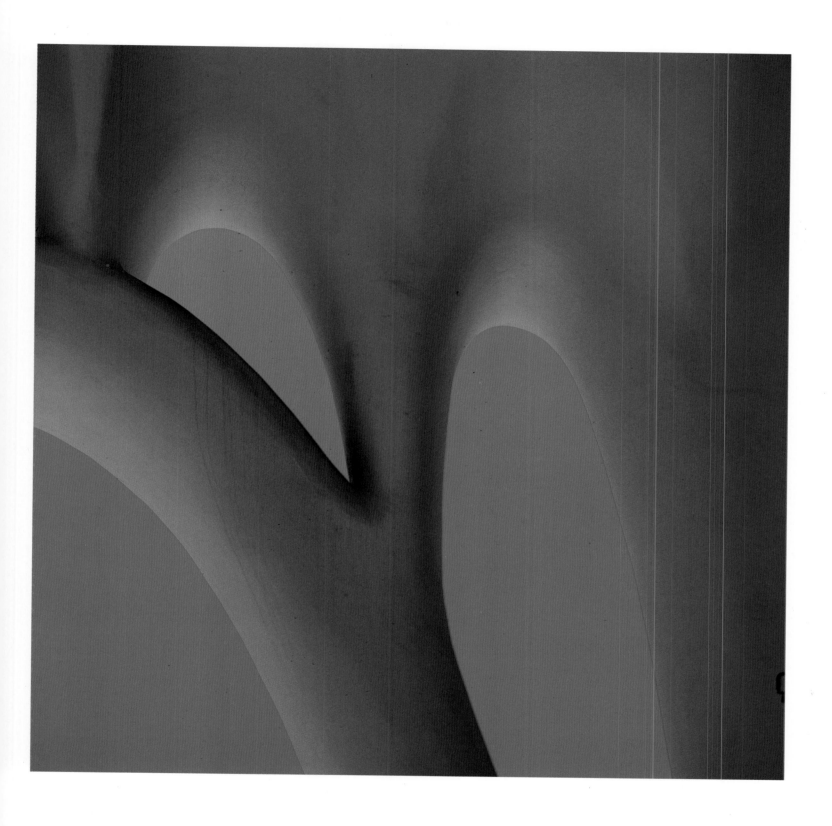

141. Detalle de la masía Freixa, en Terrassa, donde se insinúan los brazos y el torso desnudo de un cuerpo humano.

142-143. La catedral de Tortosa es un enjambre de piedras que rezuman historia con un ritual litúrgico.

▷ *144.* En Lérida, la tierra parece a veces agrietarse como una granada madura.

145. Màrius Torres dibuja con bellas palabras la ciudad de Lérida:

«A sus viejas callejuelas, llenas de fervor, llega,
yo no sé de qué siglos, un gris de amor e incienso;
el tañido de las campanas tiene un alma viva
y su latido es libre como el del corazón de los niños».

146. Lérida, claustro de la Seu Vella, del siglo XIII. El ventanal gótico se recorta en el cielo
como un encaje de bolillos.

▷ *147.* La Seu Vella de Lérida, del siglo XIV, una de las obras más notorias de la Cataluña medieval,
ejerció gran influencia en su entorno geográfico.

148. Interior de la catedral de Tortosa. Su doble deambulatorio, de gran belleza, en vez de cinco naves origina tres,
y las de los extremos quedan divididas por los contrafuertes, formando capillas.

149. Santa Maria del Mar, del siglo xiv. Las columnas, despojadas de los haces de nervios típicos del gótico, cristalizadas en simples octógonos de extrema delgadez, están separadas unas de otras, en todos los sentidos, por trece metros, luz no superada por otra construcción medieval.

150. Vista nocturna de la fachada de la iglesia del Pi de Barcelona. El luminoso rosetón
es un medallón enjoyado en el pecho de la noche.

▷ 151. La nave gótica de la catedral de Gerona mide 50 metros de longitud, 34 de altura y 22,98 de anchura.

▷ 152. Visión nocturna de la Plaça Reial. En primer término, la capilla Palatina o de Santa Agata,
y, al fondo, la torre o mirador del rey Martín.

▷ 153. Las torres de la Sagrada Familia son como las lanzas de un ejército pacífico que rinden honores a la bóveda
celeste.

154. El interior del Salón de Ciento posee una estructura formada por arcos diafragma de medio punto y envigado de madera (siglo XIV).

▷ *155.* En el templo de la Sagrada Familia se expresa de modo genuino y fantástico una personalidad tal vez única en el mundo de la arquitectura, la de Antoni Gaudí.

◁ *156.* La catedral barcelonesa posee tres naves que forman bóvedas de crucería ogival, aunque, al contemplarlas,
por un hábil artificio de sus arquitectos, parece tener siete.

157. El claustro de la catedral de Barcelona es uno de los lugares más bellos de la ciudad. Las cuatro galerías con
bóvedas de crucería rodean un jardín con palmeras, magnolias, nísperos y naranjos en el que la luz, filtrada por los
tonos verdes, se torna variada y tierna.

158. San Jorge en el claustro de la catedral de Barcelona.

159. Catedral de Barcelona. Cada año, durante la octava de Corpus, la fuente gótica, cubierta por un templete, se adorna con retama y otras plantas, y en el chorro del vaciadero se hace bailar un huevo, vaciado previamente: es *el ou com balla*.

160. En el centro del claustro de la Casa de l'Ardiaca hay una fuente gótica y altas palmeras, lugar delicioso
que pone una nota poética en el barrio llamado «de la catedral».

161. Casa de l'Ardiaca, situada en la calle barcelonesa de Santa Llúcia, frente a la puerta de la capilla de la catedral
dedicada a esta santa. Desde el año 1919 es sede del Archivo Histórico de la Ciudad
y del Instituto de Historia de Barcelona.

162. La rosa y el libro son los símbolos emblemáticos del día de San Jorge, símbolos con los que, recientemente, la UNESCO ha instituido el día universal del libro.

163. La Rambla se adentra en el mar mediante este nuevo puente, que conecta el centro lúdico del Maremàgnum con el monumento a Colón.

164. El nuevo acuario del Port Vell nos sumerge en las profundidades marinas para contemplar de cerca
la vida de los tiburones.

165-166. En el Port Vell de Barcelona, el desplazamiento del tráfico de mercancías a otras zonas portuarias
ha propiciado la creación un gran centro lúdico y comercial: el Maremàgnum.

167. El Puerto Olímpico de Barcelona se ha convertido en una zona consagrada al ocio y a la gastronomía, donde las noches de verano son luminosas y de excitante vitalidad.

168. Plaça Reial. Esta plaza, como la mayoría de las obras más importantes realizadas en el siglo XIX
en la Rambla, proviene del derribo de un antiguo convento, el de los capuchinos, comunidad
establecida en Barcelona desde 1570.

169, 170. La antigua Casa de la Caridad, con las modernas construcciones del *Centre de Cultura Contemporània de Barcelona*. Es un centro cultural de carácter temàtico, multidisciplinario y multifuncional. La ciudad es el eje temático alrededor del cual se articulan las actividades del *Centre*.

171. Interior del bar en las torres de Ávila del Pueblo Español, en Montjuïc, Barcelona. La simulada noche estrellada del techo del bar es como un espejismo para los noctámbulos.

172. La nueva Bolsa de Barcelona ha cambiado la austera nobleza de la antigua Lonja por una suntuosidad utilitaria en sus nuevas instalaciones del Paseo de Gracia.

173. Instalaciones de la Televisió Catalana (TV3 y Canal 33) en Sant Joan Despí.

174. Cúpula de la sala de exposiciones del Parque Tecnológico del Vallès.

175. Antena del Parque Tecnológico del Vallès.

176-178. Sabadell. La expansión industrial de esta ciudad del Vallès tiene su réplica expansiva en un urbanismo de diseño.

179. La chimenea de la fábrica Sedó, de Olesa, es una ascensión en espiral, como el dedo torturado de un cíclope que señala el infinito.

180. Las chimeneas y espirales de La Pedrera, cual guerreros galácticos, son los vigías de la ciudad. El *trencadís* gaudiniano da formas eólicas a las corazas de cerámica de estos guerreros inmóviles.

▷ *181*. La Pedrera, fisonomía corpórea del viento en competencia con un mar exaltado. Acantilado de rocas repujadas por los embates del viento y de las olas.

182. La cúpula gaudiniana del palacio Güell es como una escenografía wagneriana que guarece
el ritual sagrado del santo Grial. El centro de la cúpula es un retazo de la bóveda celeste.

▷ *183.* Interior de La Pedrera. El techo es como el de una cueva prehistórica cuyos colores
los hubiera generado la piedra.

184. El umbráculo del Parque de la Ciudadela resguarda plantas tropicales y exóticas.
Es como un gran cobertizo bajo el cielo mediterráneo.

185. El Palau de Sant Jordi, del arquitecto japonés Arata Isozaki, quien lo ideó como una gran superficie espacial, metálica. En este palacio, con capacidad para 17.000 espectadores, se celebraron diversas pruebas de los Juegos Olímpicos de Barcelona, en 1992.

186. La Rambla de las Flores no distingue entre días festivos y laborables. Siempre es una gran fiesta.

187. Parlament de Catalunya. Con el modelo de organización política que desde el año 1359 adoptaron las Corts Catalanes, se constituyó uno de los primeros parlamentos de Europa.

188. Con su dedo de bronce, Colón señala los horizontes de un mundo nuevo. Uno de los símbolos de la Barcelona marinera y expansiva.

189. Port Vell. Las nuevas construcciones del *Port Vell* y su nuevo destino lúdico y comercial
han incorporado esta zona marítima íntegramente a la ciudad.

190. Barrio de Ciutat Vella. Santa Maria del Mar (siglo XIV): puerta en el ábside que da a la Plaça del Born, realizada por Bernat Salvador en 1549.

▷ *191.* Una singular combinación de épocas y estilos es lo que se encuentra en esta imagen, que corresponde a la sede actual de la *Fundació Tàpies*.
«*Núvol i cadira*» es el nombre de la escultura de Antoni Tàpies urdida con filamentos metálicos
que corona el edificio, obra del arquitecto modernista Domènech i Montaner.

▷ *192.* Barcelona. El Palacio Nacional de Montjuïc es sede del Museo de Arte de Cataluña,
el más rico del mundo en pintura mural románica y retablos góticos.

▷ *193.* Barcelona. Perspectiva de la avenida de Maria Cristina, en el recinto ferial de Montjuïc.
Columnas de luz sostienen la oscuridad nocturna.

194. Panorámica del conjunto del monasterio de Poblet. Arquitectura de la historia de Cataluña
escrita en la piedra. Las tumbas reales son la elocuencia del silencio de los padres de la patria.

▷ *195.* El sol entra de puntillas en la sala capitular de Poblet y, cual lámpara votiva,
ilumina las tumbas de los antiguos abades.

196. La entrada barroca al recinto de Santes Creus esconde la sorpresa de un cambio radical de estilo ante
el monumento románico y gótico del antiguo monasterio.

197. La luz del sol, transformada en geometría pura en el claustro de Santes Creus.

198. La sala capitular de Santes Creus no reúne ya a los monjes ausentes, pero las tumbas de los abades son el eco del silencio monacal, tan frío ahora.

199. El monumental rosetón de la catedral de Tarragona otea la ciudad y el mar.
Ojo de Polifemo sacralizado, ebrio de luz y colores.

▷ *200.* Tarragona. Parte alta. Una fachada efímera de tramoya callejera disimula la reservada
restauración de una vieja casa.

201. Vista aérea de Tarragona desde el Balcón del Mediterráneo. La Rambla Nova es un pasadizo majestuoso que lleva al campo desde el mar.

▷ *202.* Tarragona, desde el campanario de la catedral. La ciudad cavalga hacia el mar, a caballo de las antiguas cuádrigas romanas que en el circo, situado en la Parte Alta, marcaban las roderas de la historia.

203. El castillo de Tamarit es el más osado de todos los castillos marineros: parece un enorme barco
anclado sobre las rocas, sobre las olas.

▷ *204.* Las calas de la Torre de la Mora, inflamadas de pinos, se esponjan, temblorosas. El mar parece
estar a punto de ser engullido por un torrente de colores iridiscentes. La luz es tan pura que apenas
se atreve mirarse de hito en hito en las olas...

▷ *205.* Los flamencos chapotean en el Delta del Ebro. Entre tímidos y cautos, no les gusta ser observados de cerca.
En el Delta se encuentran como en su casa.

▷ *206-210.* La visión del Delta del Ebro se nos escapa en su llanura inmensa, en cuyo horizonte
se confunden la tierra, el agua y el cielo.

BIBLIOGRAFÍA

ABRAHAM, Cresques, *L'Atlas Català*. [Edición conmemorativa del seiscientos aniversario de la realización. Colaboradores: S. Espriu, A. Tàpies, J. Porter, E. Huguert, E. Pognon, J. Sureda i Blanes, J. Samsó, J. Casanovas, F. de B. Moll, J.M. Martínez, G. Llompart, J. Ainaud de Lasarte, V. Ferro, J. Sedal]. Edit. Diàfora, S.A. Barcelona, 1975.

ALBERCH, R y ARAGÓ, N.J., *Els jueus a les terres gironines*. Quaderns de la Revista de Girona, 1. Diputació y Caixa de Girona. Girona, 1985.

ALCOVER, Antoni M. y MOLL, Francesc de B., *Diccionari català-valencià-balear* (10 v.) Edit. Moll. Palma de Mallorca, 1988.

BAER, Yitzhak, *Historia de los judíos en la España cristiana* (2 v.) Edit. Altalena. Madrid, 1981.

BALAÑÀ i ABADIA, Pere, *Visió cosmopolita de Catalunya* (2 v.) Generalitat de Catalunya. Barcelona, 1991-

BALCELLS, Albert, *Història del nacionalisme català. Dels orígens al nostre temps.* Generalitat de Catalunya. Barcelona, 1992.

BARNATAN, Marcos Ricardo, *La Kábala. Una mística del lenguaje.* Edit. Akal. Madrid, 1986.

BARRAL I ALTET, Xavier, *Les catedrals de Catalunya.* Edicions 62. Barcelona, 1994.

BATLLORI, Miquel, *La família Borja* (vol. IV de L'O.C.). Edicions Tres i Quatre. Valencia, 1994.

— *Ramon Llull i el lul·lisme* (vol. II de L'O.C.) Edicions Tres i Quatre. Valencia, 1993.

— *Vuit segles de cultura catalana a Europa.* Edicions 62. Barcelona 1983.

BONNER, Anthony y BADIA, Lola. *Ramon Llull. Vida, pensament i obra literària.* Edit. Empúries. Barcelona, 1991.

BRUGUERA, Jordi, *Història del lèxic català.* Editorial Enciclopèdia Catalana. Barcelona, 1985.

CALVINO, Italo, *El baró rampant* (trad. de M.A. Capmany). Edicions 62. Barcelona, 1965.

— *Perché leggere i classici.* Arnoldo Mondadori Editore. Milano, 1991.

CAPMANY, Maria Aurèlia i altres, *Retrobar Barcelona.* Edit. Lunwerg. Barcelona, 1986.

CARBONELL, Jordi, *La llengua catalana a Sardenya.* Universitat Autònoma de Barcelona. Barcelona, 1995.

CARRASCAL SÁNCHEZ, Jesús, *La penetración de la lengua catalana en el dominio gascón.* Institución Fernando El Católico. Zaragoza, 1966.

CASASSAS, Lluís, i altres, *Què és Catalunya.* Edicions 62. Barcelona, 1980.

CASTELLS, Victor, «Independència i afirmació nacional», en *Catalans a Amèrica.* Fundació Jaume I. Barcelona, 1986.

CIRICI PELLICER, Alexandre, *Barcelona pam a pam.* Edit. Teide, Barcelona, 1971.

— *Miró llegit.* Edicions 62. Barcelona, 1971.

— *L'arquitectura catalana.* Edit. Teide. Barcelona, 1975.

COLÓN, Germà, *El léxico catalán en la Romania.* Edit. Gredos. Madrid, 1976.

— *El lèxic català dins la Romània.* Universitad de València, 1993.

— «Acerca de los préstamos occitanos y catalanes del español», en *Actas del XI Congreso Internacional de Lingüística Románica*, Madrid 1965. Madrid, 1968.

— «Elementos constitutivos del español: catalanismos», en *Enciclopedia Lingüística Hispánica, II.* C.S.I.C., Madrid, 1967.

— «Elementos constitutivos del español: occitanismos», en *Enciclopedia Lingüística Hispánica, II.* C.S.I.C., Madrid, 1967.

— *El español y el catalán, juntos y en contraste.* Edit. Ariel. Barcelona, 1989.

COMAMALA, Romà, *El pi de les tres branques. Què sé dels Països Catalans.* Publicacions de l'Abadia de Montserrat, 1977.

CÒNSUL, Isidor, *Tirant lo Blanc.* Edit. Labor. Barcelona, 1992.

COROMINES, Joan, *El que s'ha de saber de la llengua catalana.* Edit. Moll. Palma de Mallorca, 1982.

— *Entre dos llenguatges* (3 v.). Edit. Curial. Barcelona, 1977.

— *Diccionari etimològic i complementari de la llengua catalana.* Edit. Curial. Barcelona,

— *Diccionario crítico etimológico de la lengua castellana* (4 v.). Edit. Gredos. Madrid, 1954-57.

CORREDOR - MATHEOS, Josep, Antoni Tàpies. *Matèria, signe i esperit.* Generalitat de Catalunya, 1992.

COSSIGA, Francesco, *I regni di Sicilia i di Sardegna nella Corona d'Aragona.* Univ. de Barcelona. Barcelona, 1991.

D'AGOSTINO, Alfonso, «L'aporto spagnolo, portoghese e catalano», en *Storia della lingua italiana* (vol. III). Edit. Giulio Einaudi. Torino, 1994.

DOLÇ, Miquel, *Estudis de crítica literària.* Publicacions de l'Abadia de Montserrat. Barcelona, 1994.

DUFOURQ, Ch.E., *L'expansió catalana a la Mediterrània occidental (siglos XIII i XIV).* Edit. Vicens Vives, Barcelona, 1969.

DUPIN, Jacques, *Miró.* Edicions Polígrafa. Barcelona, 1993.

FABRA, Pompeu, *Diccionari general de la llengua catalana.* Edit. Edhasa. Barcelona, 1981 (decimotercera edición).

FÀBREGAS, Esteve, «Els segles de l'intercanvi (1775-1900)», en *Catalans a Amèrica.* Fundació Jaume I. Barcelona, 1986.

FÁBREGAS, Xavier, *Catalans terres enllà.* Edit. Bruguera. Barcelona, 1967.

— *El llibre de les bèsties.* Edicions 62. Barcelona, 1983.

FERRERES, Ernest, *Mar enllà.* Edit. Barcanova. Barcelona, 1993.

FOIX, J.V., *Obra poètica complerta.* Edicions 62. Barcelona, 1974.

FOLCH I GUILLÉN, R. (director) *Història Natural dels Països Catalans.* Edit. Fundació Enciclopèdia Catalana. Barcelona, 1986-1988.

FONTBONA, Francesc, *El paisatgisme a Catalunya.* Edit. Destino. Barcelona, 1979.

FUSTER, Joan, *Tirant i el Quixot*. «Butlletí dels Mestres» Departament d'Ensenyament de la Generalitat de Catalunya. Barcelona, abril de 1991 (núm. 227)

GARCÍA, J.M. y OLIVER, C., *Constants de l'Art català actual*. Generalitat de Catalunya. Barcelona, 1992

GARCÍA, J.M. y GIRALT-MIRACLE, D. y PUIG, Arnau. *Els llibres de Tàpies*. Generalitat de Catalunya, Barcelona, 1991.

GARCÍA MÁRQUEZ, Gabriel, *Cien años de soledad* (edición de Jacques Joset). Edit. Cátedra. Madrid, 1967.

— *Do you know who Mercè Rodoreda was?* «Catalan Writing», 1. Institució de les lletres Catalanes. Barcelona, julio 1988.

GAZIEL, *Obra Catalana Completa* (prólogo de Josep Benet). Edit. Selecta. Barcelona, 1970.

GIMFERRER, Pere, *Obra Catalana Completa/1. Poesia* (introd. d'Arthur Terry). Edicions 62. Barcelona, 1995.

— *Miró, colpir sense nafrar*. Ed. Polígrafa. Barcelona, 1978.

— *Antoni Tàpies i l'esperit català*. Ed. Polígrafa. Barcelona, 1974.

GIRALT, Jesús M. (director) *Gran geografia comarcal de Catalunya* (15 vol.). Edit. Fundació Enciclopèdia Catalana. Barcelona 1991.

GIRALT-MIRACLE, Daniel, *El crit de la terra. Joan Miró i el Camp de Tarragona*. Museu d'Art Modern de la Diputació de Tarragona. Edit. Columna. Barcelona, 1994.

GIUNTA, Francesco, *La Sicília catalana*. Edit. Rafael Dalmau. Barcelona, 1988.

GRAN ENCICLOPÈDIA CATALANA. (24 vol.) Edit. Fundació Enciclopèdia Catalana. Barcelona, 1986-1989.

GRAVES, Robert, *D'amor. Trenta poemes* (introd. de J. Boulting; trad. de J.M. Jaumà). Edicions 62. Barcelona, 1991.

GUILLÉN, Juli F., «Els camins dels catalanismes en la parla marinera de Castella», en *Primer Congreso de Historia del País Valenciano*, Valencia, 1971 (v.I). Universitat de València, 1973.

HOLTUS, Günter, *Catalanismos en el léxico siciliano, en La Corona de Aragón y las lenguas románicas*. Gunter Narr Verlag Tübingen. Universität Basel, 19889.

HUGUES, Robert, *Barcelona*. Edit. Anagrama, Barcelona, 1992.

ISHERWOOD, Christopher, *El món cap al tard* (trad. de Jordi Ainaud). Columna. Barcelona, 1990.

JAUME I. *Llibre dels feits* (ed. de M. Casacuberta). Edit. Barcino, Barcelona, 1926-62.

LLULL, Ramon, *Obres selectes* (ed. de Antoni Bonner) 2 vol. Edit. Moll. Mallorca, 1989.

MALET, Rosa Maria, *Tàpies. Cartells*. Ed. Fundació Joan Miró. Generalitat de Catalunya. Barcelona, 1983.

MANENT, Albert, *Escriptors i editors del Nou-Cents*. Ed. Curial. Barcelona, 1984.

— «Un poema inédito de Federico García Lorca». *Camp de l'Arpa*, núm. 4. Barcelona, 1972.

— *Diccionari dels catalans d'Amèrica* (director) (4 vol.) Ed. Curial, Barcelona 1992-1993.

MANENT, Marià, *L'aroma d'arç*. Edit. Laertes. Barcelona, 1982.

— *Poesia, llenguatge, forma*. Edicions 62. Barcelona, 1973.

MARCO, Joaquim, *Antologia de la poesia catalana del segle d'or*. Edit. Salvat. Barcelona, 1970.

MARTORELL, Joanot i Martí JOAN de GALBA, *Tirant lo Blanc i altres escrits de Joanot Martorell* (edición de Martí de Riquer). Edit. Ariel. Barcelona, 1969.

MAS I SOLENCH, Josep Maria, *La sardana (Dansa nacional de Catalunya)*. Generalitat de Catalunya. Barcelona, 1993.

— *El dret civil dels catalans*. Generalitat de Catalunya. Barcelona, 1985.

MASSOT, Josep; Pueyo, Salvador; Martorell, Oriol, *Els Segadors. Himne Nacional de Catalunya*. Generalitat de Catalunya. Barcelona, 1983.

MATVEJEVIC, Predag, *Breviario mediterraneo* (prólogo de Claudio Magris). Edit. Anagrama. Barcelona, 1991.

MESTRE, Jesús (director) *Diccionari d'Història de Catalunya*. Edic. 62. Barcelona, 1992.

MIRALLES, Francesc, *L'època de les avant-guardes. 1917 - 1970*, Vol. VIII de *l'Història de l'art català*. Edicions 62. Barcelona, 1983.

MOLAS, Joaquim, *Paisatges de Catalunya*. Generalitat de Catalunya. Barcelona, 1990.

— *Les metamorfosis de Barcelona*. Edit. Fundació Enciclopédia Catalana y Ajuntament de Barcelona. Barcelona, 1992.

MOLAS, J. y MASSOT, J. (directores) *Diccionari de la literatura catalana*. Edicions 62. Barcelona, 1979.

MUNTANER-DESCLOT, *Cronache Catalane del secolo XIII e XIV*. (Traducción de Filippo Moisè; introducción de Leonardo Sciascia). Edit. Sellerio. Palermo, 1989.

NORDENSKIÖLD, A.E., *Periplus. An essay of the early history of charts and sailing-directions*. Stockholm, 1897.

ORWELL, George, *Homenatge a Catalunya* (introd. de Lionel Trilling; trad. de R. Folch i Camarasa). Edit. Ariel. Barcelona, 1969.

PERMANYER, Lluís, *Cites i testimonis sobre Barcelona*. Edicions La Campana. Barcelona, 1993.

— *Tàpies i la nova cultura*. Ed. Polígrafa. Barcelona, 1986.

PERUCHO, Joan, *Teoria de Catalunya*. Edicions 62. Barcelona, 1985.

— *Joan Miró i Catalunya*. Ed. Polígrafa. Barcelona, 1970.

— *Picasso, el cubisme i Horta de Sant Joan*. Museu d'Art Modern de la Diputació de Tarragona. Edit. Columna. Barcelona, 1994.

PERUCHO, J.; RIQUER, M. de; LYUONS, K. y CABANA, F. *Catalonia*. Edit. Luna Wennberg. Barcelona, 1983.

PI DE CABANYES, Oriol. *La Renaixença*. Edit. Dopesa. Barcelona, 1979.

— *Tàpies o l'elevació de la matèria*. Revista Cultura, núm. 11. Generalitat de Catalunya. Barcelona, 1988.

PLA, Josep. *Viatge a Catalunya*. Edit. Destino. Barcelona, 1974.

PLADEVALL, Antoni y PAGÈS, Montserrat. *Això és Catalunya: guia del patrimoni arquitectònic*. Edit. Plaza & Janés. Barcelona, 1988.

PORCEL, Baltasar y otros. *Roma a Catalunya*. Institut Català d'Estudis Mediterranis. Barcelona 1992.

PUIGJANER, Josep Maria, *Conèixer Catalunya*. Generalitat de Catalunya. Barcelona, 1992.

PUJALS, Joan M. *La lluna de Nissan*. Edit. Columna, Barcelona, 1994.

— *Paisatges de Tarragona*. Edit. Lunwerg. Barcelona, 1995.

PUJOL i SOLEY, Jordi, *Pensar Europa*. Generalitat de Catalunya. Barcelona, 1993.

RACIONERO, Lluís. *La Costa Brava*. Edit. Lunwerg. Barcelona, 1985.

RAILLARD, Georges. *Conversaciones con Joan Miró*. Edit. Granica. Barcelona, 1978.

RIQUER, Martí de, *Literatura catalana medieval*. Ajuntament de Barcelona (Museu d'Història). Barcelona, 1972.

RIQUER, M. de; BADIA, Lola, *Les poesies de Jordi de Sant Jordi*. Edit. Tres i Quatre. Valencia, 1984.

RIQUER, M. de; COMAS, Antoni; MOLAS, Joaquim, *Història de la literatura catalana* (11 vol.). Edit. Ariel, Barcelona, 1982-1989.

ROMEU, Josep, *Llibre del mar* (El tema mariner en la literatura catalana). Edit. Selecta. Barcelona, 1953.

ROMEU I FIGUERAS, Josep, *Comentaris al capítol 283 de Tirant lo Blanc*. «Butlletí dels Mestres» Departament d'Ensenyament de la Generalitat de Catalunya. Barcelona, abril de 1991 (núm. 227).

SCHMITT, Christian, *À propos des catalanismes du français contemporaine*. Gunter Narr Verlag Tübingen. Universität Basel, 1989.

SERRAHIMA, Maurici, *Realitat de Catalunya*. Ed. Proa. Barcelonaa, 1969.

SETTON, Kenneth M., *Los catalanes en Grecia*. Edit. Aymà, Barcelona, 1975.

SHAKESPEARE, William, *Molt soroll per no res*. (trad. de Josep M. de Segarra) Institut del Teatre de la Diputació de Barcelona. Edit. Bruguera, Barcelona, 1984.

— *Molt soroll per res* (trad. de Salvador Oliva). Edit. Vicens Vives i TV3, Televisió de Catalunya. Barcelona, 1991.

SHNEIDMAN, J.L., *L'imperi catalano-aragonès* (1200-1350). Edicions 62. Barcelona, 1975.

SOCIAS, Jaume, *Dalí*. Edicions Nou Art Thor. Barcelona, 1982.

SOLÀ-MORALES, Ignasi de, *Gaudí*. Edit. Polígrafa. Barcelona, 1983.

SOLDEVILA, Ferran, *Què cal saber de Catalunya*. Club editor. Barcelona, 1968.

— *Els Almogàvers*. Edit. Rafael Dalmau. Barcelona, 1952.

SORGIA, Giancarlo, *Sardenya i Còrsega des de la infeudació fins a Alfons el Magnànim*. Edit. Rafael Dalmau. Barcelona, 1968.

STEINER, George, *Presencias reales*. Edit. Destino. Barcelona, 1991.

SUREDA BLANES, Josep. *Ramon Llull i l'origen de la cartografia mallorquina*. Edit. Rafael Dalmau. Barcelona, 1969.

SUREDA I PONS, Joan, *Jaume Huguet, el capvespre d'un somni*, Edit. Lunwerg. Barcelona, 1994.

SUSANNA, Àlex, *Quadern venecià*. Edi. Destino. Barcelona, 1989.

TASIS, Rafael, *L'expedició dels almogávers*. Edit. Rafael Dalmau. Barcelona, 1960.

TÀPIES, Antoni, *Discurs de Recepció del Doctorat Honoris Causa*. Universitat Rovira i Virgili. Tarragona, 1994.

TERRY, Arthur, *Sobre poesia catalana contemporània* (Riba, Foix, Espriu). Edicions 62. Barcelona, 1985.

— *La poesia de Joan Maragall*. Edit. Barcino. Barcelona 1963.

— *Quatre poetes catalans: Ferrater, Brossa, Gimferrer, Xirau*. Edicions 62. Balrcelona, 1991.

TERRY, A. y RAPEL, Joaquim, *Introducción a la lengua y la literatura catalanas*. Edit. Ariel, Barcelona, 1977.

TREPPO, Mario del, *Els mercaders catalans i l'expansió catalano-aragonesa al segle XIV*. Ed. Curial, Barcelona, 1976.

TRUETA, Josep, *L'esperit de Catalunya*. Edit. Selecta. Barcelona, 1976.

VARGAS LLOSA, Mario, *Lletra de batalla per Tirant lo Blanc* (prólogo de J. Molas). Edicions 62. Barcelona, 1969.

— *Carta de batalla por Tirant lo Blanc*. Edit. Seix y Barral. Barcelona, 1991.

VERRIÉ, F.P.; MANENT, A.; TRIADÚ, J.; MOLAS, J., *Versions de poesia catalana*. Edición conjunta de los editores catalanes con motivo del XVI Congrés de la Unió Internacional d'Editors. Barcelona, 1962.

VICENS VIVES, Jaume, *Notícia de Catalunya*. Ed. Destino. Barcelona, 1954.

VILA, Marc Aureli, *La geografia en la Crònica de Desclot*. Edit. Rafael Dalmau, Barcelona 1993.

VILAR, Pierre, *Catalunya dins l'Espanya moderna*. Edicions 62. Barcelona, 1964.

— (director) *Història de Catalunya* (8 vol.). Edicions 62, Barcelona, 1987-1990.

VINYES, Ramon, *A la boca dels núvols* (introd. de Jacques Gilard). Edit. Bruguera. Barcelona, 1984.

V.V. A.A., *Els catalans a Sicília* (ed. de F. Giunta, Martí de Riquer i J.M. Sans i Travé). Edit. Fundació Enciclopèdia Catalana y Generalitat de Catalunya. Barcelona, 1992.

— *Gaudí i el seu temps* (ed. de J.J. Lahuerta). Edit. Barcanova. Barcelona, 1990.

— *Antoni Gaudí* (1852 - 1926). Fundació Caixa de Pensions. Barcelona 1986.

— *Dalí i els llibres*. Generalitat de Catalunya. Barcelona, 1982.

— *Dalí: els anys joves* (1928-1930). Generalitat de Catalunya. Barcelona, 1995.

— *400 obres de 1914 a 1983*. Salvador Dalí. (2 vol.) Generalitat de Catalunya, Ministerio de Cultura y Obra Cultural de la Caixa de Pensions. Barcelona-Madrid, 1984.

— *Els catalans a Sardenya* (ed. a cargo de Jordi Carbonell y Francesco Manconi). Edit. Fundació Enciclopèdia Catalana y Silvana Editoriale, Generalitat de Catalunya y Consell Regional de Sardenya. Barcelona-Milano, 1984.

WAGNER, M.L., *Gli elementi del lessico sardo*. Costantinopoli, 1907.

WEY, Deborah. *Antoni Tàpies in print*. Ed. The Museum of Modern Art. New York, 1991.

YATES, Francesc A. *Assaigs sobre Ramon Llull*. Edit. Empúries. Barcelona, 1985.

PRESENCE OF CATALONIA

INTRODUCTION

A monk at Poblet once said that the whole of the history of the monastery could fit into an almond shell. Sure enough, the bottom of the almond is Romanesque art, and the top, the point, Gothic art. And if we cut the almond in half we come across the Renaissance, which eliminates all arches and establishes the horizontal line. The baroque takes us back to the wild almond in its natural state, with its wrapping of dry skin around the shell. In Poblet, the baroque stays outside the church, on the façade; its exuberant vegetation forms a cathedral of trunks and branches. Romanesque and Gothic are the alpha and omega that God's finger has encrusted in the typically Mediterranean fruit of the almond tree. Poblet is the fullness of an almond, recorded history and spiritual energy. The gigantic stone shadow of the monastery of Poblet is cast by the luminous bloom of a great nation. Just looking at Poblet, we know at once that only an ancient and illustrious nation could have possessed the energy required to build medieval Europe's largest monumental monastic complex. That nation was Catalonia, a country in Mediterranean Europe situated on the east coast of the Iberian Peninsula, which since 1979, when Catalonia's Statute of Autonomy was approved, has recovered her rightful political institutions. Together these institutions make up the Generalitat de Catalunya, founded in 1359 as a delegacy of the Catalan Court and today made up of the Parliament, the President of the Generalitat and the Government or Executive Council.

Catalonia today is a relatively small country —32,000 square kilometres, six million inhabitants—, although she is Europe's most important tourist region and tenth industrial region. A country in Spain, lying between the Pyrenees and the Mediterranean, between two great cultures —France and Castile—, and the result of a historic will to be, as powerful as her wish to live alongside others without losing her own identity. A country that can offer the world Gaudí and Miró, Dalí and Sert, Tàpies and Pau Casals and Montserrat Caballé and so many others, all of them unquestionably Catalan and all of them now universally valued. An identity that goes beyond the territorial limits of present-day Catalonia —as we shall see later— and that has fed on numerous contributions from the countries with which she shares her language and her history (Valencia, Majorca, Roussillon).

Paradoxically, Catalonia today does not have a separate colour of her own on the map, but it is precisely on one of the oldest maps in Europe that she finds a metaphor for her identity. This is no ordinary map I'm speaking of, but the first world atlas, the *Atlas Català*, a compendium of the known world at the end of the fourteenth century, as it explains on the first page or table: "*Mapamondi* means so much as image of the world and of the various states of the world and of the regions which are on the earth and different types of people who inhabit them".

The *Atlas Català* was compiled in 1375 by the Majorcan cartographer of Jewish origin, Cresques Abraham. One of his standard references is the wind-rose, the figurehead that cleaves the winds of the sea, the weather-vane that cleaves the winds of the land. The one that appears in the *Atlas Català* is the oldest known to us, since as Nordenskjöld maintains in his *Voyage of the Vega*, wind-roses do not appear in earlier portolans. In his *Mediterranean Breviary*, Predrag Matvejevic describes it in these words, "The wind-rose also made its appearance in various colours, like a star, at first with eight points, later with more, for the first time on the island of Majorca". And he adds, "The many-coloured segments of the wind-rose are called, on account of their shape, rhombuses. The rhombuses with the inititials of the principal winds form a circle which in Italy is called a *rosone*, the same as the rose-window of a cathedral. It is more difficult to make a new and authentic map than it is to build a cathedral. The outer petals of the rose sometimes take on the form of a torch: it is what is called the fire of joy (*feu de joie*)". There is no doubt that the wind-rose saw the light of day in the Mediterranean. Matvejevic says that Europe was also conceived in the Mediterranean; and Baltasar Porcel adds that "Rome managed to make the world of the old 'sea in the middle of land' into a single world".

The wind-rose, born in the Mediterranean, not only presides over this sea; it also presides over the mainland: on the cathedrals and the chapels of the monasteries the glowing rose-window blooms like a crystallized, petrified wind-rose. This wind-rose is the metaphor for Catalonia looking out to sea from the mainland.

Catalonia has been annointed with three chrisms: that of Greece, with her intellectual, aesthetic and speculative drive, that of Rome, with her sense of law and of authority, and that of Christianity, which has shaped her spirituality. However, our country's Graeco-Roman ferment is exceeded in extent and depth by her Christian ferment. The Roman Empire urbanized the world as far as it could. It prepared a network of roads that allowed the spread of Christianity. Having completed this mission, the Roman Empire vanished behind the Old Testament, along with the countless mythologies that the yearning for God had invented.

After the fall of the Roman Empire Catalonia was settled by the Visigoths, who prolonged Romanism and developed it. But at the very beginning of the eighth century Visigothic rule collapsed. The Muslims crossed the Strait of Gibraltar, invaded the Iberian Peninsula and got as far as Poitiers. Although they preferred riding to sailing, the Arabs went from one coast to the other, conquering the sea with their victories on the mainland. They went from East to West.

Catalonia was the only country on the Iberian Peninsula —then dominated by the Muslims— to start life linked to Europe and not as a local reaction to defend Visigothic legitimacy against the Muslims. The object of Catalonia was not to re-establish the Visigothic monarchy in Toledo but to facilitate the progress of the Carolingian Empire towards the south, or at least to become its southern bulwark. From its birth, Catalonia came under Carolingian influence from the religious, social, cultural and political point of view. But in 988, the Count of Barcelona, Borrell II, broke his links of vassalage with the Frankish king Hugh Capet and proclaimed his county's autonomy while establishing links of solidarity with the other counties of the Peninsula.

The country's population grew steadily with the *homines undecumque venientes*: men from anywhere. Vicens Vives remarks that "of the early period of the Counts we are told that Vic was populated *ex diversis locis et gentibus nomines colligentes*: gathering men of different origins and races". And he adds that in Catalonia "from that moment, immigration has never stopped".

In 1027 the more enlightened sectors of the clergy, who under Oliba, Abbot of Ripoll and Bishop of Vic, fought the practice of simony (the purchase of ecclesiastical privileges), at the same time launched the movement of "Peace and Truce of God" to put a stop to feudal violence. When the feudal nobility, as well as the representatives of the cities with the right of self-government, began to take part in these assemblies, the Catalan Court or Parliament started to take its first steps towards the thirteenth century.

During the tenth and eleventh centuries, the Church featured prominently in the history of Catalonia, more than anything because of the part it played as guardian and promoter of culture. And Europe, via Catalonia, received decisive influences from the Arabs, the leading culture of the time. Zero, the astrolabe and Arabic mathematical texts all entered European culture in France, Italy and Germany by way of Barcelona and Vic and the monasteries of Ripoll, Sant Pere de Roda and Cuixà.

The wind-rose, in the form of the rose-window, illumines the Gothic and Romanesque of all the monasteries and cathedrals of Catalonia, which are the cartography of the country and the architecture of its spiritual identity.

MYTHS AND STRIVING

While the *Atlas Català* was the first to incorporate the wind-rose, the fanciful creatures one found everywhere at the end of the thirteenth century are almost entirely absent from the maps. Certainly, in the far-off regions where the cartographer's knowledge faltered, their place was taken by others, but these are no longer, in the main, grotesque monsters, but bizarre men born of an imagination which is neverthless restrained. It is when man can find no logical explanation for natural phenomena that he invents fanciful monsters and, in short, invents mythology. Heirs to the civilizations of Greece and Rome, we have borrowed their great mythological theatre and, at times ironically, like Salvador Espriu in a memorable book —*Les roques i el mar, el blau*—, at others fully convinced, we get carried away by this world of fantasy.

Myths attempt above all to explain important cosmic processes. The forces of the cosmos took on the role of independent powers that exerted an influence over life on earth. And a belief in this influence still persists today, surrounded by the most absolute credulity and nonsense, as in the case of horoscope literature, which has made the signs of the zodiac its religion. Through the mythology of the zodiac we have banished our monsters to the galaxies. But they were closer to home for the cartographers of the thirteenth century, who encircled the known world with a host of mythological beings, bizarre monsters that speak for their awesome imagination. And where these monsters could not be lacking was precisely at the limits of the known world, beyond which was mystery and chaos. Those monsters, rather than guardians, were evil beings who barred the way with storms or flames to anyone wanting to go any further.

Xavier Fàbregas describes the myth of these monsters in the European society of the period immediately before Cresques Abraham: "One of the most complete bestiaries admired by Europe was the one drawn on the walls of Hereford Cathedral in England in 1280. It was commonly believed that to the south the world ended in flames, an idea supported by the increase in temperature as one approached the equator. Close to this fiery region lived the fabled Cyclops, a race of one-eyed men...The Hereford bestiary reveals that beyond the land of the Cyclops lived the salamanders, poisonous dragons which revelled in fire. Not far from this region is the land of the mandrake, a plant with a human form which delights in tricking travellers who come too close and killing them...On the other side of the land of the Moors we find the androgynes, a race whose members possess both sexes and enjoy a series of blessings denied other beings. The author of the Hereford bestiary, borrowing from the traditions to be found in different parts of Europe, also mentions the Scythians, people with pupils of emerald green, and the griffins, untiring miners, and the Hircanian tigers, so fierce that only if one is quick enough to hold a mirror up to them can one escape their claws."

In the *Atlas Català*, the extinction of these monsters opened the doors to new horizons. The more geographical knowledge grew, the more monsters could be dispensed with in cartography. Towards the end of the thirteenth century, Genoa and Majorca were the chief contributors to progress in these skills, with its attendant reduction in the whole retinue of Cyclops and mixed monstrosities of humans, animals and plants. In their place is an enlightening and informative product of realism. In the *Atlas Català*, as Gabriel Llompart says, "the fauna is treated soberly. Some animals are included from far-off places which were curiosities to the people of the West. Thus we find camels, elephants, falcons and parrots".

The camels can be seen in Africa: in the Libyan interior we see a negro flogging a loaded camel; in the Sahara, near the coast, standing out against a camp of eight green tents crowned in gold, the slender figure of a *mehariste* drives his camel on with a whip... He is wrapped entirely in green. The caption explains: "all this area has peoples who are wrapped up so that only their eyes show and they live in tents and ride camels..." According to Gabriel Llompart, this area saw the rise in the eleventh century of the Almoravids, a Muslim sect whose name came precisely from what attracted the author's attention: the fact that they wrapped up to the eyes.

Cresques placed a parrot above the course of the Nile and put another in the hands of the Babylonian soldier (Egypt). It conforms with the fifteenth-century Catalan *Bestiari* in the Library at Barcelona University, which says: "The parrot is a beautiful bird which is entirely green except for the beak and the feet". And he colours them red, which was as it should be, though not what the *Bestiari* said, whereas Brunetto Latini's thirteenth-century *Llibre del Tresor* did. But he could have seen this in Majorca, because they must have come over with Eastern trade. Of a black king sitting on a throne, with crown and sceptre, Cresques says, "this black noble is called Mussemelly, lord of the negroes of Guinea. This king is the richest and noblest lord in all this region due to the abundance of gold to be found in his lands".

The French historian La Roncière and other modern historians have identified the cities and geographical features that figure in Catalan atlases and that are the sum of the knowledge of the Middle Ages. The *Atlas Català* of 1375 is one of the bridges between the Middle Ages and the Renaissance, which was not just a revival of Greek and Roman thought, but also an understanding of the Eastern world, as Cresques's atlas shows. The description of Asia is in fact the first map known in Europe. Cresques

describes the stages to be covered from southern Morocco to the kingdoms of Songai and Mandinga on the banks of the Niger. The Senegal he calls the Riu d'Or (Gold River). It is interesting to note that the routes the Arabian caravans follow today are exactly the same as the ones marked by Cresqes. The maps, as Matvejevic points out, are a compilation of knowledge and experiences. Space and the conception of space; the world and the world-view. Its preparation requires means and might: support from the sea and from dry land, by the navy and the State.

Cresques's map shows to what lengths human efforts can go in the search of knowledge. Six centuries later, the year Franco the dictator died in Spain, the Catalan poet Salvador Espriu spoke for the striving and the thirst for knowledge of that Catalonia that had cleaved the paths of Mediterranean expansion to regain her freedom:

> ...But no human effort is ever fully erased,
> and old maps of lands, of seas, of firmament,
> tell us how great was the dominion,
> the knowledge of this race of whom we are
> legitimate sons, heirs and servants too:
> from the captive today to the free tomorrow we shall reach.

ON THE HIGH SEA OF LOVE

With the wind-rose of the *Atlas Català*, Cresques Abraham, having driven out the ancient monsters that barred the gates to the oceans, opened up new horizons in the spread of man and of his thinking. But where did Cresques Abraham get all his remarkable knowledge? Cresques completed his atlas in 1375. Almost a century before, another Majorcan had written two essential books on navigation and on astrology, respectively, and had travelled in all the countries of the Mediterranean. Everywhere he went he wrote down his experiences in books. One of his books is even signed "in mari, de Maioricis apud Siciliam veniendo". I am speaking of one of the most universal Catalans of all times, of one of the most fascinating figures of the Middle Ages: the poet, philosopher, theologist, moralist, scientist, mystic and apologist Ramon Llull, the "Catalan of Mallorques", as he called himself, who was born in 1232 and died in 1315.

The thirst for knowledge and the spread of Christianity shape the three worlds Llull describes: the divine world, the human world and the natural world. His theories on the influence of the environment in the formation of human nature make Llull the first rationalist, a true forerunner of the modern school of philosophy of Reid and Hamilton. Llull's three worlds can be seen in the three spheres Miquel Batllori speaks of: "the whole of the Middle Ages, but especially in the area of the Mediterranean, is a constant cohabitation and interaction between three worlds that are not so much independent as autonomous: Rome, Byzantium and Islam. They had numerous points of contact: in politics, economics, culture and religion." Under Peter the Great and James II the Just this simultaneous triple existence became a collective experience and materialised above all in the three greatest writers in Catalan who travelled the Mediterranean during the thirteenth and fourteenth centuries, the centuries of these two kings: Ramon Muntaner, the Catalan, chronicler of the expansion of Catalonia and Aragon in the empire of Constantinople; Ramon Llull, the Majorcan, whose Art is a blend of Christian science and Oriental method in the Christians separated from Rome, in the Byzantine empire; and Arnau de Vilanova, the Valencian, who documented the medical science of the Arabs and the Jews. Batllori points out that it is in this Catalan, European and Mediterranean context that the figure of Ramon Llull belongs. His culture was the European culture of thirteenth-century Catalonia, characterized by its involvement in the world of Occitanian poetry. He opened up the Catalan language to all the possibilities of scientific thinking and philosophical and theological speculation (Llull was the first person to use the vulgate in philosophical writing), and from philological and linguistic fullness he raised it to the subtlest and most refined poetic expression. Batllori adds, "Llull's striving for the universality of knowledge places him amongst the few illustrious medieval thinkers who succesfully managed the difficult transition from the Middle Ages to the Age of Humanism and the Renaissance; who was reinstated by one part of European Baroque philosophy, and who attracted the attention of the young Leibniz; who delighted the whole of the Romantic movement; and who, radically transformed, ties in with twentieth-century formal logic." The figure of Ramon Llull was also to delight the poet Rubén Darío, who while in Palma sketched this admirable outline:

> *Of the deep spirits, he is amongst my favourites,*
> *his philosophical oaks are full of the nests*
> *of nightingales. He too is one and a brother to Dante:*
> *how often he thought his jewelled words*
> *before the old Sorbonne in wise Paris;*
> *how often I have seen his folios and his astrolabe,*
> *in the vague mists of dreams, and how often*
> *I heard him speak to the Arabs, like Antonio to the fish,*
> *in imaginings of past events*
> *which being so old are felt so beautiful!*

Ramon Llull's production is immense, and excels in works in verse and works in prose. No less than two hundred and forty-three Lullian works are taken as authentic, written in Catalan, Latin, Arabic and Provençal. Llull's encyclopaedic production went beyond straightforward science, his intention being that God must be known to be loved, either through meditation on his absolute dignities or through a knowledge of the creatures that bear witness to his greatness. Knowing and loving are, according to Llull's thinking, the two principal aims of the human soul and furthermore inseparable. The *Llibre d'Amic e Amat* is the work that best illustrates Ramon Llull's philosophy of love. This short but famous book, included as a *monobiblos* in the fifth book of the *Blanquerna*, is seen by critics as wholly original in spite of the author's declared use of the books of the Bible (especially the *Song of Songs*) and the Muslim *Sufis*. Though Llull also made use of and assimilated elements from the troubadours, purging them to give them a new purpose, a new spirit and a new form, the *Llibre d'Amic e Amat*, an essential work for the study of Llull's thinking, retains a large component of mystical, theological and philosophical ideas, imaginative invention and details from personal experience which are not explained by this poetic style.

The verses of the *Llibre d'Amic e Amat* should unquestionably be included amongst the most genuine and profoundest of all the master's work. Surprising though it may seem, Llull's rhymed work contains few descriptions of nature. They pour forth, on the other hand, though not to excess, in the *Llibre d'Amic e Amat*. The setting is nature in all its savagery. All things visible represent God (l'Amat; the Loved One). The poet himself becomes the subject of metaphors, the natural elements fill him with inner unrest, objects are symbols: "Love is a sea troubled by waves and winds. Which has neither harbour nor shoreline. The friend perishes at sea, and in his peril do perish his torments and are born his fulfilments".

Mentions of water are frequent in Llull's little book. Here it is the spring of love, there the lover's tears, then the risk and adventure of the sea. A typically Lullian expression in this respect is the "high sea of love", which he repeats in the famous *Cant de Ramon*: "I want to die on the high sea of love". In the *Llibre d'Amic e Amat* the master develops this sentiment as follows: "The Friend was in peril on the high sea of love, and he trusted in his Loved One, who came to his aid with tribulations, thoughts, tears and laments, sighs and languishings, because the high sea was one of love and of honouring his honours". Llull's poetry is the humanization of nature, and in this respect he is a forerunner of Ruskin, who attributes human gestures and feelings to nature.

"Love is the tree and to love is the fruit, and labours and languishings are the flowers and the leaves". Miquel Dolç notes that in Llull's landscape man is the ultimate and almost the only reason for thought; the landscape serves as no more than a background or frame for human scenes. Ramon Llull never actually wrote descriptive literature about the landscape. There is a feeling for nature in Llull, which we must not confuse with a feeling for the landscape. Not even in Greek and Latin authors is there real landscape, either. Both in literature and painting the feeling for landscape, the liking for the sea, the countryside and the mountains, is a conquest of modern

times. The sea was an awe-inspiring subject for the Romans. Nature as the great book of the world is to be read, not recreated. It is the stage on which Llull's characters and ideas move, where disputations on religion or philosophy are spun out, where Lullian characters —knights, friars, hermits and even Ramon himself— are lost in thought or go about their business. The spiritual surroundings are wild and hilly, always bordered by the blue sea, which becomes, metaphorically, the "high sea of love". But the metaphor becomes a marvellous shipwreck when the high sea becomes real, when the depths are paths, sea routes; when sea and sky merge to form a single world in which, in Llull's words, one can "investigate and find new ways by which men can have knowledge of many natural secrets".

The sublime shipwreck in the metaphor of the "high sea of love" appeared in all its fullness with the *Art de navegar*, written by Llull in 1295. With this book, Llull provided sailors with a manual which as far as we know had not been bettered in Columbus's times. The Catalans were almost two centuries ahead of the Portuguese in the use of the astrolabe. According to Alexander von Humboldt, these and other advances by the Catalans were passed on to the other Mediterranean races, and by them to the rest of the civilized world. No-one before Columbus had understood more clearly that the world was round, a conclusion Llull came to through direct observations of his own. Consequently, Llull believed there was land on the other side of the Atlantic. Even before Cresques, Llull had banished the fabulous monsters that barred the gates of the *"finis Terrae"*. The wind-rose knows no frontiers.

Ramon Llull, the truest and most representative example of the scientific curiosity of his age, was able to influence the young Majorcan school of cartography due to his wide-ranging knowledge —including, as we have seen, a knowledge of the art of navigating—, but we can be sure that his influence on cartographers was more a result of his varied and extensive experience as a traveller. His books were the source from which scholars obtained information. In all certainty his influence was less than that of the great Majorcan navigators of the time: Jaume Ferrer, Francesc Desvelers, Arnau Roger and others who dared to sail unknown seas and explore strange lands. In some of his books, Llull shows that he had a very extensive and profound knowledge of the art of navigating: his intellectual curiosity had no limits. He speaks of a martyrology more than a century before the oldest martyrology to have survived. And in books prior to 1300 he speaks of the navigational charts that were used by the seamen of his time —in other words, a date at least a quarter of a century earlier than that of the oldest navigational chart to have reached our own time. His experience and his thirst for knowledge of all sorts are identical to those of the Majorcan cartographers who, over and above a navigational instrument, made nautical and geographical charts representations of the physical and political geography, as well as of the orography, hydrography, flora and fauna of different countries, at the same time indicating cities and monarchs and customs with graphic illustrations.

Llull's roving spirit was not so much an end as a means; his missionary and scientific vocation pointed the way for him. But he knew that only his books could make a genuine long journey through time and space. His immense production will always be a travelling companion along the paths of faith, of culture, of science and of the Catalan language: the *Art abreujada de trobar veritat*, the *Llibre de contemplació en Déu*, the *Llibre de gentil i dels tres savis* —a work of enormous apologetic value—, the *Art demostrativa, Blanquerna*, the *Llibre de meravelles*, the *Art amativa*, the delightful *Llibre de Santa Maria*, the *Llibre de l'Orde de cavalleria*, the *Arbre de ciència*, the *Arbre de filosofia d'amor*, *Mil proverbis*, *Liber de ascensu et descensu intellectus*...Especially striking are his poems the *Desconhort* and the *Cant de Ramon*. Llull's great production has a philosophical side and a mystic side. The philosophical side was sometimes expressed in an abstract language and he often used rigorously objective and therefore impersonal algebraic formulae. But this man whose ardent passion so wholly consumed him was endowed with enormous creative energy, by virtue of which, alongside his scientific work, he has another that is mystic and popularizing and in which he reaches the heights of literary art and of poetry.

Frances A. Yates, in her book *Assaigs sobre Ramon Llull*, remarks that "Lullism is not a secondary or unimportant event in the history of Western civilization. Its influence over five centuries was incalculably large. Llull spent a time in Italy, and the manuscripts of his works soon spread around the country and could have been read by Dante. Whether Llull's geometry influenced Italian architectural theory is, I think, a question no-one has ever raised. The Renaissance took the side of Lullism with great enthusiasm; in fact, it would hardly be an exaggeration to say that Lullism was one of the major forces of the Renaissance. Pico della Mirandola recognized his system's debt to the *Ars combinatoria* of 'Raymundus'.. Nicholas of Cusa collected and himself copied manuscripts by Llull. Giordano Bruno and Agrippa von Nettesheim were Lullists. So was John Dee, one of the most influential figures in the thinking of Elizabethan England. Llull's medical theories were known to Paracelsus. In Paris, one of the first centres of Lullism in the fourteenth century, Lullism underwent a great revival in the sixteenth century, when, under the influence of Lefèvre d'Etaples, a chair in Lullism was established at the Sorbonne. Lullism continued to be cultivated enthusiastically in Paris throughout the seventeenth century, and his system was known to Descartes, who admitted having it in mind when he conceived his method for building a universal science. Lullism also received the favours of Germany in the eighteenth century, where it underwent a large-scale revival whose final product was Liebniz's system." I think I need only add that Juan de Herrera, the architect of the Escorial, founded an Academy of Mathematics and Philosophy in Madrid in 1582 under the patronage of the king, with a syllabus in which Llull's Art featured prominently. Herrera, furthermore, wrote a curious *Tratado del cuerpo cúbico conforme a los principios y opiniones del arte de Raimundo Lulio*, in which he sets out to make Llull's Art the basis for mathematics. Similarly, Miquel Batllori tells us that the Lullian episode of Na Renard and the chickens was also made use of by La Fontaine in *Le Renard et les poulets d'Inde*, where the moral is the same as that of the *Llibre de les bèsties*: "Le trop d'attention qu'on o pour le danger/fait le plus souvent qu'on y tombe". And the story of the alliance between all of man's enemies, which goes all the way back to Aesop, crops up once again in *Le loup et les bergers* by the French fabulist of the *grand siècle*: "Le loup est l'enemi commun:/ chiens, chasseurs, villageois, s'assemblent pour sa perte".

Finally, there remains the relationship between Ramon Llull and the great English writer and poet Robert Graves, buried in a hilltop cemetery on the island of Majorca where he lived for almost fifty years. Gertrude Stein described the Majorcans with scornful sarcasm as "a very simple bunch of ruined pirates with a terrible language". She nevertheless saw Majorca as an Arcady, and urged her friend Graves to try the adventure: "A paradise, if you can resist it!". And so Graves and his lover, the North-American Jewish poet Laura Riding, arrived in Majorca in 1929. They decided to settle in Deià, a village set on a promontory overlooking the sea in the middle of a fertile valley of terraces built by the Arabs on the European side of the range. The Civil War was their reason for leaving. Riding never went back. Graves did, but happily married to his second wife Beryl, an extraordinary woman of great beauty.

In 1934 Graves published *I, Claudius* (which was a great hit as a BBC television series), a novel that made an enormous impact on an international level and which many readers probably do not know was used as a secret code for the failed coup against Hitler. Jonathan Boulting speaks beautifully of Llull's influence on Graves in a passage written as a prologue to Robert Graves's book *Poems About Love*: "There are affinities between Graves and the greatest of Majorcans, Ramon Llull, whose cave is on the hills outside Deià. These two scholars both wrote love poems with links with Sufism. Llull's motto 'He who loves not lives not' could also have been applied to Graves in a more severe tone. Both tended to 'rethink the past': Llull revolutionized the art of memory; Graves, mythography and the historical novel". "The Window Sill", an unforgettable poem written by Graves in the fifties, ends as follows:

> I answered "Julia, do you love me best?"
> "What of this breast,"
> She mourned, "this flowery breast?"
>
> Then a wild sobbing spread from door to door,
> And every floor
> Cried shame on every floor.
> As she unlaced her bosom to disclose
> Each breast a rose,
> A white and cankered rose.

On the striking image in this poem, Boulting remarks, "The moment of Ramon Llull's illumination immediately comes to mind. As a young noble and troubadour, he had for a long time courted a woman of great beauty who had always refused him. One day, in a gesture of desperate boldness, he rode his horse into the church of Santa Eulàlia, in Palma, following the lady. She turned to him in the gloom, showing him her bare left breast. He saw, in horror, that it was cancerous".

The galloping horse of the reckless globe-trotter Ramon Llull has turned to raging wind and rolling waves and has trodden death and cleaved the seas with neither *port nor shoreline*. Robert Graves, sailor on a *Narrow Sea*, also wanted to die *on the high sea of love*:

> With you for mast and sail and flag,
> And anchor never known to drag,
> Death's narrow but oppressive sea
> Looks not unnavigable to me.

WITH THE WIND FROM THE LAND

Away over *the high sea of love* went Ramon Llull, on a crazed horse turned to raging wind and rolling waves. And he would be followed on the paths of legend by Count Arnau, of whom the poet Joan Maragall said, *you shall be riotous sea, / you shall be air inflamed, / you shall be wandering star*. According to legend, Llull, out riding as a young man, made so bold as to chase the lady into a church; Count Arnau made so bold as to enter the convent cloister and steal the heart of the Abbess. Only the sight of a diseased, death-bearing breast had stopped Llull...*On the high sea of love*, now a child suckled by a life-filled breast would be able to soothe the waves. Aeneas starts the account of his adventure at sea with a storm and a shipwreck. Ramon Muntaner, one of the great chroniclers of medieval Catalonia and a hardened warrior, watched over the tears and laughter of a royal infant on the cradle of the sea. Between August and October 1315, Ramon Muntaner made a curious voyage between Sicily and Roussillon. On 5 April that year, the infant Jaume had been born in Catania, son of the Infante Ferran of Majorca and Isabel de Sabran, a noblewoman of fifteen who died soon after giving birth. The infant Ferran had to go to Greece –where he was to die a year later–, but the young Jaume had to be taken to Perpignan, where his grandparents James II of Majorca and Esclarmonda of Foix lived. The journey and the four-month-old child's safekeeping were entrusted to Ramon Muntaner. He prepared a boat in Barcelona and to look after the child he hired a woman who had born twenty-two children ("for I felt she must know a lot about children, since she had had so many"), three wet-nurses and other women. With this crew he set to sea. The crossing took ninety-one days, and "though the sea at no moment did any harm to the child or to me, nor did he leave my arms, so long as the storm lasted, night and day, I had to hold him as he fed, because the wet-nurse could not sit down: so ill did the sea make her, and the women the same". Following this touching fragment from the *Crònica*, Martí de Riquer stresses the marvellous description of the arrival in Perpignan, with Muntaner carrying the child in his arms, "graceful and good, his face smiling and beautiful, and dressed in gold cloth, a Catalan cloak, and *pellot*, and a fine hood of the same cloth on his head". After an impressive ceremony, the chronicler leaves the child in the hands of his grandparents. And Ramon Muntaner, a man used to fighting his way around the Mediterranean as a commander of *almogàvers*, schooled in bloodshed and rough living, ends this episode with these words:

> "What can I say? A fortnight I stayed in Perpignan, and every day I went to visit my young lord twice; for I felt such a yearning when I was parted from him that I knew not what to do..."

This child of four months was James III, the last king of Majorca, who died at Llucmajor.

And what was Ramon Muntaner doing in that part of the world? In 1302, under the orders of the admiral Roger de Flor, Muntaner had started the great adventure of the Catalan expedition to the East, in charge more than anything of administrative affairs and as an unequalled chronicler. In 1309 he requested permission to travel to Catalonia to get married, and just when he had bought everything he needed for the wedding, the king appointed him governor of the island of Djerba. In 1311 he managed to get to Valencia, where he was eventually married, and a few days later he went back to Djerba with his wife, where once settled he stayed for three years. Back in Sicily in 1315, he set out on the journey to Perpignan with the young Jaume. The island of Djerba, part of the Catalan Crown since its conquest by the admiral Roger de Llúria in 1284, is off the African coast, almost equidistant from Sicily, Malta, Tunis and Tripoli.

The prelude to maritime expansion in the Mediterranean began with the conquest of Majorca in 1229. King James I's fleet set sail from Salou, Tarragona and Cambrils "with the wind from the land", the mistral, one the eight principal winds forming the petals of the wind-rose. The sails of the ships were like petals hoisted in a rain of white roses...

Muntaner, in the chapter of his *Crònica* I mention, describes an episode of great tenderness. King James I, seized by the adventure of "a kingdom in the sea", speaks in his *Llibre dels feits* of the meal with friends, in Tarragona, to prepare his journey of conquest to Majorca. Pere Martell, an aristocratic Barcelona merchant who had a house in Tarragona, had invited the King and his friends to whom he gave news of a deep and far-off sea: "Pere Martell, a citizen of Barcelona, who was very knowledgable on things of the sea, invited us and all the noblemen who were there with us. And when we were finishing our meal, they got to talking amongst themselves. And we asked what land was Majorca and how big its realm is. And they asked P.Martell, as he was an officer of galleys; and P.Martell told them that he would inform them, because he had been there once or twice, and that he believed the island of Majorca measured up to three hundred miles, all around; and that Minorca was towards Sardinia, towards that island that was to the north-east, and that Ibiza was south-west of Majorca; and that Majorca ruled over the other islands; and that these did as the lord of Majorca commanded them; and that there was another island inhabited by Saracens, which was called Formentera, and which was close to Ibiza; and that between Ibiza and Formentera there was a stretch of sea of one mile".

James I's *Llibre dels feits* is a magnificent introduction to the four great Catalan chronicles and of enormous importance in medieval historiography. Majorca was the first Catalan footprint in the Mediterranean. The kingdom in the sea was to be a reality. Having ousted most of the Muslims, the Catalans from the Principality repopulated the islands with the settlers who remained and passed on to them the language they speak today in the musical variants, so rich and colourful, that have engendered an even richer and more colourful culture, spawned by the patriarch Ramon Llull and handed down to the poets and writers of our own time, leading figures of Catalan culture. Majorca, Minorca, Ibiza, Formentera, known to the Phoenicians, the Greeks and the Carthaginians, are today also known to tourists from all over the world.

But where did James I's interest in the conquest of Majorca stem from? The Conqueror King was conditioned by history. In fact, the Counts of Barcelona had directed the drive of the young nation in two directions: towards Provence and towards Aragon. Ramon Berenguer III began the take-over of Provence in 1112, in a move towards an alliance with neighbours who were potential rivals in the Mediterranean. The dynastic union with the Kingdom of Aragon, established in 1137 by Ramon Berenguer IV, constituted an alliance with another mainland neighbour and probable rival for expansion, at the expense of the Muslims in Lleida and Tortosa, and later at the expense of the Muslim Kingdom of Valencia.

There were no military annexations in the case of Provence or in the case of Aragon, but dynastic unions through marriage or links of feudal vassalage. The confederate union with Aragon as equals was never to be broken. The guarantee of Aragon's independence from Castile, and Catalonia's from France, allowed a co-ordinated fight against the Muslims, which bore its first fruits in the conquest by the Catalans of Lleida and Tortosa, so that by 1148 Catalonia had reached the limits of its present territory.

When the Cathar heresy spread through Provence a crusade was started in a move to stifle it, and in the crusaders' wake there soon emerged the ambitions of the French Crown, which had the support of the Vatican. At that point the king, Peter the Catholic, while condemning Catharism, was forced to intervene in favour of his Provençal subjects and was defeated and killed at the battle of Muret, near Tolosa de Llenguadoc, in 1213, and so the Provençal policies of the House of Barcelona came to an end.

Catalonia had to start her new expansion this time towards the south, winning territories occupied by the Muslims. Within a few years, the military campaigns of the greatest king Catalonia has ever had, James I the Conqueror, had taken the Balearic Isles and the Kingdom of Valencia from the Muslims.

James I gave Valencia the status of a new autonomous kingdom, reinforcing the confederal nature of the Crown of Aragon, however anachronic the term sounds in reference to the thirteenth century. Catalan cultural influence eventually predominated in the Kingdom of Valencia, which was extended southwards at the beginning of the fourteenth century with the addition of the area around Alacant.

After the first third of the thirteenth century, the Catalans started a policy of determined maritime expansion. The possibility of expansion towards the north had been cut off and the lands to the south (Murcia and Southern Valencia) came into the orbit of Castilian expansionism. During this century Catalonia began a transformation which by the fourteenth century had made her an important naval power in the Mediterranean.

As the historian Pierre Vilar has stressed, in the Mediterranean expansion of the Crown of Aragon we have to distinguish between settlement and repopulation (as in the Balearic Isles), the establishment of trading outposts (North Africa), long-term dynastic annexations (Sicily, Sardinia and Naples) and the glorious conquests of adventurers (in Greece).

In general, Catalan policy in the Eastern Mediterranean and North Africa (both east and west) was clearly conditioned by economic and commercial motivations. Nevertheless, the Crown of Catalonia and Aragon tried to make a place for itself in trade in the eastern region, but in no way aspired to a position of supremacy, as it could not compete with Venice. The monarchy merely maintained those contacts in the east that could be politically and economically useful for its activities in the West. The intervention of the *almogàvers* against the Byzantine Empire and the foundation of the Duchies of Athens and Neopàtria can in this sense be considered irrelevant to the planned interests of the Crown of Catalonia and Aragon.

In the case of the West we *can* speak of a policy aimed at supremacy and at the displacement of other competitors —the French, represented by the House of Anjou, and the Genoese. At this end of the Mediterranean there were economic and political motivations to take into account. As regards the former, the Crown of Catalonia and Aragon occupied a series of territories —basically Sicily and Sardinia— which gave it control over the trade routes as well as an advantage over its Genoese competitors in the Western Mediterranean. But this expansionism also responded to obvious political motivations and increased the power and prestige of the Count-Kings. However, economic conquests were preferred to military incursions, which were only used when the defence of economic interests made them necessary.

The paths of the sea unite more than they separate, and soon a trail stretched from Minorca to Sardinia, from Maó to Alguer. Alguer (Alghero) was a genuine Catalan colony. And for that reason the language they speak there today is a variant of Catalan, Alguerès. Catalan was also spoken in other towns on the island of Sardinia, such as Sàsser (Sassari) and Càller (Cagliari). Until the eighteenth century, Catalan was the official language of the island of Sardinia. As well as the language, several Sardinian monuments reveal the former presence of the Catalans. In Càller, the Castle of Bonaria ("bon aire" in Catalan), built by the Catalans, dominates the city. And in the cathedral we can admire a magnificent baroque mausoleum built by the King of Sardinia Martin the Younger, son of Martin I the Humane. It was in fact the death of Martin the Younger during his father's lifetime that raised the problem of the succession, which was not solved either by Martin I's new marriage to Margaret of Prades that same year. In 1410 the king died without a legal heir to the throne. Castelsardo is still known today as "Castell Aragonès". In Alguer, the walls and bastions overlooking the water were built by the Catalans. From the sea, the view of Alguer, fortified along a good part of its maritime front, brings to mind a majestic ship anchored on the high sea. The bell-tower stands out like the ship's mainmast and the waves are warriors in glittering chain-mail fighting the land forces of the rocks. Sardinia, island, ship and stepping stone, floats on on the blue sea in the grip of the sea-blue sky.

The islands were like stepping stones in this domestic sea of ours. Sicily, which also formed part of this trail of stepping stones, eased the jump to Naples through the Strait of Messina, and in the fifteenth century Alfons the Magnanimous was proclaimed King of Naples. A "chronicle" written in stone tells of the solemn entrance into the city by Alfons the Magnanimous as King of Naples in 1443. The king himself had had a magnificent gateway built between the two already existing towers of the Castell Nou in Naples. This triumphal arch carved in marble by Francesco Laurana has a central relief representing a retinue of warriors and soldiers acclaiming the king as he is carried past in procession seated on a throne on a triumphal chariot. The sumptuous gateway is presided by the royal coat of arms with the four stripes of the Catalan flag. The royal cavalcade has never stopped. Every day, when the volcanic sun of Naples lights up the stones, the triumphal cavalcade resumes the old paths of history. The Catalan flag garlands the "magnanimous" retinue with gold and purpure.

The roving spirit of our kings, in the case of the Renaissance Alfons the Magnanimous, even led him to move the Court from Barcelona to Naples until his death. His wife, Queen Mary, stayed in Catalonia as his deputy, where she held the reigns of government of the Principality. The Catalan viceregal structure that developed during the reign of Alfons the Magnanimous was the point of departure for the Castilian pattern of colonial organisation in America.

Alfons the Magnanimous, who practised a very active foreign policy from Naples, become a determined defender of the arts, of humanistic culture and of classical studies. His court included distinguished men of letters and artists. One of the leading figures there had a particularly noteworthy experience. This man was the poet Jordi de Sant Jordi, a knight and royal valet, who received the castle of Palop in recognition of his services in Corsica and Sardinia. But his satisfaction was cut short by a serious mishap he suffered soon afterwards. Francesco Sforza, who fought in the pay of the king's Neapolitan enemies, made a surprise entry into Naples and easily overcame the troops of Catalonia and Aragon. Jordi de Sant Jordi was taken prisoner and he explains the experience in a memorable poem, known today as El Presoner, which took the form of a petition to the king to pay his ransom. The first verse of the poem is a beautiful account of the unfortunate knight's distressing circumstances. The whole poem is a doleful lament, an aria that grows towards a descriptive crescendo culminating in a cry combining hope and despair:

> Bereft of friends, of wealth and of my master
> In an unknown place and unknown country,
> far from all good, sick from unease and sadness
> my will and mind made captive,
> I am entirely enslaved by an evil power,
> with no-one in sight to care for me,
> and I am guarded, confined, chained and imprisoned,
> with nothing to ease my sad fate.

Along with Jordi de Sant Jordi, the noble-hearted king gathered around him some of the best Catalan poets of the fifteenth century, amongst them Ausiàs March and Andreu Febrer. Ausiàs March had taken part in the campaign in Sardinia and Corsica. Andreu Febrer stands out for his Catalan translation in verse of Dante's Divina Commedia, the first version in a modern language. The court of Alfons the Magnanimous was the ideal place in which to meet other writers of note, not just Catalan, but also Castilian, amongst which we find the Marquis of Santillana, who had been cupbearer to Alfons the Magnanimous, a court post that involved constant contact with Jordi de Sant Jordi, valet to the same lord. Santillana wrote his poem Coronación de mossén Jordi as a tribute to their friendship:

> Goddess, the learned
> most valiant poets,
> on seeing the perfect works
> and subtle writings,
> produced by Father Jordi,
> beg of your person
> that he be given the crown
> amongst the noble writers.

The volcanic force of Naples raised up our poets and our knights and warriors, in the marble procession on the great gateway to the Castell Nou. But in spite of their roving spirit and their long absences from Catalonia our rulers never forgot their roots. And in death these roots returned to life: the royal tombs in the monasteries of Poblet and Santes Creus were journey's end for many of these roving kings. Alfons the Magnanimous is buried in Poblet, and in Santes Creus there is the burial place of the Catalan sovereign who was King of Sicily, Peter the Great, son of James I the Conqueror. On his grave in Santes Creus one can read the following epitaph: "Peter, whom this stone covers, subjected nations and realms and brought down the powerful. He died on the eleventh of November of the year 1285".

If Alfons the Magnanimous entered Naples triumphantly, preceded by trumpets blazing, Peter the Great had done the same to the sound of trumpets announcing those Sicilian Vespers that Verdi was to transform into memorable music. The king, whose wife was Constance of Sicily, legal heiress to the island, had embarked on the adventure of recovering his wife's realm from the power of the French Charles of Anjou. The popular rising against the French invaders culminated in the insurrection of the "Vespres Sicilianes", in which the Sicilians requested and obtained the protection of King Peter II and recognized him as their lord and king. Peter the Great and his wife Constance of Hohenstaufen were crowned King and Queen of Sicily in the cathedral of Palermo. Peter the Great's renoun as a model of chivalry was recognized by Dante who exalted him in his Divina Commedia with a memorable poem, D'ogni valor portó cinta la corda. Boccaccio mentions him affectionately in his tales. Bernat Desclot was to write in his Crònica, "And when the people of the town of Trapena and all around saw such a great ship coming, they all came down to the sea; for well they knew that it was the King of Aragon who was coming to Sicily. And they rigged all the boats they could to receive the king with all honours, and all the great noblemen and knights of the land went in boats to the ship where the king was; ...and they greeted him most highly and asked him to come ashore in their land."

The chronicler describes the arrival of King Peter the Great with his fleet, the exultant reception by the great noblemen and knights and all the other people. His faithful admiral Roger de Llúria, who in spite of being Sicilian, as the chronicler Ramon Muntaner says, "spoke the most beautiful Catalan in the world", wanted to perpetuate his loyalty by being buried at his sovereign's feet, at Santes Creus. The cathedral of Palermo watches over the tombs of the Kings and Queens of Sicily, amongst them Queen Constance, wife of King Frederick I and daughter of the Count-King Alfons I, of Catalonia, who died in 1222 while James I, her cousin, was preparing to conquer Majorca. Inside the temple, we can see yet another Catalan tomb, that of Duke William, son of King Frederick III, a distinguished soldier who bore the titles of the Catalan duchies of Athens and Neopàtria. The tomb is identifiable by the coat of arms of Catalan Sicily: our stripes flanked by the two Sicilian eagles —of the Imperial house of Hohenstaufen—, which years later were to figure on the Spanish coat of arms until the War of Succession in the eighteenth century.

The archives of Palermo keep a large number of Catalan manuscripts and Sicilian translations of Ramon Muntaner's famous Crònica, of which Leonardo Sciasca was to say, "this is a cheering book, a book that keeps us company, a book that returns to us our taste for reading intact and free". The Catalan colony in Palermo, made up basically of traders, had a church of its own, the temple of Santa Eulalia dei Catalani. And in Siracusa, on the façade of the church of Saint Sebastian, there is still a Gothic image of Santa Eulàlia, with an inscription in Latin that reads, Santa Eularia, virgo et martyr insignis civitatis Barchinone.

The island route is completed with Malta and Gozzo, incorporated into Catalan dominion in 1283, and the island of Djerba in 1284. In 1285 the Catalan fleet occupied the island of Pantelleria, between Sicily and Tunis, and the following year the Kerkenah islands, just off Djerba. Malta was ruled for 77 years by Grand Masters who spoke our language (the Order of Malta was made up of knights of different countries or tongues as they were called, and the Catalans, who along with the Majorcans made up one of the tongues, featured prominently there and their influence is still clearly visible today). The walls of Malta are a reminder of the Catalan Grand Masters of the Order of Knights Hospitallers who possessed the island for several centuries.

In sight of Djerba is Tunis, which guards the tomb of the Majorcan prophet and poet Anselm Turmeda, a Franciscan friar who converted to

Islam and called himself Habdallah. Turmeda was a customs official in Tunis, a busy trading city with a Catalan consulate.

In the cities with which there was most contact, the Catalan consulates represented the merchants before the local authorities and carried on their business at the *alfòndec*. King James I laid down the first "onshore ordinations" regulating trade, which were gradually enlarged until they formed the code known as the *Consolat de Mar* (published in 1484), which in time was to serve to regulate international trade. Commercial tribunals with the same name were set up to pass judgement in cases affecting trade. The earliest were the Consulates of Barcelona (1282) and Valencia (1283). The one in Barcelona was housed in the Gothic building of the "Llotja", the exchange with the longest uninterrupted history of operations in Europe.

The lofty architecture of the Barcelona Exchange, with its broad Gothic and winged geometry like a flight of migrating birds in stylized formation, amply houses the pragmatism of merchants and traders. Beneath the mathematical harmony of its wide arches, trading becomes a civil liturgy. A mercantile liturgy shared with the religious liturgy that emerged from the solid gravity of the Romanesque. After the flourishing of her own characteristic Romanesque architecture, painting and sculpture (the cathedrals of Lleida, Girona and Valencia belong to the late Romanesque of the thirteenth century), Gothic arrived at the end of the thirteenth century with works like the Franciscan monastery at Majorca, Vilafranca del Penedès and Montblanc, the Barcelona Shipyards and the Palace of the Kings of Majorca. The fourteenth century was the moment of Gothic splendour, with the churches of Santa Maria del Mar, in Barcelona, and of Manresa, the Cathedral of Ciutat de Mallorca and the church of Nostre Senyora del Pi in Barcelona. The monastery of Pedralbes, built very quickly and with a marked unity of style (1327), has been described by Le Corbusier as the most perfectly balanced work of European Gothic. The second half of the century is remarkable for its civil architecture (the Tinell and the Consell de Cent in Barcelona). The paintings by Ferrer Bassa and the brothers Serra is noteworthy, alongside the sculpture by Jaume Cascalls and Jordi de Déu. The fifteenth century is marked by the influence of the "flammigerous" style in works of civil Gothic (the Exchanges of Majorca and Valencia and the Palace of the Generalitat, in Barcelona, by Marc Safont). Lluís Dalmau and Jaume Huguet stand out in painting, and in sculpture, Pere Oller and Pere Joan.

Jaume Huguet and Pere Joan link Catalonia's Gothic roots to the beginnings of territorial expansion, through one of Catalonia's most representative symbols, Saint George. Jaume Huguet's panel of Saint George and the Princess is one of the most beautiful to be painted in the Mediterranean world in the second half of the fifteenth century. Jaume Huguet painted an elegant, courtly Saint George, without dragons or damsels. The Princess, who carries the knight's jewelled helmet in her hands, is given equal importance in the picture. Pere Joan, in contrast, presents Saint George the knight on horseback, trampling a wounded dragon, in a relief framed in a medallion on the Gothic façade of the Palace of the Generalitat. This is the Saint George that emerges in a passage from King James I's *Llibre dels feits*, the Saint George who opened the way to Mediterranean expansion from Majorca. In James I's chronicle we read, "And when the way was opened by which the armed knights had to enter, there were already almost five hundred men on foot inside. And the King of Majorca, with all the Saracen people of the city, had already come to that place, so that if the armed knights had not entered, they would all have been killed. And as we were told by the Saracens, it is said that first they saw a white knight with white arms enter on horseback; and our belief is that it was Saint George, for in stories we find that in other battles between Christians and Saracens he has been seen many times". Catalan Gothic was carried throughout the Mediterranean by the galloping Saint George. In Barcelona it had its home. Barcelona's Gothic quarter contains the most concentrated gathering of thirteenth- and fourteenth-century buildings in Spain, and the most complete in Europe, taking even Venice into account. Robert Hughes comments that Catalan Gothic art, the architectural style of fifteenth-century Barcelona, is highly characteristic and totally unlike the French and English Gothic constructions of the same period. It is a style born of the simplicity of the thirteenth-century Cistercian institutions of Poblet and Santes Creus. Catalan Gothic is distinguished by its spaciousness, it seems to express the light and depths of a sky overflowing with blue. We can gaze on the widest vaulted Gothic nave in Europe in the cathedral in Girona, built as a single-naved church in the fourteenth century. The space between the columns of Santa Maria del Mar, in Barcelona, is more generous than in any other Gothic church in Europe; it is what is known as spacious Gothic, which only reached its most generous expression in Catalonia. A.Cirici Pellicer speaks of the marked contrast between Catalan Gothic and that of other countries and gives as an example Notre Dame in Paris: "When a Catalan enters he feels profoundly disappointed. In spite of the splendour of the façade, the interior is like a passageway –narrow, oppressive, excessively long, and cramped–, and bears no comparison with our best churches, which are far more spacious". In Castel Nuovo in Naples we can also find the largest square vaulted hall in Europe, without central columns, the work of the Catalan architect Guillem Sagrera. The Barcelona Shipyards are the most complete and perhaps the oldest and most stirring industrial building from the Middle Ages to have survived to our day: a masterpiece of civil engineering. The Shipyards are the temple of the sea. Carles Riba was to write in a poem, "We must row / so as not to drown / in the abstract depths of life". We must row...

Travellers ancient and modern have spoken of the sun of Greece, of the colour of her sky and of her sea, of the rocky landscape, the olive trees, the fig trees, the vines at the foot of the hills, drunk on light, steeped in the scent of the sea...But Catalan presence in Greece in the fourteenth century was determined by the warlike spirit of the *almogàvers*, to whose arms the ancient Helladic lands succumbed and who brought them under the Crown of Catalonia and Aragon. The *almogàvers*, a word of Arabic origin designating groups of people who made devastating incursions into enemy territory, were soldiers organised in companies that chose their own leaders. At the beginning of the fourteenth century, the *almogàver* captains appointed as their leader Roger de Flor, a knight of Germanic origin who had fought with the Crusaders of the Order of the Temple, and were hired as mercenaries by the Byzantine Emperor, who saw how his territory was constantly shrinking before the advance of the Ottoman Turks, who were getting dangerously close to Constantinople, the imperial capital.

The Grand Company, as it was called, was commanded by Roger de Flor and by captains from Catalonia and Aragon such as the noblemen Ferran Eiximenis d'Arenós and Corberan d'Alet. It was made up of some 4,000 infantrymen and 1,000 cavalry. They were later joined by another 2,200 and 500, respectively, commanded by Bernat de Rocafort and the nobleman Berenguer d'Entença.

In 1302 the Emperor Andronicus II granted Roger de Flor the title of "megaduke" and agreed to pay a salary to the *almogàvers*. The Company undertook certain actions against the Genoese in the imperial capital, and later, reinforced with other mercenaries in the Emperor's pay, began a series of victorious campaigns against the Turks on the Anatolian Peninsula (Asia Minor), getting as far as the Christian kingdom of Lesser Armenia (1302-1303). Following this, the *almogàvers*, who remained loyal to the King of Sicily, moved onto the Peninsula of Gallipoli.

After these victories, which were not entirely free of acts of pillage against the Byzantine population of Quiros and Lesbos, the Emperor made Roger de Flor Caesar of the Byzantine Empire, a post that involved extensive powers and that made the *almogàver* leader the second most important person in the Empire after the Emperor himself. Furthermore, Roger was rewarded with all the territories of Asia Minor that the *almogàvers* could conquer. This roused the misgivings of the prince royal, Miquel Paleòleg, who lured Roger to Adrianopolis, where he murdered him (1305). He then tried to defeat the *almogàvers* and expel them from the Empire.

At this point, command of the Company passed to Berenguer d'Entença and to Bernat de Rocafort, who declared war on the Byzantine Empire. Thus began what is known as the "Catalan Revenge", with a multitude of raids and slaughters which extended throughout the region of Gallipoli (Thrace) and later to a large part of Byzantine territory.

Finally, they entered the service of the Duke of Athens (the French Gautier de Brienne), but when he tried to dispense with their services the *almogàvers* defeated him and took control of the Duchy (1311). Very soon the Catalans were able to have their way in Greece, where they showed themselves not to be villainous, bounty-seeking soldiers, something which is borne out in the "Covenants of Athens", by virtue of which the Catalans of the Duchy received and recognized Peter the Ceremonious as their sovereign ruler.

In the third of these Covenants we read, "Both the towns and the nobles making up the Duchies are as one and will be ruled and governed by the *veguer general* [chief magistrate], setting aside all past dissensions". The cities of Thebes, Athens and Livadia were just like Catalan towns removed to the heart of Greece. Public and private law was the same as in Catalonia, as laid out in Covenant XV: "that the said town of Cetines (Athens) and its inhabitants may and shall use, and persevere, and live and profit according to the statutes, conditions, and usages and customs of Barcelona".

The most glorious legacy of Catalan domination in continental Greece is Peter the Ceremonious's praise of the Acropolis in Athens, despite never his having been to Greece. The beauty of this legendary monument, which in the fourteenth century had not yet suffered the destruction wrought by the Turks, must have shone with such vigour throughout the civilized world that it has been reflected in Homer's rosy-fingered dawns, Ovid's blazing chariot of the sun, Màrius Torres's drunken skies of blue. The pure geometry of its stones was to be reflected in the temple of the stars...

When the messengers from Athens, amongst them the Bishop of Megara, reported back to the king on the value of the monument, furthermore showing him some drawings of the Acropolis, the king must merely have seen for himself what the clairvoyant dream of nature presaged. The messengers asked the king for a garrison to defend the Acropolis, so highly did they value it! The text of the original document, signed by the king in Lleida on 11 September 1380, reads as follows: "Treasurer: know ye that to us have come messengers, syndics and procurators from the Duchies of Athens and Neopàtria, with sufficient power from all the people of said duchy, and have made an oath and homage to us and have rendered honours to us. And now the bishop of Megara, who is one of the said messengers, is returning with our permission and has asked us that to guard the castle of Athens we should be willing to give him ten or twelve men at arms. And we, seeing that this is most necessary and that it is not something that is not to be done, chiefly because the said castle is *the richest jewel there is in the world, and such that all the kings of Christians together could hardly make its equal*, we have ordered that the said bishop should have the said twelve men at arms, who we understand must be crossbowmen, upright men who are well armed and well equipped."

This praise is truly the best legacy of the Catalan presence on mainland Greece and the first testimony after long centuries that the West was once more aware of its incomparable wonders. At that time Europe had completely forgotten all trace of the beautiful monuments the ancient fortress guarded. King Peter IV's judgement is entirely aesthetic, a true foretaste of the Renaissance. The tribute that Peter the Ceremonious pays to the Acropolis exceeds the words later travellers and Italian humanists devoted to it, in which the aesthetic feeling is lacking.

Catalan footprints had reached the gates of the East. In 1302, the *almogàvers*, commanded by Roger de Flor, reached Constantinople, present-day Istanbul, which had already had a Catalan consulate for some years. Ramon Muntaner, Roger de Flor's fellow-adventurer, has left a written account of the event in which the Catalans had defended the mosque of Saint Sophia and the medieval walls of the city until the Turks were wiped out.

In both Rhodes and Cyprus, the Catalan Gothic style has also left its mark on different monuments. In Rhodes we can admire the Hospital, the Castell Roig, the Castle of Saint Nicholas and the Alphonsine Castle presided over the by four stripes of Catalonia. In Cyprus, some outstanding buildings bear the stamp of Catalan civil Gothic. Arched doorways gave a noble welcome to Queen Elionor of Cyprus, a Catalan princess and cousin of Peter the Ceremonious.

But the thread linking these Mediterranean kingdoms to Catalonia must be sought in one essential institution. At the Catalan Court at Cervera in 1359, the Generalitat was set up as a representative organ of the Court and exercised executive functions in political, financial and judicial matters from the fifteenth century on. Let us look at its antecedents with the help of the historian Albert Balcells: Ramon Berenguer I gave shape to the Catalan feudal state, at the same time as Duke William of Normandy was shaping the Norman, soon to be Anglo-Norman state: the two of them constitute the most complete models of institutionalized feudal structures to have arisen in Europe. Later, in the Middle Ages, England and Catalonia were also the most highly perfected models of monarchies limited by the legislative power of the parliamentary representation of the nobility, the clergy and the bourgeoisie.

In the Middle Ages Catalonia developed a complex political system based on the parliamentary pact. It would be wrong to speak of constitutionalism with respect to this period, in view of the consuetudinary nature of a system based on the privileges of different ranks of society, on the freedom of classes rather than on equal freedom, but the limited monarchy and the tendency (never fulfilled) to separate legislative, executive and judicial powers make the medieval Catalan political system a special and, to a certain extent, advanced one. The Catalan Court arose in the thirteenth century and was the key to the pact-based conception of the relations between the Count of Barcelona and King of Aragon and his Catalan subjects, at the same time as Aragon and Valencia also had their own Courts which were distinct from the Catalan Court.

From the end of the thirteenth century on in Catalonia the king could not repeal a law that had been approved by the Court. At the Court of 1283, Peter the Great granted co-legislative power to the three ranks —nobility, high clergy and citizens— on an equal footing with the Crown. This moment marked the birth of the pact system in Catalan politics. In the mid-fourteenth century, a further step was taken in the limitation of the royal power of the Court, with a standing committee which acted when the Court was not meeting. This was the General's Deputation, or Generalitat. Not only was the granting of subsidies to the monarch the object of an agreement between the king and his subjects, but the administration of these tributes also corresponded to the Generalitat.

At the beginning of the fifteenth century, the Generalitat, until then a fiscal body, became a political power in charge of defending the laws of Catalonia, and the king was not accepted as the legitimate ruler until he had sworn to respect the basic laws before the Court. The Court and the Generalitat represented the Principality before the sovereign and were a cohesive element for the country, which now began to adopt a structure and an awareness of its own.

The French historian Pierre Vilar, author of the book *Catalunya dins l'Espanya moderna* (Paris, 1962), has written, "Between 1250 and 1350 the Catalan Principality was probably the one European country of which it would be least inaccurate, least dangerous to use certain apparently anachronic terms such as political and economic imperialism or nation-state". The model of political organisation adopted after 1359 by the Catalan Court (one of the first parliaments in Europe) was for centuries, until the beginning of the eighteenth century, the basis for the functioning of the countries of the Crown —Valencia, Balearics, Aragon and Catalonia—, as well as of the other Mediterranean kingdoms that had been incorporated into it —Sicily, Naples, Athens and Neopàtria. In this respect, the historian J.Vicens Vives writes, in his *Notícia de Catalunya*, "If anything deserves to be admired in the international history of the last half century, I have not the slightest doubt in setting the example of the British Community...Our forebears organised the Western Mediterranean basin during the fifteenth century in a way that was even more apposite and flexible than the admirable accomplishments of the modern English spirit, undoubtedly because in an area that is smaller and inhabited by a single culture there are not the racial, economic and mental abysses that rend the Commonwealth."

With "the wind from the land", Catalonia cleaved the routes of the entire Mediterranean sea. In the fourteenth century Catalonia became the first example of what was to be the modern nation, based on the predominance of a representative political system. Pierre Vilar says that "the count-kings were able, with this help, to carry out a great Peninsular game, a great Mediterranean game, a great European game...The language was ennobled through diplomatic, administrative and literary use, and culture and spirituality had its mark left on them... Catalan messengers reached Tartary; Barcelona gave its laws to Athens; James II became the protector of the Holy Land; Catalan cartography was at the forefront of the scientific movement. A moment like this can not fail to preserve its meaning for the destiny of any collective". However, with full incorporation into the Hispanic monarchy under King Charles I, grandson of Ferdinand the Catholic and Isabella, and with the opening up of the Atlantic trade routes to America and Africa, the economic importance of the Mediterranean began to wane and with it, more or less simultaneously, the political splendour of Catalonia.

Ever since the eighteenth century, following the loss of our political sovereignty, Catalan literature has had a special theme, taken up over and over again by writers, which expresses the nostalgia for the role we once played at sea. This nostalgia becomes piercing, without any romanticism, in the poetry of J.V. Foix, when he speaks of the present-day reality of this "sea of all", no longer ours:

> Sea of life in the flowering of dawn, and dark
> in the cherry orchards of the bird-filled twilight
> When the ancient sailing ships return and the port lights up.
> A sea for all, without royal dolphins
> With imperial crosses and the four masts
> Against the age-old gold of a line of free men

The four heraldic fingers in blood against the field of golden corn were the sign of the "line of free men", the *almogàvers* and knights who made the sea, the "high sea of leaves from autumn atlases", a "bed of heroes". Foix also evokes the roots of Catalan patriotism, privilege and liberty, "privileges and rights, golden liberties", and the very essence of the pact, the reciprocal loyalty of the lord to his subject and of the subject to his lord, what is for who is and what is fair. Foix, in precisely resounding verse, sums up Catalonia's seafaring vocation in its historic origins, the bird-filled twilight, whence "the ancient sailing ships return" raising their four masts over the sea of life that the flowering dawn gilds with age-old gold:

> A high sea of leaves from autumn atlases
> With deep fires and downy covering
> The bed of heroes, destroyers of lives that flourished
> In the oils, wines and honeyed fruits
> In the light of the pines and the almond dawn.
> ...
> We, young eye, through woods of oak and beech
> Invoke names from the land and their coarse foliage
> Privileges and rights, winged liberties
> And what is for who is and what is fair
> Before the sprouting crosses in the fields.

TIRANT LO BLANC

> Sigh no more, ladies, sigh no more,
> Men were deceivers ever,
> One foot in sea, and one on shore,
> To one thing constant never.
>
> Then sigh not so, but let them go,
> And be you blithe and bonny,
> Converting all your sounds of woe
> Into Hey nonny, nonny.
>
> Sing no more ditties, sing no mo
> Of dumps so dull and heavy,
> The fraud of men was ever so,
> Since summer first was leavy.
> Then sigh not so, but let them go,
> And be you blithe and bonny,
> Converting all your sounds of woe
> Into Hey nonny, nonny.

These striking lines mark the opening of the first scene of Kenneth Branagh's splendid film version of Shakespeare's *Much Ado About Nothing*. A version featuring the director himself, Robert Sean Leonard, Keanu Reeves, Emma Thompson and Denzel Washington, with music by Patrick Doyle. If we look closely at this delightfully shocking song, we find it sums up the plot of the play and, at the same time, the atmosphere of Joanot Martorell's *Tirant lo Blanc*. Note that in the first case I refer to the *plot*, and in the second, to the

atmosphere. The difference is that *Much Ado About Nothing* is based on a chapter from *Tirant lo Blanc*, to be precise, Chapter 283, "The Wicked Widow's Lie". This chapter reflects the atmosphere of the novel, which is none other than that *"tesoro de contento"*, as Cervantes said in his *Don Quixote*, speaking precisely of *Tirant lo Blanc*. It is an exultant song to life, the return to an Earthly Paradise, had the mythical fall never occurred, where love would be songs and laughter, and light and colour, and perfume and kisses, and a profound embrace making all sensuality sublime and pure, as alive and playful as the carefree cries of the swallows in summer, as they hurl themselves from the mountains of the air, into the light-filled freedom of life...

> Then sigh not so, but let them go,
> And be you blithe and bonny,
> Converting all your sounds of woe
> Into Hey nonny, nonny.

"With the wind from the land" we saw Catalonia's expansion in the Mediterranean. With *Tirant lo Blanc* we can see the expansion of one of the great works of literary creation in Catalan in the hearts of men and in life, along the paths of Europe and beyond. Tirant lo Blanc begins his adventure in Shakespeare's England, a century before the Bard resumed the adventure of the "Wicked Widow" from the *Tirant*. Shakespeare came to the *Tirant* the long way round. We find traces of it in a number of works of chivalry. It supplied Ariosto with his version (in canto V of *Orlando furioso*) of the story of Peasure-of-my-life dressed in black. This story of wry deceit was also taken up by Bandello, while it could have passed from the French version of the *Novelle* to Shakespeare (*Much Ado About Nothing*), although he could have taken it directly from the English translation of Ariosto. Some notes on the *Tirant* appear in *Don Quixote* (Chapter I, 21), in which there is a description of a fantastic castle like the one in which Tirant and Carmesina hold their lovers' meetings. Yet in spite of coming to the *Tirant* via a detour, it was the great English playwright who made the best use of it, building it into the masterpiece *Much Ado About Nothing*. Tirant's "Easygoing Widow" is the evil Don Juan in the play. The gentle Carmesina is the maid Margaret, who in turn passes herself off as Hero in the theatrical plot. Tirant is Claudio, and the merry go-between Pleasure-of-my-life is Borachio. The Widow feels a blind, raging passion for Tirant lo Blanc, and as she can't have him, she dreams up the scene with Peasure-of-my-life transformed as the black farmer Lauseta, who in mistaken playfulness tries to seduce the princess Carmesina, with whom Tirant is madly in love. The Easygoing widow arranges things so that Tirant, in hiding, sees the fictitious seduction. In *Much Ado About Nothing*, the wicked Don Juan, again in hiding, arranges for Claudio to see how a servant, Borachio, seduces the beautiful Hero, whose place has in fact been taken by the maid Margaret. In both situations the deceit is eventually discovered and everything ends in "much ado about nothing". Another writer of the stature of Shakespeare, also a century after the *Tirant*, was again to refer to this novel, a monument of the Catalan literature of all times; this was Miguel de Cervantes, author of the novel *Don Quixote*, in which he expresses his liking for *Tirant lo Blanc*. Joan Fuster tells us that the apparent cause of this liking is the absence of extravagance or wondrousness that makes the *Tirant* unique in the chivalrous genre and, especially, its light-hearted touch. And what characterizes Shakespeare's *Much Ado About Nothing*, and even *Don Quixote*, is that they also keep their feet on the ground, never losing touch with reality, and their light-hearted touch. This is why Cervantes praised the *Tirant* for the way it reflects on the pompousness of the knights by presenting them as ordinary men who ate, drank, wrote wills and died in bed: *"for its style this is the best book in the world; here the knights eat, and sleep, and die in their beds, and write wills before their death, with other things that all other books of this type lack"*. Cervantes and Shakespeare are *Tirant lo Blanc's* best critics. Remember George Steiner's observation: the best criticism of a work of art engenders another work of art. *Much Ado About Nothing* and *Don Quixote* are, like the *Tirant*, a *"tesoro de contento"* which, with their light-hearted touch, abound in humour, irony, the joy of living and, in short, the marvellous common sense of Mediterranean classicism mixed with the frenzy of the *tramuntana*.

"With the wind from the land" we have seen a procession of knights who sailed the Mediterranean and who have given us a string of legendary deeds that were to culminate in a great chronicle, "the best book in the world", as Cervantes called the *Tirant*. Ramon Llull had written novels with educational aims and the whole of his work is an apologetics of thought. But the paramount work, the star work in defence of adventure, was written by Joanot Martorell. The great myths of Catalonia are rediscovered in his great novel: Tirant's exploits in the Greek Empire recall with some accuracy the odyssey of Roger de Flor and his Catalan Company as related by Muntaner, and besides the fictional characters one can identify a number of kings, queens, princes and nobles who really existed. The novel grows organically with the hero, whose character unfolds as he travels from England to the Mediterranean. Everywhere we find an unusual blend of geographical and historical fiction and reality (place-names and names of real people help to make the countless adventures more acceptable). Martorell makes good use of his experience as a traveller and courtier, as well as his extensive reading and the knowledge of his time. One special feature is the stress on the light-hearted descriptions of the amatory acts, which are detailed and unashamed, something that makes this an unusual --if not unique-- book in the literature of its time. Tirant is presented as the central figure, at times as a valiant soldier and a brilliant strategist, at others as a wily politician and a passionate lover. In this atmosphere of authenticity we find humour, feeling and tragedy, tales of treachery and brutality. Despite the promiscuity of men and women, the central characters, Tirant and Carmesina, appear as models of fidelity; like Amadis and Oriana, they contract a secret marriage which is later solemnized. Mario Vargas Llosa speaks of *Tirant lo Blanc* as "*a total novel. A novel of chivalry, fantastic, historical, military, social, erotic, psychological: all of these things at once and none of them exclusively, neither more nor less than reality. It is multiple, allowing differing and antagonistic readings. A verbal object that communicates the same feeling of plurality as reality, it is, like reality, fact and dream, objectivity and subjectivity, reason and wonder. This is what* **total realism** *consists of*". In short, this conception of the total novel is almost a foretoken of the strategy of the modern novel, says Vargas Llosa to end.

Within this "total realism" erotic or sensual situations are treated with totally carefree openness, like a game of primitive innocence which would make the Creator exclaim, "Be fruitful and multiply", like when the serpent had not yet poisoned the chimerical apple. Was Cupid, with his lover's lure, playing the rat the night the apple passed from mouth to mouth without once being bitten? But it was no more than a beautiful, carefree game, that scene from chapter two hundred and thirty-four, when Tirant, led on by Peasure-of-my-life, gets into Carmesina's bed in the dark, and her cries of consternation on recognizing him wake the whole palace and the emperor appears, sword in hand, and the empress appears...Carmesina, by way of excuse, says that a rat has run over her face. Meanwhile, Tirant has jumped out of the window and broken his leg. "Still marveling that a rat could cause such turmoil, the empress sat down on the bed and said, 'Do you know what I think, damsels? Since calm has been restored, let us go back to sleep.' The princess summoned Pleasure-of-my-life and whispered, 'Where is Tirant?' 'He has gone, my lady,' she replied, 'but he was in great pain.' She did not dare to mention his broken leg and was glad no one had discovered him. The empress rose and everyone prepared to retire, but then the Easygoing Widow said: 'It would be wise, my lady, to let the princess sleep with you, as she will be still more frightened if that rat returns.' The empress replied: 'The widow is right. Come, my daughter; you will sleep better with me than by yourself.' 'No, my lady, go and leave me with the duchess, for I would not want you to have a bad night because of me.' The Widow said: 'Though I am old, the fire of my Roman blood still burns brightly. I was the first to try and save you and catch that rat, who fled with evil feet from my cursed chambers.'" And after this paragraph by the Widow, expressed in such elegant rhetoric, the empress speaks and, suddenly catching on, says with a caustic sense of humour, "Come; I am getting cold". Caustic humour, the empress's, and refined eroticism, wrapped in subtle irony, the Easygoing Widow's, aching to "catch that rat". Never had a rat been so coveted!

Tirant lo Blanc is an exaltation of life, of courtly love, of gallantry. And in this respect there is one knight, a true symbol of Catalonia, who enters body and soul into the mythology surrounding the world of Tirant. I am speaking of Saint George, the prototype of gallantry, presented by Jaume Huguet as an elegant and restrained courtier. Jaume Huguet's painting is the iconography of courtly love, of the game of love between knight and lady. A game which comes to an end at the close of the fifteenth century in

Joanot Martorell's *Tirant lo Blanc*, the game in *Curiel e Güelfa*, the poetic world of Ausiàs March, who died in Valencia in 1459, "afraid of being no longer loved", almost at the same time that Saint George and his bashful lady were painted. Ausiàs March dies "afraid of being no longer loved", Tirant lo Blanc wanted this inscription for his grave: "Here lies Tirant lo Blanc, who died of so much love". Love is a suit of chain-armour, which is a game to put on and a weighty constraint to wear. Tirant lo Blanc would say, making a euphonic play on the words *mar* (sea) and *amar* (to love), "All my ills come from the sea", and Ausiàs March was to write:

> Love, love, a habit have I tailored
> from your cloth, to dress my spirit:
> in dressing, I felt it very loose,
> and oh so tight, when I was wearing it.

The vision of love that Tirant lo Blanc and Ausiàs March reflect may be a vision strewn with pitfalls, but it never reaches the tragic end of *Romeo and Juliet* or *Célestine*. *Tirant lo Blanc* is the birth of love from the hands of the Creator, which once born skips playfully away on the merriest of pranks, with a life force like the flames fanned by the wind steeped in the sensuous perfume of the oleander in summer. *Tirant lo Blanc* is a fully Mediterranean novel, even though the action starts in England itself, yet it unfolds and comes to an end in Sicily and Rhodes, in the Greek Empire and North Africa, and he finally returns to Constantinople to die. *Tirant lo Blanc* is a song to love, to beauty and to joy. Adventures of all sorts take place, and all the situations come perilously close to the edge of the abyss, but the fall never takes place. There is a constant succession of challenges to the death, but they always end in dialectic battles where black ink takes the place of red blood. All in all, "much ado about nothing", as befits the joy of living, on sea and on dry land, or as Shakespeare so beautifully puts it:

> Then sigh not so, but let them go,
> And be you blithe and bonny,
> Converting all your sounds of woe
> Into Hey nonny, nonny.

Tirant lo Blanc is translated by David H. Rosenthal

"SAILS AND WINDS..."

The wind-rose, paradigm of the Atlas, leads to all the world's paths. The sea and wind were to rouse Catalonia's wanderlust, her urge to extend her presence in the world. The Valencian poet Ausiàs March reflected this urge in vibrant, fiery lines.

> Sails and winds will my desires fulfil
> making doubtful paths across the sea.
> Mistral and west wind against them I see armed:
> sirocco, levanter shall hasten to their aid,
> with their companions Greek and Southern wind,
> humbly entreating the tramontane
> to make its blowing favourable to them
> and that all five should my return fulfil.

If we analyse these splendid lines, we shall find in them a miniature navigational chart. March has brought into play seven of the eight winds of the wind-rose. Having checked them, let us see which of them could drive a ship from the shores of Italy to the land of Valencia. Obviously the mistral (north-west) and the west wind oppose the wishes of any ship wanting to go from Italy to Valencia, while the others, the "Greek," or northeaster, the levanter (east), the sirocco (south-east) and the souther will help her, especially if the *tramuntana*, a doubtful element in Mediterranean sailing, is blowing in the right direction that day.

Ausiàs March calls on the winds of the world to favour him on his return to his native land. It is the same idea as that of the Odyssean journey, where the return to Ithaka conditions the adventure and stirs up feelings of homesickness. That same homesickness we find centuries later in the patriotic song *L'Emigrant*:

> *Sweet Catalonia,*
> *homeland of my heart:*
> *when it leaves your side*
> *it pines for you*

This obsessive feeling for the return, which is already present at the start of the journey, can only be expressed in this genuinely Catalan word, *enyorança*, which as the philologist Germà Colon has pointed out, in the nineteenth century was still a distinctive feature of the spirit of the Catalan language alone. A very explicit example is given by the poet Jacint Verdaguer, who in 1884, in a poem in his book *Pàtria* (Homeland), says, addressing himself to the infanta María de la Paz Borbón, Princess of Bavaria, that if she understood Catalan she would know what *enyorança* meant: *Were you to know Catalan / you would know what homesickness is / the sickness of the heart / displaced to foreign lands*.

The incorporation of the word *enyorança* to Castilian is relatively recent. In this respect, *añoranza* clearly shows that a word so firmly established in Castilian today, and which most Castlian-speakers would not suspect as being of Catalan origin, was until the nineteenth century used only in the Catalan language.

Catalonia's travel urge, which led her along all the paths of the Mediterranean, brought with it such a coming and going of words that the terms were eventually inverted, so that the *coming and going of words at sea* reached the point where, as the philologist Julio F.Guillén says, we can speak of *sailing in a sea of words*. Any ship was a tower of Babel, and the borrowing was therefore mutual. But it is surprising how much was borrowed from Catalan by the languages of other countries, some of them a long way from Catalonia, which suggests that the Catalans had a considerable presence in these countries, and a considerable influence. The philologist Joan Coromines says that, nearer to home, a good half of Castilian nautical vocabulary comes from Catalonia. Just as a sample we might mention the words *nao, buque, bajel, gobernalle, timonel, zozobrar, avante, velamen, mena, mercader, mercería, pila, a granel, en orre, remolcar...*

But not only in Castilian are borrowings of nautical vocabulary from Catalan noteworthy; we also find them in other languages spoken in Mediterranean countries: in Algerian, *rombàiel* (a plug in a ship's hull); in Maltese, *gelu, tiller (aljal* in ancient Catalan); in Greek, *mistiko* and *taphourenza*, names of boats of Catalan origin; in Italian, *gancio, bargino, nostromo, paloma, vernigale*; in French, *leude, deume, galère...*

In Italy, a pioneer in the pasta that Marco Polo brought back from China, we come across the *fideu* (noodle) as one of the principal ingredients of the cuisine, a word that also exists in modern Greek, Romanian, Swiss German, Occitan, the demotic Arabic of North Africa, and even in Egypt. The word *fideu*, as Coromines explains, arose in the Romanic speech of the Mozarabs, from which it spread first to Catalan and then on to Castilian, Portuguese, and to the western languages, Franco-Provençal, Italian and Romanian, and the others I mention. The part played by Catalan in the spread of language deserves special attention. Some words travel across two or more languages, as in the case of the word *orin* (buoy rope), which from French passed into Castilian as *orinque*, but which in France comes from ancient Catalan *orri*. In French there are many nautical terms borrowed from Catalan. Rabelais puts whole sentences in Catalan in the mouths of French seamen. Christian Schmitt, in his study *À propos des catalanismes du français contemporain* (1989), comes up with the following list: *abricot, aubergine, baraque, cuirasse, ganga, misaine, orseille, sardane*, etc, and then immediately goes on to vehemently demand that Romanists' studies of the Catalan language should cease to neglect "Cet idiome qui n'est pas une simple 'lengua-puente', mais —pour me servir d'une métaphore appliquée d'habitude à l'occitan— un des carrefours des langues romanes".

But back to Italy. At the beginning of the sixteenth century, a pope whose language was Catalan provided hospitality in Rome for the Jews expelled from Spain. He was Alexander VI (Rodrigo Borgia, or Roderic de Borja, born in Xàtiva in 1431). Even now, one of the streets of the ghetto or Jewish quarter in Rome bears the name Via Catalana, a reminder of the days when the Catalan Jews kept themselves apart from the other Sephardim, and similar names have been preserved in ghettos in the Balkans. There is no lack of distinctively and unmistakably Catalan forms, such as *an*, a Jewish variant on the preposition *a* (in Catalan, the form *an* is very much older than is commonly thought, as it frequently appears in the fifteenth-century text of *Tirant lo Blanc*).

Alexander VI was the son of a sister of another pope, Calixtus III, the name adopted by Alfons de Borja when he was elected to the papacy (1455-58). He was adviser to King Alfons IV of Catalonia and Aragon. In 1492 he obtained the renouncement to the tiara of Clement VIII (Gil Sanxis Munyós) at Peníscola. Following the capture of Constantinople by the Turks in 1453, he tried to organise a great crusade. With the help of Hungary and of János Hunyadi, Ban of Croatia, he succeeded in recapturing Belgrade in 1456 and, in 1457, with the help of Alfons IV, in freeing Albania. As Miquel Batllori says in his book *La família Borja*, "The Turkish threat drew Calixtus III's attention away from the reform of the Church, which should have begun with Rome. An austere and genuinely religious man, both in his private life and in his European policies, he nevertheless succumbed to a misconduct of his time, nepotism, which casts a shadow over his papacy. The widespread hostility towards a foreign pope forced him to seek support from people he could really trust. But this does not justify the excessive presence of Valencians, Catalans and Aragonese in key positions; his three favourite nephews were not the most suitable choice for restoring peace. Roderic de Borja (later Alexander VI) and Joan-Lluís del Milà were known for their easy living; Pere-Lluís de Borja, Roderic's brother, captain-general of the Church, was feared and hated for his cruelty: the popular reaction of the Romans "*contro i catalani*", as the Pope lay dying, forced Pere-Lluís to flee post-haste, and he died near Civitavecchia soon after his uncle Calixtus III passed away piously on the feastday of the Transfiguration, which he himself had instituted to commemmorate the victory of Belgrade."

It is worth noting that it was by order of Calixtus III that the trial of Joan of Arc was revised and she was declared innocent. Similarly, he began proceedings for the canonization of Saint Vicent Ferrer, whom he had known personally in Lleida. Batllori says that "there are a number of things that show that in the time of Pope Calixtus the language of the Valencians was, in Rome, a living language, and consequently, though to a lesser extent than in the time of Alexander VI, who had imposed it as the everyday language of the pontifical palace, also one of the languages of the court, from his relatives down to his confessor, the Catalan cardinal Antoni Cerdà, whom modern historians, misled by Ludwig von Pastor, tend to refer to as 'Cardinal de la Cerda'."

Alexander VI was elected Pope in 1492 and, as was usual amongst the pontiffs of his time, family ambitions overlapped in his policies with the temporal interests of the Vatican as an Italian power. In 1496 he gave Ferdinand II of Catalonia and Aragon and Isabella of Castile the title of Catholic King and Queen. He renewed the Bull *In Coena Domini* against the heretics and encouraged the evangelization of America (he decided on what was known as the "Alexandrine line", which, by a bull of 1493, delimited the colonial areas of Castilians and Portuguese). Batllori also says that the politician and political theorist Machiavelli was an admirer of Alexander VI, of Cèsar Borja and of Ferdinand II. Alexander II protected Pico della Mirandola and ruthlessly repressed the puritan fanaticism of Savonarola, restored the Castle of Sant'Angelo and built new premises at the University of Rome, and for him Michaelangelo carved the famous *Pietà*.

The line of Borgias who occupied the Papal Court in Rome left a collection of private letters which are considered the most important item of Catalan literature of its type from the fifteenth century and which, furthermore, are of considerable historical interest. The only member of the family who never wrote in Catalan was Lucretia Borgia. There are letters in Pope Alexander VI's own hand, written in Catalan in a lively, direct style, not without humour, which reveal the strength of their author's personality.

Borrowing once again from the work of Miquel Batllori, Pope Alexander VI "displeased Ferdinand and Isabella when he received many Jews expelled from Spain in Rome", a large part of whom came from the Catalan area. The Jewish presence in Catalonia had, until the moment of their expulsion, been especially significant in the economic field and, in particular, in the field of thought and culture. Girona was the first and principal focus for this activity, through the *cabbala*, the culmination of Jewish mysticism. The dark, narrow streets of the *call*, or Jewish quarter, in Girona illuminated the whole of the Jewish world. Gershom G.Scholem states that Girona was the nucleus of the contemplative *cabbala* at the peak of its development and a hotbed of new religious forces active at the heart of Judaism that achieved universal prestige and influence.

The *cabbala* is a body of metaphysical, mystic and exegetic theories which attempt to interpret the world, its origins and its mysteries on the basis of belief in an infinite God who is the beginning and end of all things and incomprehensible to creation. The *cabbala* sets out to construct an integral cosmovision and sustains that all beings, visible and invisible, gradually manifest the unknown God because between them there are correspondences of a symbolic nature that can be discovered by mystic mediation. The *cabbala* comprises theosophy (which structures the intermediaries betwen God and the world), cosmology (which arranges creatures in categories) and eschatology (which speculates on the future).

The *cabbala* probably arose during the captivity of the Jews in Babylon, but was developed during the twelfth and thirteenth centuries as a necessary response to the rationalist philosophy of Maimonides, which attempted to relate the Hebraic traditions with Aristotelian doctrine and explain Judaism through reason.

In direct contact with Provence, Girona was the home of an important Jewish community, which in the thirteenth century was the second largest in Catalonia after Barcelona. In Girona, the cabbalists abandoned anonymity and pseudepigraphy and referred to themselves as "masters of the *cabbala*". Almost all of them were direct or indirect pupils of the venerable Isaac the Blind, the first pure cabbalist recorded in the history of the Jewish people. In Girona he was known as the great "Hassid" or "Juda Hassid", the blind teacher to whom the Creator had given celestial eyes. As the centre of the contemplative cabbala, Girona was a refuge for a mystical association considered sacred in its own time.

This rigorously orthodox community, faithful to the Talmud and to tradition, stands out amongst all the others for its originality and its particular personality, which made it renowned throughout the Jewish world.

Its great figure is Moisès ben Nahman, known as Nahmànides, along with the liturgical poet Abraham ben Isaac Hazan, the cabbalist Ezra ben Salomon and his colleague Azriel. Nahmànides (1194-1270), officially known as Bonastruc de Porta (or Saporta), is the most respected of the Catalan authors. His commentaries of the Pentateuch and the book of Job are famous, as are his educational works *Tresor de la Vida* and *La llei de l'Home*, which in the opinion of Eduard Feliu represent "the peak of Hispanic Judaism's religious literature". He is also known as a poet for his *Oració del primer dia de l'any*, the Peninsula's oldest example of cabbalistic poetry. Nahmànides was the maximum authority of his generation. Yitzhak Baer says that his personality is made up of a blend of Hispanic culture, French Talmudism, German Pietism, cabbalistic criticism and Christian theology.

He took part in disputes arising from the thinking of Maimònides, and in 1263 represented the Jewish communities of the Crown of Aragon before the King to intervene in a controversy with the Dominican and converted Jew Pau Cristià. From his speech defending the virtues of the Torah there emerged his book *Elogi de la Llei del Senyor*. But it was precisely the effectiveness of his words that led to his downfall. Ideological controversies or disputes between Christians and Jews were frequent at that time and often promoted by the Church with the complicity of the converted Jews who hastened to demonstrate the sincerity and rigorism of their transformation. These controversies were almost always held at the Royal Palace, because the kings, as protectors of the Jews, were also subjected to pressure from the Church. Nahmànides was tricked into handing over a copy of his words in the controversy (protected by the freedom of speech he had requested and obtained from the King and his confessor, Saint Ramon de Penyafort) to the Bishop of Girona. With the text as evidence, he was led before the Royal tribunal accused of blasphemy against the Catholic religion. King James I reluctantly sentenced him to a mere two years' exile, but his resentful accusers were not satisfied until Pope Clement IV obliged the King to sentence him to perpetual exile.

At the age of 72, Nahmànides was forced to leave Girona and Catalonia for ever. After Castile and Provence, he finally settled in Jerusalem and completed his book on the Torah, a key element in Hebrew mysticism. Marcos Ricardo Barnatan, in his book *La Kábala*, says that "of the Catalan cabbalist there survives his mysterious seal, which I was able to study behind the glass of the Museum of Israel in Jerusalem. It is possibly the most highly-prized talisman to have reached us from that period, along with the labyrinthine figures contained in the Abufalia manuscript *Hai Alam Ha Baa*". But before he died, Nahmànides, otherwise known as Bonastruc de Porta, wrote to his relatives in Girona these words, steeped in longing: "I left my family, I abandoned my home. There, with my sons and daughters, those beautiful and beloved children educated on my knee, I also left my soul. My heart and my eyes will be with them evermore".

Doctor Joan Coromines offers the information that "when Athens and Morea were in the hands of the Catalans during the fourteenth century, their language became widespread over the Aegean Sea. This is borne out in several of the documents recently published by Rubió i Lluch in his *Diplomatari de l'Orient Català* and some time ago Baist published a private contract signed in the fourteenth century in the Sporades, a long way from Athens, of which neither of the parties are Catalan yet nevertheless the text contains a good many Catalan words".

Sometimes the name of our country is used as an adjective or common noun with various meanings and in a number of languages. *Catalogne*, as the name of a blanket, is common in the Swiss Alps, Lyon and Burgundy and even in Canada, which speaks for the age and the importance of the textile industry in Catalonia. The Albanian *katalà*, "giant, monster", survives from the time of the Catalan Revenge in Greece. Even today, in some parts of Greece, people say, "not even a Catalan would have done that", to condemn someone's actions, while in Lycaonia, a former region of Asia Minor, in the innermost regions of Central Anatolia, the name "Katalanos" is given to springs in prevision and testimony of abundance. *Cataláner* in the Swiss speech of the Surselva region, in the sense of "show-off, windbag", could well be a hangover from the times of hatred and rivalry between Catalonia and the Italian republics. In Cuba *catalán* means "grocer", and in other American republics "baker or confectioner", because of the trades the Catalans took up most frequently when they emigrated to America. Similarly, as evidence of the trading activities of the Catalans throughout the Hispano-American world we have the Ecuadorian *catalán*, "cloth cap", and the Mexican *catalán*, "liquor". Ernest Hemingway, in his story *The Old Man and the Sea*, to provide his hero with a good, strong fishing line which will stand up to the pull of the big fish he has hooked, places in his hands a skein of *good Catalan cordel*. Coromines reports that the Catalan word *volantí*, "a kind of line with one or more hooks for fishing", has spread along the whole of the coast of Italy and both sides of the Adriatic. Fishing with a *volantí* from a boat is a very old tradition in Catalonia. It is an entirely manual technique; no rod is used; the weighted line is swung above the head and when fishing from a rock cast as far as possible; the line is held in the hands and must be twine with certain very special qualities: it must not be slippery, it must be at once very soft and not too stiff, and it must be strong. Even so, if a big fish bites, it is dangerous to handle because it can cut into the fisherman's hands, which is what happened to the old man in Hemingway's epic story. As early as 1416, in the book *Consolat de Mar*, we find: "Item two *boletins* one old the other new and a trawl-line for fishing and 100 *bolentí* hooks for fishing fish". The story *The Old Man and the Sea* unfolds in the islands of the Caribbean, and it is in Cuba and Puerto Rico that the presense of Catalan makes itself felt more than in the rest of the continent. Pichardo's Cuban dictionary records, amongst others, *vegada, alioli, bolanchera, caray, chinchín, devantal, encetar, faena, de falondres, punta, sardinel* or *sardinet...*

In Castilian there are also words like *naipe*, from ancient Catalan *naïp*, "playing card". Dozens of documents show that playing cards appeared in Catalonia some time before any other country in Europe and perhaps the world. Similarly, amongst other Castilian Catalanisms to do with cards we have *sota, runfla, flux*, etc. In spite of its prominence, borrowings by other languages do not come exclusively from nautical vocabulary. Castilian is especially rich in Catalanisms: *dátil, palmera, disfrazar, cohete, rape, faena, seo, turrón, pechina, pólvora*, etc. With the publication of Dr Joan Coromines's *Diccionario crítico etimológico de la lengua castellana*, we have a splendid account of the Catalanisms in Castilian (around 500) and of the Catalanisms in France, Italy, Greece, Portugal, etc.

But to return to Castilian. Amongst other curiosities we find the word *orate*, "madman", an obvious Catalanism as Coromines has shown beyond all doubt (*orat* appears in Ramon Llull in 1270). The philologist Germà Colon tells us of a historical event that supports this thesis. In 1409, Father Joan Gilabert Jofre founded in Valencia the *Hospital de ignoscents, folls e orats*, the world's first lunatic asylum, whose curative methods were far ahead of those of other hospitals in Europe. The Extremaduran writer Torres Naharro refers to the Hospital for Valencian madmen in his polyglot *Comedia Tinellaria*: "There are as many fools in Portugal as there are madmen in Valencia." And we can add to this that there are also madmen up trees, Like Italo Calvino's *Barone Rampante*, who one day climbed a tree and never came down again. He gave himself up to reading and read all sorts of books and was sent magazines, like the one about the know-all bandit who boasted, "French, Tuscan, Provençal, Castilian, I understand them all. Even a bit of Catalan: 'Bon dia! Bona nit! Està la mar molt 'alborotada' (sic)'". And then, amongst the peaceful madmen, along the lines of the crank Jorge Luis Borges speaks of who wanted to construct a life-size map of the world, we find the Catalan watchmaker that Oredag Matvejevic met in Alexandria, who, fighting with tenacious detail against the exasperating absence of information, had a passion for meticulously compiling the catalogue of the city's famous library, the biggest in all antiquity, burnt to the ground by the Caliph Omar. He complained that his native language was losing ground and he wanted to make up for this loss in some way. Matvejevic notes that in the case of madmen, as in the case of the Catalan watchmaker, it is not just a question of the difference of climate from the North, where madmen are different from their southern counterparts; the fact is that in the Mediterranean even the prodigies have been distinct, because *sailing the sea of words*, as J.F.Guillén calls it, or the *philology of the sea*, as we find in Matvejevic, is like the Catalan watchmaker's methodical, fanciful undertaking in its mixture of rigour and temerity, scientific precision and manifestation of the infinite.

Doctor Germà Colon mentions the word *papel* as result of Catalan influence. The Arabs knew the technique for manufacturing paper –invented by the Chinese– and introduced it into Europe in the tenth century. The north of Italy (1270) and especially the Catalan-speaking area is where the oldest paper-manufacturing centres in Europe are located. It seems that it was not until the reconquest of Valencia in 1238 that paper was manufactured on Christian territory. This is confirmed in a curious passage by Muntaner: "anyone wanting to put their [the cities of Genoa and Pisa] evil doings in writing would not have enough with *all the paper that is made in the town of Xàtiva*". The Catalan *paper* appears in 1249. By comparison, we find the French *papier* in a single thirteenth-century text, and its next appearance is not until the fourteenth century, when its use becomes generalized. The Occitan *papier* also arises in the fourteenth century. What we have no way of knowing is whether the Gallo-Roman forms come from Italy or Catalonia, but what is certain is that the Catalan does not come from the Gallo-Romance. The Castilian, on the other hand, comes from the Catalan; the form *papel* is not found until the fifteenth century, although prior to that we find the form *paper* in Castilian, in texts by Alfonso X the Wise. A good deal of Castilian's foreign borrowings arrived in Castile via the Catalan, Italian, French or Occitan words: *forajido, balance, artesano, esquife, lonja, tarifa, motejar, lustre, palangre, bosque, esmalte, salvaje, patio, gallardete*, etc.

One of the most important considerations of a historical nature is to be found in the case of the word *revolución*, "rebellion, sedition", which in Castilian appears in the seventeenth century, while the French *révolution* appears as early as the sixteenth century, though it is true that the truly modern sense of "transformation of a political regime by violence" is documented at the very end of the seventeenth century. Alcover-Moll's *Diccionari Català Valencià Balear* quotes for the Catalan a document dating from 1584 which speaks of "temps de guerra i *revolucions*". But there is another point. With characteristic wisdom, the historian Jaume Vicens i Vives writes in his essay *Notícia de Catalunya*, "Europe's earliest experience of revolution on a grand scale is possibly the Catalan uprising of the fifteenth century. In our country, the dawn of the Modern Age records the struggle of the country's upper classes against monarchic Caesarism, the demands of the common people for a part in the municipal administration and a generally subversive attitude on the part of the peasants against the feudal and aristocratic landowners. The revolutionary nature of this complex is borne out not only by the events themselves but also by the language used

in documents of the time. I would make so bold as to believe that it was in Catalonia, at the end of that century, that the word *revolució* was written for the first time in its modern sense of a profound social and political upheaval." In fact, in 1473, in a text from the Court of Perpinyà (Perpinyà, or Perpignan, was part of the Catalan crown until 1659, when the Treaty of the Pyrenees finally gave Roussillon to France), we read, "...for reformation and redress of the justice in the said Principality and to put in order those things which on the occasion of past revolutions are in disrepair..." (*Cortes de los Antiguos Reinos de Aragón y de Valencia y principado de Catalunya. Cortes de Catalunya XXV*, Madrid 1919). Vicens Vives lists eleven revolutions of general importance in the last five centuries of Catalonia's history. Quite a record compared with other countries; in this same period, neither Castile, nor France, nor the Netherlands, nor England had so many revolutions. One of the most far-reaching Catalan revolutions was that of the *War of the Reapers* (1640-1659), an obvious precursor of the Eleventh of September (the day on which the Catalan National Holiday is held), during the War of Succession (between 1702 and 1714).

The War of the Reapers was the inspiration for the *Cant dels Segadors*, which has become the national anthem of Catalonia. The Cuban writer Alejo Carpentier, in *La consagración de la primavera* (1978), after an evening with the wounded of the international brigades, in the hospital at Benicàssim, during the Spanish Civil War (1936-1939), has his protagonist (the Russian ballerina Vera) say, "With some Catalan guests we had the solemn, ample, almost archaic melody of *Els Segadors* –which, so Jean-Claude told me, had been going about in the interior since the fourteenth century–, and Paul (Robeson), the famous negro singer, paid special attention to the song, from an almost liturgical ex-song, as though startled by the singular grandeur of its musical arrangement: "it sounds like a spiritual" –I think he said. It reminded me of a theme from *Boris Godunov*–, and also, a little, something by Gretchaninov."

Still in Cuba, when Tomás Estrada Palma became the first president of the Cuban Republic, in 1902, he visited the "Centre Catalanista" in Santiago accompanied by Emili Bacardí, of Catalan origin and the city's first mayor, and *Els Segadors* was sung. Simón Bolívar would undoubtedly have said, "If only in Peru and in America there was the same patriotism the Catalans have."

In the atmosphere immediately preceding the Spanish Civil War, Christopher Isherwood, author of *Goodbye to Berlin* (1939), on which the script for the film *Cabaret* is based, in one of his best novels, *The World in the Evening*, takes his protagonist to Barcelona to prepare a report on Lluís Companys, President of the Generalitat de Catalunya. In response to a friend's question as to whether there will be trouble, he makes the following remark: "There is bound to be sooner or later. Either Catalonia will leave the Republic, or else the anarchists and trade-unionists will start something, with or without the communists...And then he added, as though to close the subject, 'Of course, there could also be a fascist coup." *The World in the Evening*, repeatedly republished since its appearance in Great Britain in 1954, is an exciting novel which reveals the private life of its characters through a story full of love, passions and ideals in the Europe of between the wars.

One of the greatest English writers of the twentieth century, George Orwell, fought in the Spanish Civil War in 1937 with the Republican army. It is well known that this civil war was a decisive event in Europe in the period between the first and second World Wars. Everyone said so at the time and they were right. Orwell related his military adventure in *Homage to Catalonia* (1938), which Lionel Trilling says is "one of the most important documents of our time" and "a testimony to the nature of modern political life." Orwell proposed that the war be fought leaving aside all personal political ideas other than the defence of democracy against the Fascist enemy. Afterwards, once the war was won, would come the time to solve the political and social problems, but meanwhile any dissent on these problems could only weaken the united front against General Franco. George Orwell is one of those men who not only write down their visions, but live them passionately: they *are* what they write and we consider them representative because of what they wrote in their books. *Animal Farm* (1945), a political allegory attacking the revolution that betrays those who had fought for it, and *Nineteen Eighty-Four*, a horrifying vision of a totalitarian future, reflect the singularity of his ideals and a personal stance which after *Homage to Catalonia* was to make him a model of the "committed intellectual" in contemporary European culture.

From Colombia, the Nobel Prize Winner Gabriel García Márquez, in his novel *One Hundred Years of Solitude* (1967), also paid homage to Catalonia, through one of the novel's characters; not a fictional character, but one from real life, the Catalan sage Ramon Vinyes, a schoolmaster, writer and bookseller born in Berga, who settled in Colombia, in the city of Barranquilla, in about 1913, where he opened a bookshop which very soon became the favourite haunt of the city's intellectuals who would meet there to talk. Between 1920 and 1940, Vinyes made eight trips between Colombia and Catalonia, where he died in 1952. This constant movement backwards and forwards between two countries –Catalonia and Colombia–, between two languages –Catalan and the Castilian of America–, between two cities –Barcelona and Barranquilla–, set the tone for both the life and work of Vinyes. Jacques Gilard, in the prologue to Ramon Vinyes's book *A la boca dels núvols*, emphasizes the immense debt Colombia owes to this bookseller and teacher. This is also suggested by the charming description García Márquez gives of him, deservingly referred to as "the Catalan sage", in *One Hundred Years of Solitude*.

The "Catalan sage" Ramon Vinyes, as a short-story writer, was fully involved in the process in Colombia and Barranquilla which towards 1950 was to produce the first great stories by Álvaro Cepeda Samusion and Gabriel García Márquez. Ramon Vinyes was a highly educated man who could well provide the bridge between two ages and two continents. As Gilard remarks, without renouncing any of the things that gave him his identity, Vinyes came to feature prominently in the mutations of an overseas culture. After García Marquez's moving revival of him in *One Hundred Years of Solitude*, he has been spoken of again at the same time as the work carried out by the Barranquilla group has begun to be recognized. The pages devoted to him by García Márquez are a touching homage filled with tenderness and admiration: "he had a beautiful head of silvery hair that hung over his brow like a cockatoo's crest, and his lively narrow blue eyes reflected the mildness of the man who had read all books". The description of the "sage's" bookshop is very colourful: "more than a bookshop, it looked like a rubbish dump for used books, which stood in disorder on the termite-ridden shelves, in the cobwebbed corners and even in the spaces that should have been reserved for the aisles. At a large table, also overwhelmed by papers, the proprietor wrote an untiring prose in purple, somewhat wandering handwriting, on pages out of school exercise books...He lived in a room full of books where there was also a bed, a wardrobe, a chest, two pictures, a washstand, a writing desk and a typewriter". When the novelist speaks of the "sage's" departure, in 1950, he devotes a few pages of heartfelt affection to him: "The end had come. In Pilar Ternera's grave, in the midst of psalms and whore's beads, the debris of the past lay rotting, the little that remained after the Catalan sage had closed down the bookshop and gone back to the Mediterranean village where he had been born, defeated by the nostalgia of a tenacious springtime. No-one could have foreseen his decision. He had arrived in Macondo in the splendour of the banana company, fleeing from so many wars, and the most practical thing it had occurred to him to do was to open that bookshop of incunabula and first editions in different languages...He spent half his life in the stuffy back room scribbling his precise handwriting in violet ink on pages torn out of school exercise books, without anyone knowing for certain what it was he was writing...He treated the classics with homely familiarity, as if they had all at one time been his rooming mates, and he knew a lot of things that were quite simply best left unknown, like the fact that the necromancer Arnau de Vilanova [one of the most outstanding Catalan writers of the thirteenth century] was impotent from childhood due to a scorpion's bite." On the return trip to Catalonia, the boat becomes a ship of memories: "Events on board mattered less and less to him, and even the most recent and trivial things seemed worthy of nostalgia, because as the boat got further and further away, his memory grew sad. This process of gradual nostalgia was also evident in his portraits...Troubled by two opposing nostalgias like two mirrors, he lost his wonderful sense of reality, until he ended up recommending everyone who left Macondo to forget everything he had taught them about the world and the human heart, to stuff Horace and to remember, always, wherever they were, that the past was a lie, that there was no way back for memory, that all those long-gone springtimes were irretrievable, and that even the most reckless and tenacious love was only an ephemeral truth."

We have seen how nostalgia appears at the moment of the "Catalan sage's" departure; how he feels troubled by two nostalgias like two face to face mirrors reflecting each other to infinity. This is the longing I spoke of at the beginning of this chapter, the longing of Nahmànides when he remembers Girona and the family he left behind; a longing inherent in the very idea of travel, the journey of the identity through time and space, under the unfolding of "sails and winds", guided by the burst of a rose, the symbol of the *Atlas Català*, a metaphor for the Catalan nationality; a wind-rose which in Octavio Paz's beautiful poetic image on the subject of the wind is "a millwheel of sounds". A millwheel of sounds driving against the sea of words, words which, as Eugenio Montale has written in reference to Maragall's poetic language, are truly a genuine millwheel of crackling sounds: *"quel sono scoppiettante di pigna verde butat nel fuocho ch'è propio di tutta la poesia catalana"*; a millwheel of sounds and, moreover, of sonorities that range from Wagner's *Parsifal* to Verdi's *Sicilian Vespers*. A millwheel of illuminated sonorities pulsating under the mathematical dance of the stars.

THE MATHEMATICAL DANCE OF THE STARS

Greece and Rome taught us to travel, in a spirit of conquest: Greece, by sea, but neglecting the land; Rome, by land, but without neglecting the sea. Empire and civilization spread, leaving their footprints at the crossroads of the Roman roads, the *Via Apia*, the *Via Augusta*... Prophets and religions arriving from Asia had found the way open. The gestation of Europe took place in the Mediterranean. Its unique geographical situation and the similarity of the characteristic features of its periphery give us a vision of the Mediterranean as the navel of the world and a world that at the same time is one big island: the sea in the arms of the land, the land on the breast of the sea. But the Mediterranean is not just geography, and not just history either. Matvejevic draws the following conclusion: "The Greeks neglected the overland routes, and the price they paid was high: because of this they never managed to leave antiquity. Thanks to their roads, the Romans managed to make more considerable maritime conquests than the Greeks. The Roman maps were itineraries. The Romans were more interested in space and distances than in form or their importance."

But these overland itineraries or maritime odysseys are always presided by the wind-rose, like the Biblical star. The wind-rose, then, is the bloom of civilization, it follows the same route, it lights the way, it draws its contours, it centres its maps. In Catalonia, this flowering of civilization must be sought at Empúries, as the end result of a long sea voyage whose symbolic antecedents we can find in Homer's *Odyssey*. Joan Maragall made Nausicaa ours. Ithaka became a symbol for Catalonia, like the homeland rediscovered, that "sacred place" Josep Pla refers to, which has its roots in Empúries, as we shall see in a moment.

In the subsoil of the citadel of Roses, remains have been found of the city of Rhode, an ancient Greek settlement. The city was located close to the sea, and is recorded by Strabo, a Greek author who lived between 63 BC and AD 20. According to this author, Rhode was founded by sailors from the island of Rhodes before the establishment of the Olympic games –in other words, before 776 BC, and long before Rhodes came under the dominion of the Phoceans, who had founded Massalia (Marseille) and Emporion (Empúries). Roses and Empúries are the roots of Hellenic and Roman civilization in Catalonia. Cape Creus is the gateway to Catalonia from the sea, and through this gateway came the first colonizers who brought with them classical civilization. Roses and Empúries preserve their first footprints. Josep Pla has spoken of these places as our "lost paradise": "Empúries is a sacred place, one of our country's deepest roots –a landscape which physically is like any other landscape, but which is unlike any other landscape. It is the landscape of our remotest past, of a moment in our history. It is our lost paradise."

Set in the very middle of the Gulf of Roses, the Empordà marshlands, in alliance with the sea, were a defence point of the earliest Phocean settlement. Its best lookouts must have been the noisy frogs and the flocks of ducks and white geese, whose intermittent chatter can still be heard above the murmuring waves of the nearby sea. The Greeks could have disembarked and settled at any point along the coast that took their fancy, but it was not entirely by chance that they chose the hill on which Sant Martí d'Empúries now stands.

The intimacy and the sweetness of the sheltered valley of the Empordà on the Gulf of Roses was the snare whose beauty captivated the first Greeks to arrive in our country. They must have suffered the same mirage as Arístides Maillol, whom I shall speak of later. They thought they were home again, like Ulysses in Ithaka, after a long odyssey. The same country, the same landscape offered itself up to their eyes and senses. The landscape of Empúries is felt through the skin, when the *tramuntana* tears its veil away and the light gains in intensity with each driving gust. The *tramuntana* must have been familiar to the Greeks, because in Greece there is a large area known as Eolia, and this name has sometimes been used to refer to Greece itself. The Greek spirit, more given to contemplation, anchored its narcissism by the marshlands of the Empordà...

In Roussillon, the region in Catalonia North, is the town of Banyuls de la Marenda, beside the Mediterranean and close to the border of the Empordà region, sharing the same light, the same land, the same sea. In this little town was born the sculptor and painter Arístides Maillol, who in Catalonia, with his pure and genuine Mediterraneanism, was a foretaste and a model for the *nou-centista* art movement. A Mediterraneanism with classical roots that led him to travel to Greece, where he confirmed the path of classicism he had taken up earlier. Once there, he immediately realised that he carried Greece inside him. In an account of his memories of that journey, he explained as follows the mirage he saw: "It is exactly the same landscape as ours, but without that feeling of intimacy and that sweetness that so astonished us at each turn in the valley. It is more rugged and bare. As I walked up from the shore towards the valley, I wondered if perhaps I was dreaming. I thought I was back in Banyuls. The hills had the same outline, the same colours. Parnassus was shaped like Madeloc. And when I got to the town where my companions were, I really thought I was dreaming as I heard, with the same instruments as back home, the tune of a *contrapàs*, and the men danced holding hands as they did in Roussillon fifty years ago. It was astounding."

This passage by Arístides Maillol is worth looking at more closely. First of all it stresses the correspondence between two identical landscapes, that of Ithea, in Greece, and that of the Roussillon-Empordà region in northern Catalonia. The sculptor speaks of the same land, the same landscape. He subtly differentiates that ours has more of a feeling of intimacy and sweetness. The Greek valley is more rugged and bare. These differences undoubtedly arise from the intensity of the light, which in Greece results in an almost shameless nakedness.

But there is something else. Arístides Maillol says that in Greece he saw men dancing holding hands, with the air of a *contrapàs* played on instruments similar to those in Catalonia. The sardana was born in the Empordà, for sure. Those first Greeks in Empúries left the seed. The earliest representations of the dances of the Mediterranean show dancers holding hands and moving their feet either in a line or in a circle; Etruscans, Iberians and other ancient peoples have left carvings, sculptures, paintings and ceramics that confirm this. The first written description, though, is the one Homer gives in the *Iliad*:

"Handsome youths and lasses danced holding hands one with the other... With trained feet, they sometimes moved with oh! such agility, like a seated potter who uses his hand to spin the wheel... All around there were people enjoying the charm of the dance."

Plutarch also speaks of a "circular choir of children" and Xenophon of "dancing in a ring".

Henri Matisse stayed at Cotlliure in the Roussillon in 1905 and 1906, where he strengthened his friendship with Arístides Maillol. Shortly after, in 1910, he painted an allegorical panel of the sardana with obvious echos of Greece. A ring of naked bodies in Hellenic poses, which are a pure exaltation of living forms and colours. The whole painting has a movement to it that is almost ritualistic. Three basic colours mark the steps of the dance, as the artist himself pointed out: "The blue of the sky, the pinks of the bodies and the green of the hillside; these are the intimate, soft colours of the Gulf of Roses. The pinks and blues of Matisse's painting harmonize

with the "Message to the sardana world" written in 1969 by Joan Miró: "May the scent of this red rose that is the sardana, open in the middle of the blue sky, give all of us, all over the world, truly Catalan blood".

The sense of rhythm is another of the legacies of Greek genius. Greek poets were the creators of the most sonorous of metrical rhythms, which the Latin poet Horace himself borrowed from the wind-blown lands of Greece:

... "it will be said that I, a powerful poet of humble origin, was the first to give the Aeolian song an Italic tone".

The sense of rhythm is one of the great contributions by Greek culture, expressed in metric verse, as it is expressed by the Catalans in the sardana. In African dances, for example, the rhythm is mere improvisation. Significantly, the units of rhythm in Greek metric verse are called *feet*. And the feet mark the units of rhythm of the sardana. Greek metric verse is the sculpture of thought. The sardana is the exaltation of the living sculpture of the human body, as Professor Frank Marshall has described it:

"The sardana brings out the best in a woman's body. A shapely woman, dancing with raised arms, her quick flesh palpitating under her clothes, is a reality which sculpture, the best sculpture, has so far fallen notoriously short of".

The cypresses of Empúries, rooted Hellenic shadows, are the ascension of measure and movement, Erato and Terpsichore. Torches of slumber, over the remains of the Greek Empúria, pointing out the mathematical dance of the stars.

RAISING AN EMPIRE

The Roman landing at Empúries took place in the year 218 BC. But it was not on the Gulf of Roses that the Romans put down their deepest roots. As Polibius reports, after the original settlement at Empúries, and a few intermediate points, came *Tarraco*. Tarragona was the site of the most spectacular Roman burgeoning. Empúries was the entrance to *Hispania* for the Roman armies; but military events took the field of operations of the war a long way from Empúries, which is why the physical presence of Rome is not archaeologically documented during these years. Rome used *Emporion* as a port of arrival for her armies. Empúries became a military base. Independently of the Greek nucleus of the city, the Romans built their own city in Empúries in about 100 BC at the top of the hill.

Caesar established a contingent of war veterans at Empúries. Various communities lived in a single city ruled by Roman legislation. Livy (Titus Livius) is referring to this situation when he writes, "these three peoples (Romans, Iberians and Greeks) are today indistinguishable and form a single people. First the Hispanics, and then the Greeks became Roman citizens". In the first century AD, Empúries, far removed from the moment's centres of power, was a city already living off the memories of its splendid past.

If Empúries was living off the stirring memories of its past during the first century AD, Tarraco, meanwhile, throughout that same century, gradually began a period of growing splendour with the construction of the most emblematic monuments of the city and its territory. By 27 BC it was formally and administratively the capital of the province of *Hispania Citerior*. Another parallelism between Tarraco and Empúries lies in the fact that just as the Greeks —remember the experience of Arístides Maillol— were to find a replica of their own landscape in the Gulf of Roses, the same outline to the hills and the same colours, something very similar was to happen to the Romans on their arrival in the area of the future Tarraco.

In Tarragona, the Romans rediscovered the ochres and yellows of Italy. These ochres seem part vegetable and part mineral; the ochres of dry magnolia leaves like polished copper or old copper coins. They are honeyed ochres, only to be found in the stones of Tarragona, Italic ochres that seem to exude from the Roman monuments like honey from a beehive, sweetened by the noble patina of history. The mimetic light of Tarragona takes on subtly blended tones: over the sea, it has a sensual opalescent sheen that produces goose-pimples; over the pines it has emerald-green highlights; over the olive trees it is like scattered silver coins; over the stones of the Roman wall at sunrise the light becomes architecture and new-mown corn and autumn roses...

It is worth following the track of these extraordinary stones I speak of. The Roman quarry of el Mèdol, on the outskirts of Tarragona, is the hive from which the honey-coloured stones were taken that built most of Tarraco's monuments. If you should ever visit this quarry, you will have the feeling that you have truly returned to the past, two thousand years back. The quarry is exactly as the Romans left it. The walled precinct has kept it intact. Pines, cypresses, oaks, shrubs and scented herbs are the essence of a two-thousand-year-old landscape, the landscape of Rome. Nightingales, goldfinches and blackbirds set music to the colours and the light. By night, the silence lies thick amongst the branches, only pecked at by the beak of the owl, which has the eyes of Athene and is the murmur of Rome... In the very middle of the site stands a stone needle, a monolith rooted in the earth.

While in the Empordà, on the Gulf of Roses, we found the landscape of Greece and the origins and roots of the sardana with Hellenic counterpoints, in Tarragona we have rediscovered the landscape of Rome. And if in the quarry at el Mèdol we have found the maternal womb, before which Josep Carner exclaimed, "you raised the Acropolis, the temple, the city...", we also find the foundations of one of Catalonia's symbols. I am referring to the *castellers*, the human towers, the ascent of vertical bodies who get into the very skin of the air, and who melt into it warmly like the blood pulsing in their rising veins. The needle formed by the monolith at el Mèdol is the last remaining witness to the stone that has been removed. As they carved out the blocks of stone, the Romans left a column in the very centre of the excavation to mark the height, the depth and the measure of the stone removed. It was just like the "unloading" of a nine-storey tower with a central "needle".

Centuries have passed, and that Roman needle has still not "gone for firewood" as they say in *casteller* jargon when a tower collapses. Rome's building drive, the same as the human towers, was born of the energy and strength of the body, of the sense of hierarchy. And from this building drive was born another sense of order. This energy, this bodily strength, this hierarchy, this sense of order we find in the Roman legions. And we find the building drive materialised in the chief monuments of Roman Tarragona: the amphitheatre, the circus, the aqueduct of les Ferreres, the praetorium, the walls, the "Arc de Barà"... A building drive that raised an empire. The sardana is the aesthetics of mathematics, the *castells* are the sublimation of the building drive of ancient Rome.

MARAGALL AND THE LANDSCAPE

The landscape of Catalonia is like the fabulous constellation of a Roman mosaic set into the vault of a cosmic cathedral. Early every morning, in the east, the sun gets up on to the tips of its toes to watch through the stained-glass windows of the sea. The debris of scattered colours forms groves and paths, castles and monasteries, mountains and plains, and history and legends are created. If we look very closely at this crystalline constellation in its entirety, we shall see to the north, chasing the vault of the sky, the white silence of the snow on the towering peaks of the Pyrenees. A white silence with the scent of magnolias; a silence that flows between forests of fir, of beech, poplar groves and pine woods that lend a sonorous colour to the transparent silence of the peaks when the gentle breeze slips by; a silence that becomes a clepsydra in the streams that measure the distances and are a limpid whisper like the wind-rose, which only speaks the name of each wind, but without spreading its wings.

Parallel and close to the coast stretch the hills, the cliffs often tumbling to the sea. Tiny plains and widening deltas crowd together on strips of land scattered between the hills and the sandy shore. Away from the coast, these same features crop up again in the depressions caused long ago by the collapse of the coastal hills. Originally invaded by the sea, these depressions were later filled in and finally became the warm, gently rolling plains which favoured the rise of agricultural and urban civilization.

In strict Catalonia, the ancient mosaic takes on a variety of hues with a fascinating multiplying effect; as the geographer Pau Vila says, "The conditions of the terrain and the climate, the local necessities and the conveniences of the economy, form a subtle mosaic that characterizes this country and the variety of landscapes with which it surprises the beholder." Relief, climate, soil and vegetation shape the enormous diversity of the Catalan territory, allowing the contrast between the heights of the Pyrenees, with their Alpine meadows and forests, and the arid plains lying in the west, with intermittent areas of fertile ground irrigated by rivers or underground waters; between the sun-scorched, but nevertheless welcomingly mellow coastal strip, with its patchwork of farmland, and the damp mountains of the Garrotxa, with its leafy forests of beech, like the Fageda d'en Jordà that Maragall described. This diversity is what gives form and colour to the landscape of Catalonia.

Catalonia is predominantly mountainous and essentially Mediterranean, in the complex variety of its relief, and in its climate, and in its vegetation. Josep Pla made this festive and mocking remark on the country's orography: "Catalonia is one of the most mountain-filled countries there is. In fact there are more than enough and to spare; there are so many of them that the day someone counts them they won't be able to believe their eyes. We're always being reminded that Catalonia is a small country. It's true. Our country's skin is profoundly wrinkled and has ups and downs that are no use to anyone. But if it's any consolation we can always think that the day someone manages to stretch this skin out and get rid of the wrinkles, the country we live in will be at least ten times the size it is now..."

At the dawn of the tenth century, when the ancient hills of the Pyrenees began to be called Catalonia, the monasteries were almost simultaneously fashioning a new geography. The mysterious wonder of the Catalan monasteries that were being raised, built where nature becomes almost unreal, arises from the need to give a human response to the challenge to eternity. In these places, nature and the landscape itself become unreal because they are like a transformation of Mount Tabor. The challenge to eternity emerging from these monasteries that blend into the landscape is expressed in Joan Maragall's *Spiritual Song*:

> *Oh Lord, if this world is so fair, reflecting*
> *in our mortal eyes Your sovereign, holy grace,*
> *what more can you offer in some other life?*

In the apotheosis of the transfiguration, the apostle Peter says to Jesus, "Lord, it is well that we are here; if you wish, I will make three shelters, one for You, one for Moses, and one for Elijah" (Matt 17, 4-5). Peter understands that no other life is necessary, nor any other world. On Mount Tabor he has rediscovered the ancient lost paradise: "it is well that we are here"... Joan Maragall said, "what more can you offer in some other life?". For him, life is life on earth, the beauty of the world, the beat of the heart, the joy of the senses. The landscape is Mount Tabor, where it is well to be. The monasteries and the landscape are the little homeland the poet conjures up:

> *...this earth of ours whose myriad creatures teem*
> *is also my home, Lord, and could it not become*
> *the ground one day of our celestial meeting?*

Maragall has rediscovered Mount Tabor and Peter's practical conclusion. The apostle and the poet give a transcendent meaning to the landscape: the shelters the apostle speaks of on Mount Tabor have their replica in the Pyrenean monasteries and in those that were later to spread over the country; Mount Tabor itself has its replica in the Pyrenees. The *Spiritual Song* was born on Mount Tabor. This is what makes it so original. And an unmistakable example of how love for the landscape can become passion and how its very humanity can make it transcendent. This is the relationship that has been woven between the men and the landscape of Catalonia over the ages and which only Maragall's poetic ambition could reflect in one of his best poems. Let us remember the words of Joan Fuster: "The *Cant espiritual* is undoubtedly one of the greatest creations in the Catalan literature of all time, and even in the European poetry of the twentieth century." A poem which, not by chance, has roused the interest of two Nobel-Prize Winning authors, Albert Camus (whose mother, Caterina

Sintes, was from Menorca), who translated it into French, and the poet Eugenio Montale, who produced the Italian version.

In the apotheosis of the transfiguration of the landscape, Maragall breaks into this hymn addressed to God:

SPIRITUAL SONG

Oh Lord, if this world is so fair, reflecting
in our mortal eyes Your sovereign, holy Grace,
what more can You offer us in some other life?

Thus I jealously treasure the eyes and the face
and the body You gave me, and the heart that no
longer will beat there... and death terrifies me so!

With what other senses will You help me to see
this blue sky that arches lofty above mountains,
the boundless sea, and the sun that makes things glitter?
Give me Your rest with these earthly senses when I die
and I shall ask no more than this clear azure sky.

Oh Lord, I cannot understand those who never
cry "Halt!" except at the moment when they must depart,
for I myself should like nothing more than to stay
so many passing moments of each passing day
and to make them eternal within my beating heart!...
Or is this "eternal faith" nothing more than death?
But in that case, where does death end and life start?
Is it the mere shadow of time flashing by,
a mirage that to the living appears near or far,
counting the vast and the small and the too high,
only illusion, for Your all is always here.
What difference! This mortal world, however it may seem,
so diverse, so endless, so helplessly fleeting,
this earth of ours whose myriad creatures teem
is also my home, Lord, and could it not become
the ground one day of our celestial meeting?
My measure is human, for I am but a man
in everything I can believe in or hope:
if my hope and my faith are of this life's span,
will you curse and disown me once my life has stopped?
Beyond, I see the starry kingdom of Your skies
but even in Heaven, a man I hope to stay:
if You alone made this world so fair to my eyes,
and created my senses to adore what You devise,
will you now shut them, seeking another "way"?
But what other could be like this one I love so well?
I know what You are, Lord, but who knows where you dwell?
Everything I see reflects Your likeness in my sight...
so let me believe You walk here with me in light.
And when finally that last dreaded hour draws nigh
and Your angels descend to shut my mortal eyes,
open, oh Lord, others greater and more wise
that I may glimpse Your sacred visage upon high
granting me a loftier rebirth as I die.

Translated by David H. Rosenthal

Just as we could hardly understand Saint Francis of Assisi's *Canticle of the Sun* removed from its Umbrian landscape in Italy, Maragall, steeped in the Franciscan tradition, raises his spiritual hymn from the depths of his roots in the landscape of Catalonia, from his total identification with "this blue sky over the mountains/ and the immense sea and the sun that shines throughout".

Gaziel would say that Maragall's vision of the landscape "is healthy, optimistic, and is very much at one with the world", with this nature full of "absolute wonders of life. And the spheres of the heaven themselves, if they are farther away, too far away, from our senses, fail to attract him. Maragall's best poetry is open-mouthed gaping before Georgic nature."

Azorín, one of the most outstanding writers of the "generation of 98", was to write, "Catalonia, for us, is not the factories, the manufacturing towns, the hum of her splendid streets, the constant hustle and bustle of her machines. Catalonia is the lofty, silent mountain; the mountain, which from the city can be made out in the distance; the mountain, so marvellously depicted by some of the Catalan poets and novelists. Everything about it is remoteness, silence and peace." And Vicente Aleixandre, winner of the Nobel Prize for Literature in 1977, after a visit to Catalonia, had this to say: "I don't like phrasemongering, but faced with this land worked for so many centuries and transformed by the effort that has been put into it, I feel like saying that, just as in Castile the landscape has made the man, in Catalonia the man has made the landscape." That is why we can speak of the human dimension of the landscape. Maurici Serrahima draws the following conclusion: "Catalonia must be seen as a country made on a human scale. Not only in the landscape, but in the structure, and in the way of life, and in the vision of reality." It is the paradigm of Joan Maragall before this landscape: "My measure is human, for I am but a man".

GAUDÍ: THE ARCHITECTURE OF THE MISTRAL

Lluís Racionero once wrote, "It's curious that Catalonia should produce a high percentage of brilliant men in two places: Reus and the Empordà. Is it because of the wind? Is it a genetic inheritance? Is it the liberal atmosphere of the cultural tradition?". Just as a sample, for the Empordà we could mention, amongst others, Dalí, Pla, Ruyra. And for the Camp de Tarragona, Prim, Gaudí, Fortuny, Ferrater. Joan Miró asserted with an air of finality, "I consider Antoni Gaudí the greatest of geniuses". Antoni Gaudí (1852-1926), a leading figure in the complex Catalan Modernist movement, was unquestionably the most important architect Catalonia has ever had and one of the world's great figures in the art of the nineteenth century.

Antoni Gaudí was born in Reus, the son of a family with links in Riudoms. A short distance one from the other is a series of towns strung out in a line near Reus. Leaving Riudoms, we soon come to Montbrió and immediately afterwards, Mont-roig, Joan Miró's home town. Up in the hills is l'Aleixar, where Joaquim Mir used to stay. In all the towns to the west of Reus the noise you hear when the mistral whistles is the same. The mistral is an outrageous busybody of a wind that gets into the houses through even the smallest crack, and the noise in all these towns is like a swarm of bees on the wing. The mistral comes down the Gorge of Alforja like an unbridled horse; before it gets to Reus, which is usually where it blows hardest, it pays a visit to all the towns along its way; but it does not stop at Reus, it goes on until it reaches the sea, where it engages in a furious struggle with the incoming waves. It hardly ever blows in Tarragona, and when it does it gets there more mellowed. The headland of the Cape of Salou is the dividing line between the mistral and the levanter, a natural windbreak that exerts great authority over the drive of the two winds. Beyond the Cape of Salou, along the rocks, we come to the Pas de la Mala Dona, where legend has it the winds gather to play. All along the coast, from the Cape of Salou to the Ebro Delta, you can see a lot of pine trees that live completely doubled over by the driving force of the wind. The sky around here, polished by the gusting mistral, shines like a resplendent diamond. The light of the sun is piercing as white-hot lance tips. The air is lit up as though gilded. The presence of these landscapes in the childhood and adolescence of Antoni Gaudí helped sink the future architect's living roots deep in a natural world ruled by the wind. Gaudí was to raise the architecture of this world. This architecture can already be made out in the landscape. The law imposed by the mistral keeps the clouds at bay, and the meagre rainfall, the force of the wind and the violent light give the landscape an air of austerity, but noble austerity, nevertheless. The mistral forces a particular architecture on this land. On the elements of nature, Jacques Dupin comments, "In Mont-roig, the action of water and wind, of sun and ice on this soft porous rock, a quarry the colour of wine, has produced staggering natural sculptures that seem to be taken directly from Gaudí's imagination". The influence of Gaudí is to be found everywhere in the structures and rhythms of Miró. Gaudí's genius lay in his ability to grasp this architecture and recreate it. Gaudí gave corporality to the wind with his constructions. Robert Lubar was to write, "The ornamentation on Gaudí's work is the reflection of a fantastic recreation of the cosmic cycle". In the same way that to understand Miró's painting and Picasso's cubism one has to turn to the regions of Camp de Tarragona and Terra Alta, respectively, to understand Gaudí's architecture one has to make an incursion in depth into the same Camp de Tarragona that was later to nourish Miró. If we do so, then, when we stop in front of the building of la Pedrera, in Barcelona, we shall see the architecture of the mistral. Experts see la Pedrera as a petrified sea, with the whole building reflecting the undulating movement of the waves. This is true enough. But isn't it the wind that moves the waves? Without wind there are no waves. La Pedrera is a sea that has been raised up by the force of the wind. Without the force of this wind the mistral, la Pedrera could never have been raised. As Jacques Dupin says, "Gaudí completely liberates architecture of all rules and provides a foretaste of all the surrealist delirium, all the liberations formed out of abstract art, all the boldness of gestural art". Gestural art vibrates. The temple of the Sagrada Família is like a giant poplar with leaves that are forever trembling in the wind. It is like the restless tree of light the poet Ramon Xirau speaks of. It is the restless, violent light of Camp de Tarragona. If la Pedrera is the sea raised up, the temple of the Sagrada Família is the whole of Camp de Tarragona raised on its feet. The trees have climbed the mountain of the wind: carobs, hazels, oaks, pines, peaches, cherries, loquats, all climb up the mountain to form a vertical forest, stirred by the force of the wind. La Pedrera and the Sagrada Família, the sea and the mountains rocked by the mistral, are the essence of Camp de Tarragona. And the interlinked spires that seem to embrace, that stand like needles around the cosmic cathedral of the wind, are like the human towers of the *castellers* of the towns of Tarragona, trembling, living towers –the soul of the wind captured in stone. The leaning columns of the Güell Park bring to mind those pines bent over by the wind. Everything is plant-like in Gaudí's architecture. Pere Gimferrer speaks of it as a "mineral flowering, plant architecture, living stone". The fragmented ceramics are the result of a tumultuous charge of the unbridled horse of the wind. Jacques Dupin tells us that Gaudí "invented collage with bits of china". When Gaudí combines colours in his ceramic fragments, it is as if he had tipped a basket of mixed fruit onto the table, because Gaudí conceives colours volumetrically. His colours are things: they are cherries, loquats, plums, open pomegranates, apples, pears, hazelnuts, grapes, they are the colours and the fruits of his Camp de Tarragona. Miró's admiration for Gaudí has its roots in the land they share. Both of them have fed off Camp de Tarragona. The colours of Miró's ceramics are also warm fruit gathered in Mont-roig. Joan Miró has painted the mistral; Antoni Gaudí has given us its architecture. Jacques Dupin writes, "Gaudí is the precursor with which Miró's sculpture has deep affinities and solid family ties." And he adds, *"Woman and Bird* is a glowing sculpture of cement encrusted with fragments of coloured ceramics, and like a last tribute by the painter to Gaudí in its echo of the fragmented pottery of the Güell Park." Gaudí was like a piece of stone torn from the Còbic quarry close to Reus; a living hazel from the countryside around Riudoms; a crooked carob overlooking the sea; an olive tree from Camp de Tarragona. Jacques Dupin realised this: "Gaudí is visionary energy in its pure state and he is freedom. The freedom of a people, the ties with the earth, the cry of its freedom". Catalonia is her people, freedom; the ties, the earth, are Camp de Tarragona; the cry of freedom is the Mistral.

Gaudí's sensitivity was unique, Mediterranean in its fullest sense. If the architect saw in the monastery of Poblet the splendour and the independence that Catalonia had somehow to recover, Barcelona was the Mediterranean synthesis in which, more than anywhere else, Gaudí's genius was to flourish. And it is through symbols that his architecture takes form and becomes identified with Catalonia's signs of national identity. Thus the Casa Batlló is a metaphor for Saint George. The building represents the dragon and, at the same time, its lair. The large balconies on the façade are the tubes of an organ made of bones, smoothed and polished by the force of the wind, by the sun and rain; they are bare stumps of trees burnished under the open sky; they are stalagmites that rear up at the entrance to the cave where the dragon has its lair... And at the highest point of the building is the dragon's great scaly back, and a floral cross with four arms exactly aligned with the cardinal points of the compass. This is the wind-rose which is hoisted on floral crosses set beside the four paths of space, and which on

the roof of the Palau Güell takes the particular form of a genuine wind-rose, under a weather-vane formed by a bat with outstretched wings, blind as the wind that blows where it wills until it takes shape in a rose that is a symbol for Catalonia: the rose of Saint George. We find the dragon again at the former Güell estate in Pedralbes, on the way to Sarrià. Here the dragon is chained to the door itself; a dragon that comes alive every time the door is opened or shut, that becomes enraged every time the driving wind comes down from the hills of Collserola. In the Güell Park, on the other hand, the dragon is made from ceramic fragments; this dragon has lost its fury, it is a garden dragon that has turned into a lizard, and it is colour and light and playfulness. This is a dragon that children can approach, and like one more child it slides playfully down the beautifully fragmented staircase, like a Japanese Ra-Kú. Cresques Abrahams drove the dragons from his atlas. For him, dragons were fierce sentinels that barred the way to cartographic expansion. Gaudí gathers them under Saint George's lance.

In the Güell Park, Gaudí's architectural art blends in and is one with nature. The park's hypostyle hall, with its impressive columns, is a true temple of nature that reveals to us Gaudí's subtle irony, since it was originally intended as a market. If he had had his way, it would have been the most aristocratic market in the world. It may be that Gaudí saw a market as a genuine temple very similar to the naked sumptuousness of the Catalan exchanges of the Middle Ages. It is, in fact, a true temple of nature, without doors, in direct contact with the earth, the air and the sun. The prodigious colonnade marches like a forest across the land and blends into the plant-life around it. Gaudí did not so much design temples as forests. In this case, though, there is a kind of tug of war between temple and forest because they overlap: the forest becomes a temple; the trees become stone columns; the temple becomes a forest, the stone columns become living trees. A spectacular metamorphosis which is like a millimetrical, mathematical dance; like a liturgical ceremony of hieratic vestals. The hypostyle constructions of Egyptian temples, Persian palaces and Greek architecture have links with this forest-temple in the Güell Park. The use of ceramic fragments, a technique introduced into old Hispania by the Arabs, bursts over the ceiling, supported on its harmonious colonnade. Looking at the geometrically fragmented ceiling, it seems as though an architectural earthquake had shattered it like a rose whose petals are snatched away by the fingers of the mistral. Above it is a large concourse like a luminous terrace in the lap of nature: the long sinuous bench surrounding it, decorated with fragments of china, is like the polychrome waves of the sea on a glorious sunny day with the south-west wind playfully blowing as they take on different shades of colour: blues, greens, turquoise, gold, the white foam... A living, moving mosaic of fragments, rolling towards the shores that were terraces in Gaudí's dreams, that become shining ceramic on the concourse at the Güell Park. In another part of the park, the parabolic arches, supported by leaning columns above the arms of beatifically slumbering plant-life, adopt a liturgical pose. The wind kneels ceremoniously, encrusted in the stones of the columns that are the buttresses at the base of a Gothic cathedral, grown over with trees and plants. The gloom and the rugged grandeur of the drystone porticos and arches bring to mind Romanesque Catalonia, born in its secular refuge in the valleys of the Pyrenees, in the shelter of the monasteries: Sant Miquel de Cuixà, a measure of old Catalonia; Sant Martí del Canigó, with its bell tower, a hive for the wind, empty of bells, a testimony to the ancient buzzing of bronze bees; Ripoll, the cradle of Catalonia; Sant Joan de les Abedesses... The frescos, the carvings and the architectural details from these early Pyrenean churches were a source of inspiration to Catalan architects of the nineteenth century like Puig i Cadafalch, Domènech i Montaner and, of course, Gaudí. Since they were moved to Barcelona for safe keeping, these works of art have formed the most impressive group of Romanesque mural paintings in Europe.

As we leave the Güell Park, we pass beneath the helicoidal gate-tower crowned with the double cross so characteristic of Gaudí. The four cardinal points have also become a prayer with the endless litany of the wind...

Gaudí's arboreal architecture is transplanted from the country to the town. The galactic forest of whimsically shaped and coloured chimneys that stands on the roof of the Palau Güell is a domestic representation of nature. The mineral chill is warmed by the broken pottery which with the force of the sun lights up its urban setting with a glow that is taken from the flowers of the countryside. If Gaudí's reference for the Güell estate in Pedralbes was Verdaguer's *Atlàntida*, from which all he uses is the dragon, the guardian at the gate to the garden of the Hesperides, and some oranges in iron at the top of a column, in the Palau Güell he gave form to an idea from Richard Wagner's *Parsifal*, which placed the hiding-place of the Holy Grail in Catalonia. Standing out above the forest of chimneys on the roof is the skylight-tower over the building's great hall. On this tower the lightning conductor, the Greek cross, the weather-vane formed by the bat with outstretched wings and the golden wind-rose jut out into space forming a bizarre zodiacal sign... Beneath the tower, the parabolic dome over the great hall is a representation of *Montsalvat*, the castle of Wagner's Christian knights, where the Grail reposes. The shadows pierced by darts of light become a procession of the flock from the shadows of Morpheus's lair and mournful warriors from the caves of Mercury. A silent struggle of light and shade that becomes architecture and dance and legend...

Gaudí's architecture is almost always expansive; it comes out into the street, into the countryside, the open air, the wind: the wide open temple in the Güell Park; the crypt in the Güell Colony, flourishing countryside made liturgy, one of the finest architectural spaces in Europe; the temple of the Sagrada Família, a Jacob's ladder that sets rungs in the wind; the great gale of la Pedrera; the charge of the dragon at Casa Batlló... The Palau Güell is possibly one of the few places where Gaudí's architecture withdraws, shuts itself away, retreats into its interior and plays with the shadows. It is true that it was one of the first manifestations of Gaudí's architectural maturity. On this occasion, though, he let himself be seduced or ensnared by the depths of the jungle, where the trees are so thick and so tall that they break up the light, undoing its fabric like Penelope's untiring fingers. But the cry of the land echoed in the spirit of the architect of the wind and broke out resoundingly in the final apotheosis of the Sagrada Família. And the cry lives on and rises stone by stone, climbing to the sky like the sacrament of the consecration of the fruits of the earth... It is the cry of the land that raises these galactic warriors in the form of chimneys and the crosses that embrace the four winds... It is the cry of the land that gives sonority to Gaudí's architecture, the architecture of the cosmic Christ standing fast in the wind and of the aeolian rose that opens in the sky over Catalonia!

FROM CUBISM TO THE CONSTELLATIONS

Everything I know I learned in Horta (Picasso).
The whole of my work is conceived in Mont-roig (Miró).

These two statements are definitive enough to situate the roots of Pablo Picasso's and Joan Miró's art firmly and unequivocally.

Some of the most important innovations in the history of twentieth-century art have as their principle reference the austerity and the nakedness of the landscapes of Tarragona. Cubism was born in Horta de Sant Joan, near Gandesa (Terra Alta). Mont-roig and Camp de Tarragona are more than just a stage in Joan Miró's pictorial work; they are the reference that nurtured his pictorial alphabet, perhaps the most original this century has seen.

Picasso

When Picasso says, "All I know I learned in Horta", we look forward to having the enigma of this town revealed to us. Picasso's work during the period at Horta de Sant Joan can be divided into three parts: the first, the work done during the summer of 1898, which abounds with drawings of popular figures, landscapes and animals in Horta and the mountains, using a more traditional pictorial language; the second includes works from 1902 and 1909 (drawings and water-colours done in Barcelona and corresponding to part of his blue period) with Horta as their theme, while the third, and best-known, is the work from the second visit in 1909, in the early days of cubism.

In 1898 Picasso was advised to take the mountain air to restore his delicate health. This took him to Horta de Sant Joan, at the invitation of his friend Manuel Pallarès, whose family home was there. The dry wind and the scent of the woodland plants acted as an effective tonic for the artist's health. Horta was then and still is a beautiful spot, at the foot of the wild hills, on the edge of a plain that falls away into the distance and the enclosing horizon of hills, those of Cavalls and Pàndols. Horta is really a "cubist" village, with the outline of its houses forming strongly contrasting cubes, piled on top of one another, with their solids and vacuums and their masses and spaces, all gathered together into a whole presided over by the church. The old village seems to act as a buttress to the old church. The result is perfect. All the shapes are very structured and simple, architectural volumes that are suited to a geometrical treatment. To the right stands the conical structure of Santa Bàrbara, with the convent of Sant Salvador d'Horta. In the distance, the geometrical backdrop of the mountains and the "Roques de Benet". The painter's gaze took in every shady corner, the streams of icy water, the wild shrubs, and contemplated the silent row of hills, the grey delimiting the green, the odd red patch of farmland, the cleft of a stone gorge at the bottom of which there surely ran the crystal-clear waters of a stream. The warm red light, the dry atmosphere, the ambiguity of the greens all spread over the entire area.

After his first visit to Horta Picasso came away with a series of drawings of trees (the contour, the texture, the identity) and some sketches for a painting he wanted to be called *Idyll*, in which a shepherd and shepherdess appear. He also drew several horses and did a portrait of the little girl Josefa Sebastián Membrado, as well as an oil-painting which was christened *Customs of Aragon* (Aragon was just up the road and easy for them to get to). Picasso returned to Horta in 1909, just 10 years after his first visit, after the blue and rose periods and after living in Paris for a while. He had already painted clean, strict, simple pictures with a very marked inner texture. And he returned to Horta –not to Gòsol, Ceret or Cadaqués (places in which he had already worked as a painter)– but to Horta. Why? The answer lies precisely in the pictures he painted in Horta from then on: cubism. Cubism began in Horta.

It was during that summer of 1909 that Picasso, accompanied by Fernande Olivier, visited Horta de Sant Joan for the second time. Fernande Olivier, in her *Records íntims per a Picasso*, says that "in 1909, we spent four months at Horta, a village in southern Catalonia. And it was there, before those hills, with their simple, pure lines, that Picasso invented what immediately became known as cubism. He brought back a few canvases from Horta, the best of which were bought by the Steins: some landscapes with a geometric design. In one of them, some palm trees brought a lively touch of green to the study in earthy colours".

The landscape as seen from the top of Santa Barbara is a view in which the ochres and greens of the countryside do not correspond to the forms. The colour overflows the edges of the forms, with no respect for the contours; it expands, forming two distinct and dissociated realities which ultimately blend into a mosaic. Joan Perucho says that "Horta is exactly like a cubist canvas, from the most varied angles and distances". Gertrude Stein, speaking of the pictures she purchased, says, "as for the three landscapes, when they were hung on the wall, everyone who loked at them expressed their disagreement". But it happens that Picasso and Fernande had taken several photographs of the places he painted, and they gave copies to Gertrude Stein. And when anyone said that the cubes appearing in the landscapes looked like nothing more than cubes, Gertrude Stein laughed and said, "if you had criticized these landscapes for being too realistic you might have been right". Those pictures were the true beginnings of cubism. That pale silvery-yellow colour (ochre with a slight touch of green) was the same colour that was later to become so characteristic in Picasso's cubist works and in those of his followers. Gertrude Stein always said that the only true cubism was Picasso's and Juan Gris's. Braque was categorically left out.

Which are the cubist pictures painted by Picasso at Horta? The best-known work is *The Factory*, where palm trees and a chimney can be seen beside a group of buildings. The leaves of the palm trees stand out in their precision, as do the edges of the chimney. *The Pond*, with reflections and transparencies; *Portrait of Fernande*, inspired in the idea of the cone, taken from the mountain of Santa Bàrbara, according to Palau i Fabre; *Nude Male Torso, Houses on a Hill, Another Head of Fernande, Woman's Bust with Nature, Woman Seated in a Chair, Still Life with Bottle of Anis, Madonna*. And although painted in Barcelona in May 1909, *Portrait of Manuel Pallarès* can also be said to belong the Horta de Sant Joan cycle.

Twenty-three oils painted in this village in the Terra Alta and 23 drawings and aquatints have been catalogued. Palau i Fabre says that starting with these works from Horta de Sant Joan, Picasso's production can be called geometric cubism. This geometry, which begins with the cone that tries to dominate through the oval and the ellipse, was to develop with the introduction of regular or irregular polyhedra and cubes, which become more and more multifaceted. Another characteristic of the cubism of Horta is the colour, which in some cases seems to result from transparency. With the help of the greys, which create muted spaces, the painter manages to make the colours look as though they are lit up from behind, so that they are more alive and intense than ever. Some of the effects to be seen in Gothic stained glass, where the lead outline helps define the colours and make them vibrate, is here transformed into a new pictorial form. Picasso effectively opened the doors of the twentieth century and fashioned his style defiantly as the creator of daring and fertile forms.

By way of clarification, since the nineteenth century, with moderates and progressives, Horta has followd the ups and downs of politics and has seen its name successively changed into Horta de Sant Joan and Horta d'Ebre. Picasso himself explained that when he tried to remember this and get it straight in his mind he always got in a muddle. For him it was always Horta d'Ebre.

Miró

Coming down from the Terra Alta, we arrive at Camp de Tarragona, which was the centre of Joan Miró's universe. Apart from its privileged natural setting —allowing the painter contact with the Mediterranean as well as the riches of the rural world, where he found everything that was primitive and primeval—, it was also here that he discovered the profoundness of the earth and the magnificence of the cosmos. Daniel Giralt-Miracle says that "it was there that he found himself and where he understood his relationship with the world". Miró gives us the keys to his pictorial vocation: "The whole of my work is conceived in Mont-roig, everything I have done in Paris was conceived in Mont-roig".

Jacques Dupin apostrophized, "Mont-roig and its landscape have played an essential part in the formation of Miró's personality and in the development of his work. His energy, his enthusiasm and his stubbornness belong wholly to this country."

Joan Miró's identification with Mont-roig is as deep as the roots of the centenarian olive trees. Referring to this phenomenon of identification, Joan Perucho was to write, "his love for the land of Tarragona is proverbial and it has often been said that his paintings contain the light of Mont-roig. But there is something else: there is the life that Mont-roig taught him. Without Mont-roig, without the countryside of Mont-roig to which Miró returns again and again, these fabulously lively and unsettling paintings would not exist."

In 1911, Joan Miró was taken ill and spent a long time at his parents' house in Mont-roig. There he confirmed his decision to abandon all activities other than painting and he began a dialogue with the world contained in the family farm and Camp de Tarragona which was to feed the stock of signs making up his individual and original language. The works from this period are realist landscapes with hints of cubism, expressionism or post-impressionism. It was a period of observation, of training, of spiritual and professional maturation.

By 1919 we find important paintings. In the pictures of the farmhouse and the farmland around Mont-roig, as well as the cubist-influenced composition in the houses, the interest centres on the study of the plants that were to add to the multiple forms of Miró's visual alphabet. The crossed canes adorned with tomato plants grew into the stars so characteristic of his paintings; the carob-trees augur the elongated signs he repeated so often; the clusters of tomatoes or the strings of onions can be identified in the line ending in a ball, or the double or multiple lines ending in spheres. The shafts for drawing water also became symbols. Human figures were simplified and began to resemble mental sketches. The palms, the birds, the ladders, the vines, the hollow trunks of carob and olive trees, the carts, the animals, were all developing into what were to be Miró's symbols, figures and monsters. The transparent air of Camp de Tarragona came to form part of the atmosphere of his pictures. Miró's atmospheres are not normally hazy, but limpid, sometimes even empty, but it is not unusual for the wind —the tactile spectacle of the atmosphere— to be present.

Miró tells us, "I spent three months of the year at the house in Mont-roig, I stayed there alone. I steeped myself in the peasant atmosphere, isolated from the bustle of the city, in the company of animals: cats, dogs, birds; for lighting, all I had was oil–". Each sign has a referent and his common repertory of forms was largely put together in Mont-roig.

In the Camp de Tarragona, man has to struggle with nature. Miró was fascinated by the rugged austerity of this landscape. Man the peasant was to be one of the foremost symbols in Miró's painting. His early pictures are quite explicit: Pitcher (1912), Farmer (1914), Poca's Farm (1914). His forms in space took shape and approximated to a description of the land in which what he values most are the rhythms and colours, a mixture of expressionism and divisionism. The works from 1916, Mont-roig, the Town, Mont-roig, the Landscape, and 1917, Mont-roig, the Bridge, Mont-roig, the River, Cambrils, the Beach, Shrine of Sant Joan d'Horta, Siurana, the Path, Siurana, the Church, Siurana, the Village, Street in Prades and Prades, the Village, are all works that represent perfectly what Dupin calls Catalan fauvism and which constitutes a whole prologue to the interesting experiments of the detailed paintings from 1918 that prepared him to tackle The Farmhouse (1921-22).

Of this series, produced between 1916 and 1917, the oil painting Mont-roig. Sant Ramon stands out as the most resounding work from this period, since it has all the chromatic vigour of fauvism and is built up according to cubist canons, a movement that had already lost the freshness of novelty to become a method, a discipline, a control of form.

Portraits, objects and landscapes are treated as still lifes, as the basis of an ideal composition. Of all the paintings Miró produced during this period, there are three that reflect the gradual consolidation of his objectives: House with Palm Tree (1918), Garden with Ass (1918) and The Farmhouse (1921-22). Others, like The Tile Factory (1918), Cart Tracks (1918), Vines and Olive Trees (1919) or Mont-roig, the Church and the Village (1919), complement and uphold this process.

Between 1919 and 1920 Miró embarked on a new artistic strategy which was no more than the response to a new poetry. He studied reality in depth —the plant world, the animal world, objects, architecture— and laid it on the flat surface of the picture without shading or perspective. What most interested him was, as he himself wrote, "the calligraphy of a tree or a roof, leaf by leaf, twig by twig, weed by weed and tile by tile. Every little thing in nature is a world. I find all my subject matter in the country and by the sea...I work hard to achieve an art of concept, taking nature as my starting point, never as an end." The individualization of things, the urge to turn everything into an ideogram with poetic values going beyond concrete meaning, can be found in Still Life with Coffee Mill (1918), Horse, Pipe and Red Flower (1920), The Table (Still Life with Rabbit) (1920), Table with Glove (1921), The Carbide Lamp (1922-23), Ear of Corn (1922-23), The Farmer's Wife (1922-23). In House with Palm Tree (1918) one glimpses a conceptual and technical change.

Miró put together a plurality of floating signs that offer a markedly poetic view of reality and whose magic and mystery increase in Garden with Ass (1918). The Farmhouse (1921-22), the most elaborate piece in the whole of Miró's production, represents the culmination of his figurative period and the beginning of a process of simplification of signs, during which he started to formulate the language of a semantic universe that finally blossomed in Ploughed Field (1923-24), Catalan Landscape (The Hunter) (1923-24) and Harlequin's Carnival (1924-25). Miró remarked, "The Farmhouse is the sum of all my life in the country. From a great tree to a little snail, I wanted to put everything I loved in the country into it". This picture confirmed him definitively as the grand master of the twentieth century. The Farmhouse is the fusion of objectivism and subjectivism, a kind of meeting-point between the reality of the senses and the reality of the imagination.

The path marked by The Farmhouse was to lead him to the doors of surrealism. Breton speaks of Miró's irruption as "a tumultuous entrance, an important landmark in the development of surrealist art". The surrealists discovered in Miró a visual magic originating in what is most primitive and local, in the Mediterranean mythology that places a supreme value on everything forming part of nature. The link Miró proposed between the imaginary world and the real world gave surrealism a reality which until then was virtually unknown. Harlequin's Carnival (1924-25) reflects the culminating moment of this poetic writing where all that is wonderful is expressed with an imaginary iconography which is pure Miró and declaredly surrealist.

Raymond Queneau has seen in Miró's painting a form of writing, a language with a *Miroglyphic* dictionary, in the same way that William S. Rubin considers the possibility of a dictionary of the signs with which Miró provides a dialogue between the imaginary and the real. Pere Gimferrer apostrophizes that the whole of Miró's work responds not to an abstraction of reality, but to "the most advanced stage of figurative painting".

The gestation of a characteristic vocabulary of his own and the articulation of this system of poetic signs was a gradual process of evolution, and Miró spent the whole of his life working on it. We could almost say that the whole of Miró's work responds to the search for and creation of this language. The painter's language replaces the immediate significance of things with their significant. We can identify a country by its sign: a flag; a man or a woman by an attribute: a pipe, a *barretina*, a skirt, a lipstick... Out of eyes, ears, genitals... he formed ideograms like those of the ancient Egyptians or the Chinese. Actions were represented by the act of looking, running or flying, the scientific diagram by lines of points, plans... Mechanical elements like wheels or pulleys expressed movement. An art of language replaces an art of words. The result of this transformation in the meaning of things is that Miró's art, paradoxically, is not a visual art. The system is enumerative. Everything is a written representation of the thing. Each figure, an ideogram. A landscape, whether it be earthly or cosmic, will contain those things the painter considers convenient and with those elements that are strictly necessary. The objects that Miró fashions almost always belong to the world of the peasant. But his instinct for selection, for synthesis, isolates those objects that are capable of becoming a sign of the concept. The cart-wheel becomes the personification of horizontal movement; the ladder personifies vertical movement. Intangible elements like sound and light tend to be represented by very thin continuous straight lines. The shapes in Miró's painting and sculpture are never inert or at rest. They are always doing something or else something is happening to them. Cirici Pellicer, an authority on the subject, notes in a summary of his theory *Miró Llegit* that "it gets clearer day by day that the structural system of painting and sculpture comes closer to language than to the word, closer to the sign than to the expression".

As a colophon to the painting of the farmhouse, Miró saw in it the realisation of his calling as a tiller of the field of art; he explained it as follows: "I see my workshop as a garden. Here, artichokes. Over there, potatoes...I work as a gardener, as a vine-dresser. Things come gradually. My vocabulary of shapes, for example, didn't come to me suddenly. It built up gradually in spite of myself. Things follow their natural course. They grow and ripen...They ripen in my spirit. That's why I work on so many things at once".

In the field of cosmology, Miró was to introduce a new calligraphy which materialized in his famous *Constellations*. Octavio Paz tells how, in carrying out this series, "the painter scattered a handful of seeds over the canvas, germs, living colours and shapes that come together, separate and branch out with a joy which is at once generic and fantastic...Miró's *Constellations* literally illuminated the obscure relations between history and artistic creation. Miró had painted these rather small pictures at a terrible moment in his life and of recent history: Spain under the Franco dictatorship, Europe occupied by the Nazis, poet and painter friends persecuted by Franco or exiled to America. The apparition during those gloomy black days of a painting that was a fountain of living colours and shapes was a reply to the pressure of history." Picasso had given his reply with *Guernica*. Miró's *Constellations*, like Picasso's *Guernica*, were the explosion of life under the humiliation of dictatorship and war.

After the end of World War II, and following a crisis of identity which forced him to abandon painting for a few years, the return to the Camp de Tarragona provided a new boost to his imagination. After 1946 Miró took intense pleasure in that landscape, with its fields, the trees, the crops, the coast, the marine world... and, as a result, he resumed his pictorial activity, working at the same pace as before the conflict.

Miró was a versatile artist, and the start of his activities with textiles is directly linked to the famous *Tarragona Tapestry*, made in 1969 in Josep Royo's workshops. The *Tarragona Tapestry* is a great artistic feat, combining form with the most personal colours and graphics of Miró's later period.

Picasso, Mir, Mercadé and Miró coincided at the beginning of this century in an innovative investigation of painting that found a favourable atmosphere and countless sources of inspiration in the landscapes of Tarragona. Picasso, in Horta de Sant Joan, discovered the primitivism of an untouched rural reality and applied the language of cubism to the architecture of the village. Joaquim Mir, in l'Aleixar and Maspujols, developed the freest, most poetic and expressive period of his entire career. Jaume Mercadé, in Valls, gave an austere and highly original vision of the area around Tarragona. Rarely does one region concentrate so many individual experiences of creative research. In Miró's case, in particular, understanding Tarragona meant understanding his own personality.

THE DAWN AT CADAQUÉS

The persistence of Memory, the picture painted by Salvador Dalí in 1931, is intended to give a soft, yielding perspective to the portrayal of time. Dalí fights against time, in search of the persistence of memory. But he knows that memory is a mere accident and that it can therefore not persist by itself, it needs mortal men, who precisely because they are mortal limit time and use it up, so that it eventually softens, languishes and becomes deformed. Dalí, by analogy, saw in this process the *escalivada* (a dish consisting of peppers and aubergines grilled over embers), The code of culinary and sexual signs is almost a constant in Dalí's pictorial work; the terminology is at once literary and artistic. Only a Catalan painter could have a vision of grilled peppers and aubergines in metallic or vitreous objects, since grilling vegetables over embers is a culinary art which is almost exclusive to Catalan culture. The perfection of the absurd gives meaning to the breaking of reality. Time becomes distorted, disfigured, and only persists in memory. Time has become memory because it has stopped, or rather, perhaps it has stumbled and got stuck.

Minkowsky and Einstein considered time as a fourth dimension. Wasn't Dalí looking for a fourth dimension in his soft watches, through time? We have spoken of stopped time. But space and time are constantly moving. The contradiction between stopping and movement form part of Dalí's theatre of the absurd. Time and life. Time and death. That is the question. The search for immortality was Dalí's obsession. An immortality he looked for through his painting like physical procreation. This explains the obsessive presence of sex in his painting. Dalí had a declared aversion to the procreative act, and it was in painting that he found his sexual affirmation, his procreative affirmation, of continuity. In this sense his painting is a constant investigation. He was driven on by anxiety; the subject matter surfaced involuntarily from the painter's unconscious. Dalí never gave a coherent answer to his pictures. He could not give it in words because he had already given it in the painting itself. This was his language and there were no two ways about it, because above all else he was a painter. This is so obvious it may seem puerile, but the essential thing about Dalí is not to expect further explanations from him; he was well aware of this, which is why he so enjoyed being questioned on this subject and why he acted the madman. Dalí could only explain a painting with another painting. His work is like an encyclopaedia; everything refers back to something else, everything is related. He created his own cosmogony and through his signs we shall find his answer, an answer which is nevertheless an eternal question, because he answers one picture with another picture, untiringly. Dalí's painting is a circle that grows. It is an open painting, in the sense of an expansive force. The bare, dramatic landscapes of Cadaqués, of its beaches and its hallucinatory rocks are a single theme that is repeated, but with constant variations, like a polychrome symphony, like the sea of an innumerable smile as the Latin poet Virgil saw it. It is the expanding circle, "the persistence of memory", the antithesis of the circle which has its expression in the soft watches, a dent in the circumference of time, which now makes a detour so as not to reach an end, because time is always a new beginning. Bodies stretched out on the beach of time, the soft watches also evoke three friends on the beach at Cadaqués: García Lorca, Dalí and his sister Anna Maria. Federico García Lorca, a great friend during Dalí's youth, made long visits to Cadaqués to stay at the painter's house in Portlligat, which Albert Manent describes as "a spot cared for by silences, surrounded by hills of slate, Hellenic vines, a wild and fascinating sea, and whose god, fearsome or caring, was Cape Creus". To the poet García Lorca the place deserved an "admiring" invocation:

> Oh, magnificent
> desert crowned
> by vines and olives!

García Lorca felt disturbed by that land of crooked, watchful olive trees that reminded him of the Holy Land: "I think about Cadaqués. To me this landscape seems eternal and present, but perfect". In *Ode to Salvador Dalí*, from 1926, the Andalusian poet still keeps alive the feeling of the privileged oasis over which the village spreads:

> Cadaqués, in the pointing water and the hill,
> raises steps and conceals seashells.

My remarks so far are summed up in these lines from Federico García Lorca's *Ode to Salvador Dalí*:

> The flow of time slows and takes shape
> in the numerical forms of one century and another.
> And Death vanquished shelters trembling
> in the narrow circle of the present minute.

The evocation of life, of death and of time are "numerical forms", and the "narrow circle of the present moment" speaks to us of tortured watches. The hands of the watches form a "steel compass"; the discs are "unknown islands", daughters of time on the sea of oblivion:

> The steel compass recites its short elastic verse.
> Unknown islands are denied by the sphere.
> The straight line recites its vertical toil
> and the wise glass sings its geometry.

Homer's rosy fingers of the dawn in Cadaqués are also evoked by the poet, in the primal hour of a watch that is "a wheel in the pure syntax of steel":

> A rose in the high garden you desire.
> A wheel in the pure syntax of steel.
> Naked the mountain of impressionist mist.
> The greys searching their last balustrades.

While the defenceless bodies of the fishermen of time sleep on the beach, across the sea the time-measuring discs are replaced by a compass which itself is a transformed rose. Time seeks a horizon where the farewell handkerchiefs are raised under the scales of a stained-glass window pierced by the moon.

> Their fishermen sleep, dreamless, on the sand.
> On the high sea their compass is a rose.
> The virgin horizon of wounded handkerchiefs,
> joins the great glasses of the fish and the moon.

García Lorca has also brought us to the wind-rose, a compass at sea, a pennant on land, flame of the garden and dawn at Cadaqués:

> But also the rose in the garden where you live,
> Always the rose, always our north and south!
> Calm and concentrated like a blind statue,
> ignorant of the buried toil it causes.
>
> The pure rose that cleanses of artificers and maps
> and opens the tenuous wings of our smile.
> (A pinned butterfly that meditates its flight.)
> Rose of equilibrium without sought-for pains.
> Always the rose!

Beside the sea, clepsydras have become, in García Lorca's metaphor, "curved water", and now the brushes are the hands of the celestial disc:

> Don't look at the clepsydra with membranous wings,
> nor the cruel scythe of allegories.
> Always dress and undress your brush in the air
> beside the sea peopled by boats and seamen.

Before this "sea peopled by boats and seamen", Anna Maria, Dalí's sister, watches, leaning on the ledge over the waves, in the picture *Girl Standing at the Window*, painted in 1925. Anna Maria is a silent figure in Dalí's world, but a very constant presence in his work. She is a real presence, even when absent; she is the presence of memory, which has no need of physical realities. In the far-off depths of Dalí's scenarios, the horizon often has an ambiguity in the line of the infinite in which earth, sea and sky create a fourth image which is the refounding of the three initial elements. The vision is unique, like a fourth dimension that inevitably appears in the sea at Cadaqués. The concepts of realism, surrealism, hyperrealism become interwoven in Dalí's painting. The realism of *Girl Standing at the Window* exceeds reality. But Dalí's painting, however realistic it may be, is never a copy of reality. It is so pure it is pre-real. In this case, it is nature in a state of grace. *Girl Standing at the Window* has a supra-real halo. It is reality in a state of ecstasy. An ecstasy without exalted mysticism. It is so natural, so real, it exceeds nature and reality, like a world newly created from nothing, from antimatter, from anti-reality, like in the supreme moment when Adam has just left the hands of the Creator. In what maternal womb had he been before that? In what reality? In none, of course. Adam is the purest creation. Dalí's painting is so to speak earlier than existing reality. It is after *Girl Standing at the Window* that you can say that the sea existed, that woman existed. This is the mystery of Dalí's painting, a mystery we have to look for in dreams, in the unconscious, the dark forces of the unconscious, so deep that reason and delirium, reason and madness mix, like in those holy fools Ramon Llull and Francis of Assisi. The reason and madness our poet J.V.Foix tried to reconcile:

> If I could reconcile Reason and Madness
> And on clear morning, not far from clear sea
> My mind, which lusts for joy,
> Could make the Eternal present. And with fantasy
>
> --That the heart inflames and my uneasiness turns aside--
> Of words, sounds, and tones, could
> Occasionally make today permanent, and that strange shadow
> That mimics me on walls, be good sense and guide
> For my wanderings among tamarisks and tombstones;
> --O sweet ponderings! Sweetness in mouth!--
> They might make the Secret true, and in sheltered inlets
>
> Bring alive sleep's eye-evoked images;
> And Time might not be; and the hope
> Of Absent Immortals, light and dancing!

Translated by David H. Rosenthal

Dalí and Foix were two masters in the exploration of the world of dreams. Both of them, *not far from*, have *made present the Eternal*. And through fantasy they have made permanent today. The presence of the Eternal, the permanence of today, fantasy illumined by *sleep's eye-evoked images*. These images that emerge from dreams are alive, but at the same time they are atemporal.

There are images, though, that are not so much removed from time as a premonition of the future. We have one example in the picture *Premonition of Civil War*, painted in 1936, six months before the conflagration broke out in Spain. Dalí described this picture as a "delirium of self-strangulation". There is a lucidity in these words by Dalí: "I painted a geological landscape which had been needlessly revolutionized by thousands of years, frozen in its 'normal course'." In the painter's subconscious there really are geological landscapes frozen in their normal course. They are visions that exist before they appear in physical reality. *Premonition of Civil War* is an apocalyptic vision; it is a butchered human figure, devoured by the wind's flame, a wind that deforms, that destroys, but that does not consume like fire. At the base of the monster are a scattering of beans, a premonition of hunger. A vigorous hand, but nevertheless a hand made desperate by a violent agony, squeezes a dry nipple, the taunt of hunger, and a tongue draped over one of the monster's deformed limbs grimaces at the impotence of a mutilated dialogue that has come to pieces. A tiny human figure emerges from the monster's hand. It is the same figure we find in other pictures, a mysterious apothecary, impotent before the desolation, swallowed up by the immensity of the débâcle. It is the feeble human testimony of an age that is coming to an end. A desolate landscape can be seen in the background. It is a cosmic landscape, formed by a disturbing sky, in colours that have sprung from a violent, voracious fire, the consequence of a deafening explosion. Shades of green that are a mixture of a mineral and vegetable fire, an apocalyptic apotheosis of fire, which will create new and previously unknown colours, another of the painter's premonitions.

"Escaping from the civil war and the revolution", as he himself said, Dalí and his companion Gala emigrated to America in 1940, on a long visit that was to last eight years. In the United States their acquaintances included the Marx brothers, Walt Disney and Alfred Hitchcock, for whom the painter produced some fantastic and very surreal scenery (*Spellbound*, 1945, with Ingrid Bergman and Gregory Peck). His experience in films dates back to his work with Buñuel in films like "Un chien andalou" (1929) and "L'Age d'or" (1930), and with Robert Descharnes with "Història prodigiosa de la puntaire i el rinoceront" in 1951. Dalí's surrealism is so real that when he visited Sigmund Freud in London, introduced by Stephan Zweig as "the only painter of genius of our time", Freud admitted that the meeting made him change his opinion about the surrealists. The complete Dalí emerges through his facet as a writer (*La vida secreta de Dalí*, *Diari d'un geni*, *La femme visible*, *Les Passions segons Dalí*, etc.), where the spark of his genius crackles in the midst of intentionally disturbing paragraphs.

One very important facet of Dalí is that of book illustrator and designer of jewellery, furniture and even clothes. Amongst his many illustrated books, one ought to mention *La Bíblia*, Ovid's *L'art d'estimar*, Dante's *Divina Commedia*, Cervantes's *Don Quixote*, Goethe's *Faust* and Guillaume Apollinaire's *Poèmes secretes*. Dalí was a fervent admirer of Marià Fortuny (1838-1874), who has always been Catalan art's first great national artist. His subject matter full of light and colour and movement put Marià Fortuny's painting in the most avant-garde trends of his time, particularly the works painted in Portici in the last years of his life, cut short by an untimely death. Dalí was to paint "his" *Battle of Tetuan* as a tribute to the famous painter from Reus. In the foreground of Dalí's painting, the four horsemen of the Apocalypse gallop under the sword of General Prim. In the middle distance, particularly, the picture moves towards an abstract texture. Although he had said of abstract art that it meant not painting anything or hardly anything, he added, "but this "hardly anything" generates felicitous discoveries or associations of form and colour".

In 1948, Dalí returned to Europe and settled definitively in Portlligat. Very soon he was manifesting new "mystical" ideas through his painting, as for example the *Christ of Saint John of the Cross*. Looking at this Christ, we once more find at his feet the same green from the premonition of war, a mineral, volcanic green floating like a dawn aurora crushed by black clouds engaged in a furious struggle with the languishing ochres. The sight of this sky, on which rest the feet of Christ nailed to a floating cross, is like the aftermath of a volcanic eruption. The sky is blackened; in the foreground, a solitary boat rests on a beach which is also black like the sky. Heaven and earth are a sea of ashes and soot. The desolate landscape is a constant. And against this claustrophobic, chaotic, eschatological landscape, Christ floats crucified, like Icarus nailed to the wings of the wind, watching over this black sea of clouds, ash and soot. This is the total Christ, the real wind-rose, the mainmast of the ship of earth, dawn of the world, the gaze of the infinite, a bird of light against the night of ashes, a galactic ship, now anchored on the sea of fire and ashes of Mount Ararat. Christ, suspended over the earth, contemplates the blackened silence he will illuminate with his last words. This is the Christ that presides the headboard of the world, the Christ that presides Dalí's last dream, a dream of light, like another flame on the Catalan standard raised over the dawn at Cadaqués!

THE LAND OF ANTONI TÀPIES

Antoni Tàpies's *Four Chronicles*, the mural which since 1990 has presided the hall that bears the painter's name in the Palace of the Generalitat de Catalunya, where government meetings are held, is a synthesis of the four great medieval Chronicles of Catalonia. The symbolic charge this picture contains calls for an attentive and expectant reading. In the centre of the panel, the allegory of the Chronicle of Bernat Desclot is the suggested gallop of a horse with its mane in the other allegory of the Chronicle of Ramon Muntaner. In front, the initial of King James the Conqueror leads the cavalcade, bearing as his shield and cuirass the affirmative cross that embraces the four winds of the conquests of the Mediterranean. Bringing up the rear, the allegory of the Chronicle of Peter the Third the Ceremonious is a cross triply affirmative of the grandeur of the initial of Peter the Third, which has eluded the jaws of the lion and the claws of the bear. *What can I say?*, writes Ramon Muntaner across the four stripes. Manes of marble dust fog the distant background and the silence echoes in the mind.

Pere Gimferrer was to evoke that marble dust, the colour of winter, which has become the patina of time and of the crossing of the ways that are opened and closed by two boundary crosses, the alpha and omega of the four chronicles. But winter is now no more than an epitaph in marble, because it has been invaded by the fires of April. The cavalcade of the four great Chronicles, quadrigas in Tàpies's panel, has not stopped with time. It still gallops in the green light. Four branches, four flames stir up the enclosure of a country pulsating with water and grass. The lion's jaws are now the jaws of heaven; the bear's paw spurs the gallop of the four flaming manes along the paths of Catalonia, along the *Land of Antoni Tàpies*, the epigraph with which Pere Gimferrer heads his poem:

> *Winter bears the colour of this marble dust.*
> *A forge of green light burns*
> *under the visible light of the branches, so clear*
> *in their nakedness, the fold of April fires.*
> *We need a country pulsing with water and grass,*
> *dripping mists in the gorge of the heavens.*

The *Land of Antoni Tàpies* belongs to a time, of which the painter himself is the chronicler. This chronicle has been transcribed by him. But the painter is only an interpreter, a nabi. He has transcribed this legend by reading it in the stones. Time, like a legacy of the seasons, has become encrusted in the stones, the marble, the stone, the cardboard, the iron and, in short, in matter, in all sorts of matter. Antoni Tàpies, the reader of the walls, has transcribed *the inheritance of time surrounding man*. Pere Gimferrer leads us through the labyrinthine *Land of Antoni Tàpies*:

> *The marble dust, the stone, cardboard and iron*
> *have received the legacy of the seasons,*
> *the inheritance of the time surrounding man,*
> *the ceremonial gold and the trembling green,*
> *nocturnal blue and the blue that closed eyes see*
> *in the ring of darkness that inflames appearances.*

The affirmative crosses, pointing the way, have their expression in the Greek cross, the symmetrical cross, a positive and augmentative sign. The cross of Saint Andrew, the X, is a contradictory cross which both annuls and multiplies. The tau cross is a support, like a crutch; it is called the "cross of Saint Anthony". These three are the crosses Antoni Tàpies uses most often, and as he himself has written, "this interest in the cross is the result of the great variety of meanings, often partial and apparently different, that have been given to them: crosses (and also Xs) as space co-ordinates, as an image of the unknown, as a territorial marker, as a sign to sanctify different places, objects, people or parts of the body, as a stimulus to inspire mystic sentiments, to remember death and, especially, the death of Christ, as an expression of a paradoxical concept, as a mathematical sign, to cross another image out, to show disagreement, to negate something".

The cross is a symbol of Universal Man; the cross aims to be a true structure of the universe, a "mystic geography", the "cosmic tree". Tàpies knows that the Chinese break the cross down into two sticks, the two sticks of the Logos, two forces, the *yin* and the *yang*, the philosophical cross that explains the phenomena of the universe: astronomy, meteorology, the physics of water, the path of fire, life and death, all social and individual events, agriculture, morality, etc. This cosmic cross is a synthesis of the four elements Ramon Llull speaks of in his *Llibre de Meravelles*: fire, air, water and earth. And it is also the transfiguration of the wind-rose, which Cresques Abraham and Antoni Gaudí hoisted in the sky over Catalonia, and which Antoni Tàpies has now brought into his pictorial cosmogony. But there is also the triangle; as Lao-Tse puts it, "One produces two, two produces three, three is the manifestation of all possible beings". The four stripes of the Catalan flag have also become one of the basic symbols and one of the most important in Tàpies's pictorial universe; when it is not explicitly the marks left by four fingers, it is red and golden yellow that give us the subliminal image in the painter's work. Nevertheless, Tàpies's message needs more than this pattern of signs and symbols. Graffito declarations form the basis of his mural work, not exactly in the sense of painting on walls, but in the inverse sense of including in his paintings stones or walls on which writing is often mixed with painting and becomes a resoundingly explicit message. This is one of Tàpies's fundamental manifestations as the "chronicler of his time". He has sought out the origin of the images on the walls of Barcelona's Gothic Quarter, where he was born. Those walls are a record of the passage of time and of the actions of men. Walls that suffered the impact of bullets and shrapnel during the civil war; walls where graffito declarations bear testimony to the vexations of his country, his people.

Tàpies himself introduces us to the reading of walls: "How many suggestions can arise from the image of the wall and all its derivations! Separation, confinement, wailing wall, prison wall, the record of the passage of time; the sense of struggle, striving; of destruction, of cataclysm; of construction, of arising, of equilibrium; remains of love, of pain, of revulsion, of disorder; of romantic prestige of ruins."

As a reader of the writing on the wall, Tàpies makes a blend, a synthesis of painting and sculpture. In many of his pictures, like pieces torn from walls, he peels off, he burrows, he encrusts an ancestral language of letters, figures, hieroglyphs, footprints or handprints. Before the eloquence of *l'Esperit Català*, a graffito with the four red-hot fingers against a field of gold, full of patriotic expressions and demands, bursts an apotheosis that grows out of the very paint, that is thrust into immediate space, and it is wine and blood and corn and our daily bread and the sun and fire and a cry of democracy, of culture and of freedom; it is the Catalan spirit breaking out and spreading like fire, like a pure and incandescent light... it is what Gimferrer says in his poem *Land of Antoni Tàpies*:

> *We need a country, a legacy, the lofty example*
> *of the light of dawns and the naked window*
> *that sees the transparency of the total void.*

On this "total void", J.Corredor-Matheos has written, "Tàpies's essentiality has led him to strip bare the space in his works. You might say that all we see are clues. It seems that the clues are there to indicate the infinitude of space." This "total void" is artistically expressed in *Grey With Five Perforations*, a piece of wall taken from the Gothic quarter, in which there are five holes in a horizontal line, five bullet wounds, an unmistakable message written in the dark of the grey stones, wounded stones calling for the conciliation of a place, of a country, and of all its men who have roots there. A country that will gather us in even more than we ask, despite the darkness of this place, which nevertheless is the fertile darkness of the firmament, seasoned with the seeds of the stars:

> *A country to return to, to enter deeper*
> *than we ask for, and even deeper*
> *than we could ever dream of:*
> *a country where darkness reconciles*
> *space and man, like the roots of space*
> *gripping the soil, like the roots of the soil*
> *gripping the black caverns of the firmament.*

A root in the earth that on grasping the black shafts of the firmament has become the shadow of a large night bird. The *Large Bird* is a painting by Tàpies in which over a large patch of black we can see the ghostly shadow of a large bird, a shadow that stands on two clawed feet like two stars in the fog of a cloud of darkness. The night bird lost in the emptiness can not scratch its surroundings. After the cosmic adventure it will return to the country where the present is irreducible and moments are neither born nor die:

> *Returning is like returning to the country where moments*
> *are neither born nor die: present, irreducible,*
> *refused by memory, they are merely knowledge.*
> *Like the hand, like the body, like the fevered mind,*
> *now the whole being no longer scratches at its surroundings.*

In the painting *Torso*, through a piece of frosted glass we see the silhouette of a human body, a naked torso, like water beneath the water, glass behind glass, like a time of waiting and knowing, pure nakedness over the nakedness of what is unknown and exaltation at the experience of life, of the sheer clarity of knowing one is alive. Pere Gimferrer ends his poem by calling up a time, a sphere, a country where the adventure of feeling alive is worthwhile, the *Land of Antoni Tàpies*:

> *Now has come the time for waiting and knowing,*
> *the time of tools sunk in the water of the garret,*
> *the navigation of ruins, a monastery*
> *of sheets and verdigris, the land of this blood.*
> *A time for men who have suddenly found a place:*
> *the sheer clarity of knowing they are alive.*

Antoni Tàpies's painting is a call to the search for our identity, as men and as a country; an identity that gives us a sense of solidarity with the total man, with the Universe around us. Antoni Tàpies corroborates this with the following words:

"Who knows if all our works are no more than that: attempts to answer that question, that enigma, that X, that tau, that cross... which one still finds when one reaches the limits of knowledge: the great Mystery before which, today as ever, we feel a sense of equality and solidarity with all the beings of the Universe."

EPILOGUE

In 1919, the poet Josep Carner, in a talk Marià Manent describes in one of his diaries (*L'aroma d'arç*), said, "It's one of the most interesting things, as a human experiment, to be living at a moment when society is starting to live its own life. The members of a normal, free race do not enjoy, like us, the pleasure of intervening in a collective, in the recovery of a life of their own. This pleasure", said Carner, remembering a great Catalan architect, "is like that of a house being built: windows open to the sun and wind, birds on the walls, people coming and going, pulleys squealing, the joyful, dynamic sensation of a human hive." Carner was referring to the rebirth of Catalonia through the assertion of her own identity on the unquestionable basis of her language: "The saddest mutilation a man can suffer," said Carner, "is to have to renounce his natural language". The allegory of the architect brings to mind that ancient architecture that made the *presence of Catalonia* possible in three spheres: Europe, the Mediterranean and the Peninsula, a triple presence that still endures.

Catalonia has suffered great defeats. In fact, as Vicens Vives points out, in the case of Catalonia "we needed three centuries of uninterrupted effort to go from Romanesque, peasant Catalonia to Gothic, merchant Catalonia; and three more to get over the decadence into which we sank at the end of the fifteenth century and reach the industrialized Catalonia of the nineteenth century". But Catalonia has always fought to recover her own life, for her reconstruction as a people, for her identity. "The life of the Catalans," says Vicens Vives, "is an act of continued affirmation: it is *sí* (yes), not *si* (if). That is why the first resort of Catalan psychology is not reason, as it is with the

French, or metaphysics, like the Germans, or empiricism, like the English, or intelligence, like the Italians, or mysticism, like the Castilians. In Catalonia the primal motivation is the *will to be*". Let us look at this.

From the political point of view, while all over fifteenth-century Europe, now including England, legal constitutionalism was disappearing, devoured by monarchic absolutism, in Catalonia the opposite was taking place: "pactism" emerged refreshed from the polemics with Charles I, Philip II, Philip IV and their secretaries, ministers and councillors. The Catalans remembered the constitutions fixed by James II, Ferdinand I and Ferdinand II on pacts. In other words, the king was not lord by dint of inheritance, but when he personally swore the constitutions of Catalonia. And so it was until 1714, when Catalonia lost her political sovereignty following her military defeat in the War of Succession. King Philip V abolished all of Catalonia's institutions: the Generalitat, the Court, the Municipal Councils. The fiscal, military and monetary systems, as well as all her symbols (her flag, etc.), also disappeared. The *Decreto de Nueva Planta* (1716) established a Royal Court presided over by the Captain General, reformed the territorial organisation, imposed the *Corregiments* (governed by royal delegates) and abolished customs duties on trade with the other kingdoms of the Peninsula. The absolutism of the Borbons repressed all culture: the universities were closed and a single university was founded at Cervera; Castilian was imposed in all fields of community life and, in 1768, in education.

Since 1714, deprived of her political freedom, Catalonia's chief aspiration has been to create her own industry and a modern agriculture and trade in these products with Spain, but also all over Europe and especially America. Catalonia is also a country with a solid industrial tradition. Her first industrial revolution began in the eighteenth century and was completed during the second half of the nineteenth century. And she was the only country in Spain to do so.

After the Napoleonic invasion (1808), everything seemed to suggest that Spain could become a modern, dynamic state: the Courts of Cadiz (1812) –for the first time, with a significant Catalan presence in questions of state–, the Liberal Triennium (1820-1823), the Progressive Biennium (1854-1856), the Democratic Sexennium (1868-1874). But Spanish social reality, which was very heterogeneous and without an agglutinating group, did nothing to further the success of these attempts. The frequent conflicts of the nineteenth century can be explained by the permanent friction between widely varying and often irreconcilable outlooks on Spain's political structure and by class differences: absolutists, liberals, Carlists, progressives, moderates, democrats, republicans, federalists, anarchists, socialists. The state that emerged from these struggles was weighted in favour of the conservative forces. Participation by Catalans was most visible in the more renovatory periods: Capmany, Figuerola, Prim and Pi i Maragall.

The Spanish political leaders of the nineteenth century were incapable of satisfying the needs of Catalan society, which had its own economic activity, onto which was grafted a powerful cultural movement, strongly influenced by European Romanticism. Let us listen once more to Josep Carner: "The *Renaixença* (rebirth) of Catalonia came about precisely at a time of two acts of freedom: Romanticism and the French Revolution". This situation favoured the emergence of Catalonia's own political project. Although at first they were minority groups, the political context of the Restoration (since 1875) and the Spanish colonial defeat (1898, with the loss of Cuba and the Philippines, the last overseas dominions), favoured the gradual introduction of different forms of Catalanism: federalists, like Valentí Almirall, propounded social, democratic, progressive and republican Catalanism; traditionalists, like Torres i Bages, a conservative Catalanism.

Catalonia declared her independence from Spain on 8 March 1873. The proclamation was left without effect as a result of negotiations that guaranteed a new federal structure for Spain in the framework of a democratic republic. Soon afterwards, in 1892, the "Unió Catalanista" approved the first project for a Catalan Constitution (the "Manresa Bases"). Two years later, Prat de la Riba intervened in the doctrinal debate incorporating the word "nation" to describe the political structure of Catalan identity. In 1910 the "Lliga Regionalista" was formed, which was made up of figures from the Catalan bourgeoisie and took part successfully in the electoral contests. The Spanish government's economic policies did not respond to the needs of the Catalan economy, from which came claims

for administrative decentralization and demands for special economic treatment (a covenant) for Catalonia. The task of the great generations of the nineteenth century, who successfully combined the field of poetry and material ingenuity, succeeded in its object: to give the country a European, active and progressive air and to become aware of themselves as a differentiated part of Western society. This state of opinion favoured the victory of the Catalanist candidates in the elections to the Court of Madrid in 1901 and encouraged the creation of an electoral alliance between all the political options in the country (except for Lerroux's pro-Spanish movement), which went under the name of "Solidaritat Catalana" and achieved a great victory at the Spanish general elections of 1907. Catalonia was resuming her national affirmation politically.

Intellectuals and writers, who were in touch with the century's cultural trends, began to take an interest in the history of the country –the medieval history in particular–, resumed the use of Catalan as a language of culture and promoted Catalan culture in all areas (journalism, study of the language, etc.). Over the course of the nineteenth century various institutions were founded: in 1847, the Gran Teatre del Liceu; in 1872, the Ateneu Barcelonès; 1881 saw the formal coronation of the Virgin of Montserrat and her proclamation as patron of Catalonia; in 1890 the Centre Excursionista de Catalunya was set up and in 1891 the Orfeó Català; in 1899 the Futbol Club Barcelona, and in 1907, the Institut d'Estudis Catalans, one year after the celebration of the I Congrés de la Llengua Catalana. The poem *La pàtria*, written by Bonaventura Carles Aribau, was the first milestone in Romanticism as well as in the Catalan *Renaixença*.

The men of the *Renaixença* –men of varied background and persuasion: conservatives and progressives, scholars and populists– honoured and propagated all areas of creativity. In poetry, the great figure of the century was Jacint Verdaguer, who wrote lyrical poems of tremulous mysticism or raw asceticism, books of memoirs and travel books in an exquisite prose and two great epic poems, *l'Atlàntida* and *el Canigó*, which attempt to blend the world born of Christianity with the pagan world of classical mythology and Pyrenean folklore. The novel (with Pin i Soler, Vayreda and E.Vilanova) and the theatre (with F.Soler –Pitarra–), the two genres most typical of the new industrial society, tempered Romantic thinking with a touch of realism. The work of Àngel Guimerà, a leading poet and playwright, was forceful and strong. *Terra baixa*, *Mar i cel* and others achieved great popularity and international success. The novelist Narcís Oller built up a lively and coherent account of industrial society and the drive of the bourgeoisie in works like *La febre d'or*.

In the course of the nineties and the first decades of the twentieth century, as Joaquim Molas has written, Catalan Modernism appeared on the scene in all its glory, "combining Nietzschean exaltation of free will and the most aggressive individualism with the autumnal and deliquescent attitudes of Decadentism. The undeniable architectural splendour of Catalan Modernism (Gaudí, Domènech i Muntaner, Puig i Cadafalch, Josep M. Jujol) had a parallel in the field of literary creation. Thus Joan Maragall, in a style somewhere between Goethe and Novalis, recounted the experiences of a man who must fulfill a personal destiny in a particular, contradictory land. Joan Alcover transformed the suffering of being a man into dramatic and vaguely Leopardian verses. The more cerebral Miquel Costa i Llobera found a resounding poetic form through the example of the Latin classics". J.Molas adds that "the novelists, in a ravaged architecture, discovered a new blend of modernist individualism and naturalist positivism... Thus Víctor Català sets the drama of her plots in a gloomy rural geography full of hatred and passion. Joaquim Ruyra, on the other hand, idealizes the sea through a form which essentially searches for Homeric harmony. Finally, Santiago Rusiñol translated the most decadent aspects of modernism into theatrical terms. And Ignasi Iglesias wrote social drama inspired in Ibsen".

The Tragic Week (1909) was the culmination of a process of increasingly turbulent confrontation between the popular classes and the oligarchy which provided the pretext for delaying recognition of Catalonia as a political entity. It was not until 1914, with the creation of the Mancomunitat de Catalunya, presided by Enric Prat de la Riba, that the *Noucentistes'* urge to build a firm structure for the country –communications, libraries, education, cultural institutions, etc.– could be put into practice. The growth of the Catalan economy had slowed down, but the manufacturers took advantage of Spanish neutrality in World War I to live moments of economic prosperity. The rapid enrichment of the bourgeoisie (1914-1916), the disparity between prices and wages, the reorganisation of the workers' movement (led by the CNT and the figure of the "Noi del Sucre") and the social climate roused by the Russian Revolution were the cause of increasing social conflict and the disturbing appearance of gangsterism. In spite of the short-lived economic recovery thanks to the Barcelona International Exhibition (1929), the radicalization of the nationalist issue and deteriorating social relations led the military to impose the Dictatorship of Primo de Rivera (1923-30). Some of the more conservative sectors of the Lliga took up a conciliatory position which led to the party's loss of political leadership. Francesc Macià, with a social programme more favourable to the popular classes and with a charismatic personal prestige, managed to agglutinate Republican nationalism around the political party ERC (Catalan Republican Left) and win the elections of 1931. On 14 April 1931, in the midst of popular enthusiasm and nationalist fervour, President Francesc Macià proclaimed the Catalan Republic as a member state of the Iberian Federation. This decision transgressed the agreements of the San Sebastián Pact (1930) between the various forces opposing the Monarchy; consequently the pronouncement had to be withdrawn and a national autonomous power constituted instead within the Spanish Republican State, with the re-establishment of the historical Generalitat de Catalunya (1932). After Macià's death in 1933, Lluís Companys, a lawyer of working-class descent, succeeded him as President of the Catalan Government, from which he rebelled against the Spanish Government and proclaimed the Catalan State within the Spanish Federal Republic. The army reacted immediately and the Catalan Government and some deputies to the Catalan Parliament were imprisoned. Catalonia's Statute of Autonomy was suspended until February 1936. During the years of the Republic there was no sign of economic recovery. July of that same year saw the outbreak of the Spanish Civil War (1936-1939), which was to end with the victory of General Francisco Franco.

The Dictatorship of General Franco (1939-1975) abolished Catalonia's recently recovered political institutions (Parliament, Generalitat, Supreme Court of Appeal), applying a centralist policy and rigorously repressing the Catalan language. It took violent measures against the least expression of Catalan identity or opposition to the regime, forcing many Catalans into exile (first to Europe and then, when World War II started, to America, because of Franco's collaboration with Hitler). After a period of international isolation and autarchy (1939-1959) —with restrictions, black market and state control–, the Franco regime opted for unbridled growth (1960-1975), which particularly affected the Catalan economy. The transformation, which had negative aspects (from land speculation to territorial imbalances) and positive aspects (from the economic reactivation to the increase in the standard of living), involved changes in everyday life which (along with the attempts of the opposition forces, which included trade unions, Christians, intellectuals, politicians and the various social classes) put a stop to the Franco regime's attempts to perpetuate its hold on power.

In 1978, under the auspices of King Juan Carlos I and the totality of the political forces, the Spanish Constitution was approved, and with it a political regime based on a parliamentary monarchy. This marked the start of an exemplary political transition which, as regards Catalonia and following the plebiscitary approval of the Statute of Autonomy of Catalonia (1979), allowed the country's recognition as a differentiated political reality and the re-establishment of the Generalitat, the Parliament and the Catalan Government. The Generalitat was provisionally restored with the return from exile of President Josep Tarradellas, successor to President Lluís Companys (executed by a firing squad in 1949) and Josep Irla, who had resigned while in exile. The first elections to the Catalan Parliament, in April 1980, gave victory to the nationalist party Convergència Democràtica de Catalunya, in coalition with UDC, and made its political leader, Jordi Pujol, President of the Generalitat. The Catalan government took immediate action on three fronts: developing the Statute of Autonomy, strengthening economic structures, and rebuilding national identity (especially with regard to the normalization of the Catalan language).

This process and the new turn in the political and cultural life of the country —sustained by the reawakening of the national identity— mark the extraordinary vitality of Catalonia in recent times, with the principal

characteristic of the constant search for a balance between economic prosperity, social justice and collective identity.

The trend in the Catalan economy of the twentieth century is towards diversification of production: hydroelectric energy, chemical, metallurgical and motor industries; reinforcement of market-orientated farming (pigs, milk) and of wine derivatives. There has been important growth in the service sector (trade, administration, transport, etc.) rising to spectacular in the particular case of tourism. The existence of employment opportunities, combined with the delay in the economic development of the rest of Spain, led to considerable waves of immigration, especially in the twenties and sixties. Immigration, increased life expectancy and the reduction in the mortality rate have resulted in an increase in the Catalan population from two to six million inhabitants during this century. Social improvements and the appearance of a majority middle class have favoured a reduction in social tensions. This Catalan rebirth, both cultural and political, mark Catalonia's continuity, her presence. Catalonia feels a part of European culture, which is directed at the individual: it is a culture with an individualist vocation. Signs of identity are therefore signs of humanity. The recent entry into the European Union opens up new possibilities for a Catalan society that is plural and diverse, prosperous and solidaristic, dynamic and creative, one that finds in the affirmation of its identity the best stimulus for its exterior projection.

Barcelona, the capital of Catalonia, is the symbol of continuity for that expansive force. While initially implying a spirit of conquest, we have since seen that this is best expressed in a policy of projection of the economy, industry, art, literature —in short, a policy founded essentially on our identity as Catalans.

Barcelona is probably the most dynamic city of the Mediterranean. It is also an important centre of attraction for the regions of the south of France. Barcelona neither absorbs nor excludes the rest of Catalonia. Barcelona is not a monolith, or a monologue; quite the opposite. Barcelona is the *city of dialogue*. And not just a dialogue with all Catalans, but also a dialogue with all the civilized world. A dialogue that was made fully explicit with the 1992 Olympic Games. A dialogue that returned to its past when Empúries, the ancient Hellenic footprint, received the Olympic torch. That flame was the return of the sweet Nausicaa, of the enterprising Ulysses, the raging Polyphemus. That flame brought the message that Penelope's fingers wove and unwove in the mythical homeland of Ithaka, taken also as a symbol of Catalonia. Barcelona, the city of dialogue, of a dialogue whose roots lie in the stones of the Gothic Quarter and that climbs to the lofty towers of the Sagrada Família, with its migratory birds and its journeying clouds and with the chariot of the sun galloping with the speeding hours. A dialogue that goes beyond the winking stars embedded in the Collserola Tower.

From the Collserola Communications Tower, the work of the British architect Norman Foster, we can easily see the profound changes that have taken place in the city. We have a bird's-eye view of the original walled nucleus of Barcino, on top of Mount Taber and whose centre was the present-day plaça Sant Jaume. The principal buildings of the medieval city were built over this Roman city. We can also easily make out the development that made Barcelona a great city, in the second half of the nineteenth century, thanks to the drive and the modern view of town-planning of Ildefons Cerdà. Barcelona today has become a cosmopolitan city, the driving force of the Catalan economy, an exponent of artistic and cultural trends and an undeniable centre of attraction in the new Europe without borders. In the space of a few years, Barcelona has once more taken its place in the avant-garde of international architecture: Richard Meier is the architect of the formidable Museum of Contemporary Art, and Gae Aulenti is completing the construction of the Museum of Art of Catalonia, very close to the Mies Van der Rohe Pavilion --one of the jewels of twentieth-century architecture, today rebuilt--, Arata Isozaki created the beautiful Palau de Sant Jordi for the Olympic Games, with a visual image that fits in perfectly with the sinuous terrain of Montjuïc, Ricard Bofill has begun work on the National Theatre of Catalonia as well as on the new building for Barcelona airport, Esteve Bonell and Francesc Rius carried out the first Olympic work, the velodrome, close to the Collserola range in the district of Vall d'Hebron, surrounded by gardens with a poem-sculpture by Brossa, in view of the Labyrinth of Horta, Santiago Calatrava designed the sculptural bridge joining the districts of Sant Andreu and Poblenou,

Martorell and Mackay have designed the Creueta del Coll park, where Eduardo Chillida's sculpture *Eulogi de l'aigua* is reflected in the pond.

Some might say, as Josep Carner reported, "But Catalonia is so small!". To this argument the poet replied, "Whoever says this is unfamiliar with the historical movement of Civilization. Small nuclei have always been the great sources of civilization, because large territorial extensions are inhuman. Look at the influence exerted on the world by the small piece of the Balkan Peninsula called Greece, the small land of the Hebrews, the reduced England of the time of Elizabeth I and Shakespeare: they were small countries but *intense*. It is not a question of extension, but of intensity."

In a talk by Jordi Pujol at the University of the Sorbonne in Paris, in 1986, with the title "Catalonia's European Vocation", the President of the Generalitat pronounced some words I would like to borrow because they are the best corollary for what I have said so far: "We Catalans can perhaps offer a valid message for the rest of Europe and other peoples: in Spain we have always fought against resentment, against incomprehension; in Europe, in Catalonia, against the danger of the loss of identity. And it is by no means certain that all this is not necessary in today's world. It is not certain, for example, that our end-of-century European society does not need successful examples of peaceful construction of a collective identity. We, at least, do not feel that we are doing so for ourselves alone."

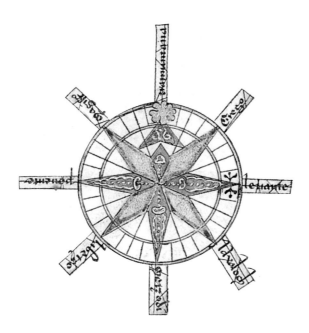

INDEX OF PHOTOGRAPHS

42. *Ramon Casas*
The Charge, c. 1899
Oil on canvas, 298 x 470 cm
La Garrotxa Regional Museum, Olot (Girona)

43. *Wyndham Lewis*
Surrender of Barcelona, 1936
Oil on canvas, 84 x 59.5 cm
Tate Gallery, London

44. *The Montseny, one of Catalonia's mythical mountains, along with Montserrat, the Montsant and the Montsec, in a celestial dialogue in which the clouds appear as spongy cushions.*

45. *The volcanic craters of Olot are now quiet and fertile oases. Perhaps in the depth of their entrails there still slumbers an ancient flame.*

46. *Basalt columns at Sant Joan de les Fonts. Volcanic remains in the Garrotxa region have given rise to these whims of nature.*

47. *The whims of nature on these rocks at Tavertet bring to mind the relief and the forms of la Pedrera, on Barcelona's passeig de Gràcia.*

48. *Roman mosaic at Empúries. During the Roman Imperial period Empúries covered an area of twenty hectares, was entirely walled in, and had luxurious villas as well as a forum, an amphitheatre and a* palestra.

49. *The statue of "Asklepios of Empúries" (5th c. BC) is the most important Greek work of art to have been found in our country so far. The God of Medicine presides a landscape lashed by the* tramuntana *and set amidst pine trees beside the sea.*

50. *The monolith in the Roman quarry at el Mèdol, Tarragona, indicates the amount of stone removed. The birds play at* anxanetes, *boldly crowning the tip of this stone column like the tip of a human tower.*

51. *The Roman aqueduct of les Ferreres, outside Tarragona. Stone blocks of varying size, arranged in pillars and arches, make up the whole of the work, which has a total length of 217 metres and a height of 17 metres.*

52. *The flock of sheep in front of this Pyrenean church, a fold of peace and love, brings to mind the parable of the Good Shepherd.*

53. *In his poem "Elfs a Montserrat", Marià Manent humanized the mist on the mountain: "There is a dusting of moon on the olive trees. / The elfs go by, with subtle wings. They wear light / hoods of honeysuckle and smocks / of heather. How the iridescent mist shines..."*

54. *The Pyrenees have splendid moments of colour and light. The Catalan Mount Tabor, they are a transfiguration that show us the true depth of their beauty, which the traveller would like to carry in his heart for ever.*

55. *Ever since the fifteenth century, the Pont Nou at Camprodon has watched the waters of the River Ter flow by.*

56. *The bridge at Besalú (14th c.). A Gothic bridge over the Fluvià, fortified with towers and considered the most important of the Catalan medieval bridges.*

57. *Arches in the dormitory at the monastery of Poblet, thirteenth century. The solemn, towering half-almond arches are the elevation of dream, like an offering to God.*

58. *The Saló del Tinell, built by initiative of Peter the Ceremonious between 1359 and 1362. Its name is said to be taken from the tubs used for grain or after the showcases in which the royal family's most valuable domestic items were exhibited.*

59. *A wine-cellar in Gandesa by the architect Cèsar Martinell. The monumentality of all the cellars built by this architect, with his utilitarian and spectacular style, make some of them true cathedrals of wine.*

60. *Work began on the old Barcelona Shipyards, now the Maritime Museum, under Peter the Great, in the thirteenth century. Defended by a walled and moated precinct, they are a reminder of the time when Catalonia became a great Mediterranean power. The building is considered one of the most magnificent examples of Catalan civil Gothic.*

61. *The edges of the Cardó range are like a Greek amphitheatre in the middle of the theatre of nature.*

62. *Mas Pla, in Llofriu, where Josep Pla so beautifully farmed his fertile literary plot.*

63. *Sant Joan, the springs. The water, the light, the colours, the air, are all generously flowing springs.*

64. *Ploughed fields at Santa Coloma de Queralt. The hand-written fields in which the seed will become the word, as in the parable of the sower.*

65. *The Montseny is Catalonia's repository of colours. In the autumn, the earth, the water and the trees are a chromatic confabulation that reaches the heights of paroxysm.*

66. *An old mill on the Llobregat. Its loyalty to the land has kept it standing like a legendary castle.*

67. *El Priorat, rugged and wild, produces a wine that is sturdy and vigorous like the land itself.*

68. *Cape Creus is the Mediterranean end of the Pyrenees. Swept by the* tramuntana, *its wild, unsheltered coastline, like the rest of the Gulf of Lyon, was avoided by ancient seafarers.*

69. *The Costa Brava stretches from the Empordà to the Maresme, forming a succession of little beaches, headlands and capes, sometimes cloaked in pines, sometimes bare and open like the hull of an abandoned boat.*

70. *At Calella de Palafrugell, as Josep Pla wrote, "The pale blue emptiness of the sky seems convulsed by the light."*

71. *The roofs of the houses of Cadaqués, beside the sea, are like the ribs of a boat.*

72. *Albert Manent sees Cadaqués as "a spot cared for by silences, surrounded by hills of slate, Hellenic vines, a wild and fascinating sea..."*

73. *Detail of the stern of a* pailebot. *The mythical Mediterranean mermaids Ulysses speaks of in the Odyssey form part of the seafaring mythology encrusted on the hulls of many vessels.*

74. *Fishing is a traditional activity in Palamós. Nowadays it is the second most important fishing port after Roses on the northern coast of the Principality.*

75. *The "enchantment", as the fishermen of l'Ametlla de Mar call the auction, is a festival of fish: blue fish in the morning, white fish and shellfish in the afternoon. The rossejat, the fish stew and the romesco sauce have earned a name for themselves in the cuisine of l'Ametlla de Mar.*

76. *Lateen sails on the waters of Cadaqués, like the wings of sea birds, flames of a burning wind.*

77,78. *The procession by sea at Palamós is another example of a religious event which is well established in all of Catalonia's fishing ports.*

79. *Palamós stretches across the plain of the valley of the Aubi, reaching the coastal range in the south to create a rugged coastline that contrasts with the sandy beach of the bay.*

80. *An exhibition of human towers. The base, the foundation of any tower, is the pinya: a symbol of solidarity.*

81. *The anxaneta is hoisted up onto the balcony of Barcelona City Hall after crowning a "pillar of five".*

82,83. *The celebrations of la Mercè, in Barcelona, are a tremendous success with the public. The plaça de Sant Jaume and the Arc de Triomf are singular scenarios for festive events.*

84. *Human tower —a 'two by nine with buttress and shackles'—, raised by the Minyons de Terrassa in the Plaça de Sant Jaume during the celebrations of La Mercè, 1994.*

85. *Vilafranca del Penedès is a leading centre for human towers. The anxaneta, with his hand raised, acknowledges all those who have joined in the effort.*

86. *Plaça de Sant Jaume. The street celebration, of which only the confetti now remains, is still a source of amusement in a child's hands.*

87. *La Patum is an entertainment typical of the town of Berga. It consists of a group of characters and figures who dance around the square following different rhythms and tunes on the afternoon of Corpus Christi.*

88,89. *The Sardana—One of the identity traits of Catalonia*

90. *The town of Tàrrega is the site each year of the Festival of Street Theatre.*

91,92. *Girona, beside the river, lengthens its parsimonious stride, like the sluggish water, with liturgical solemnity.*

93. *The seascape that dazzled Salvador Dalí has suffered the Mediterranean metamorphosis and been turned into shiny silver over the bay of Portlligat, which the painter made into a source of colour and light.*

94. *The village of Sant Martí d'Empúries stands between the ancient mouths of the Ter and the Fluvià, on a rocky headland which was once an island, to the north of the ruins of the Graeco-Roman city of Empúries.*

95. *Joaep Pla gives this account of Calella de Palafrugell: "In the air on the white walls or the pink sand, the melting light makes floating, vaporous tongues of dancing air".*

96,97. *Two views of Fornells, on the peninsula of Cape Creus. After the beaches of Tamariua, Càtiva and Fornells (with reefs and islets like the Meda), the rocks rise up from the Punta Blanca to form the great cliffs of Cape Gros, a headland standing 176 metres above the sea.*

98. *The village of Llafranc, essentially a summer resort, with its boulevard beside the beach, stands surrounded by pine trees on the site of an important Roman settlement.*

99. *Palamós stretches across the plain of the valley of the Aubi, reaching the coastal range in the south to create a rugged coastline that contrasts with the sandy beach of the bay.*

100. *The old town at Tossa de Mar, standing on top of a hill overlooking the sea and surrounded by medieval walls. It forms an attractive bay enclosed in pine forests that feel the Mediterranean breeze. Marc Chagall called it "the blue paradise".*

101. *"Senya Blanca", in S'Agaró, is a marvellous balcony over the sea. The classic architectural balance brings to mind the most dignified* noucentisme.

102. The Canigó from Sant Pere de Rodes. Its place in the national mythology of Catalonia has made the Canigó a symbol of the Catalan character of the Pyrenean regions.

103. The desolate emptiness of the interior of the bell tower of Sant Pere de Roda. Not only have the bells been lost, but also the spiral staircase the bell ringer had to climb.

104. Around Cape Creus the tramuntana blows across a hard, rough, mineral landscape. Sant Pere de Rodes, now uninhabited, with its gaping windows and part of its buildings reduced to four walls, is the "monastery of the wind".

105. The town of Miravet, standing beside the Ebre, beneath the hill with the important remains of the Castle of Miravet, last bastion of the Knights Templer in Catalonia.

106. Monastery of Gerri de la Sal. The church, a large three-naved building consecrated in 1149, remains complete. The façade is crowned by a graceful three-storey bell tower.

107. The Romanesque porch of the monastery of Ripoll. This doorway to the monastery church, with sculptures in high relief from the twelfth century, is one of the most important sculptural and architectural complexes of Romanesque art in Catalonia.

108. Partial view of the large cloister at Ripoll. The bell tower has put bronze armour on time made history.

109. Cloister of Santa Maria de Vallbona de les Monges, where Romanesque and Gothic exist side by side.

110. Cloister of the monastery of Vallbona de les Monges. It was founded in the first half of the twelfth century. The monument offers a typical example of the transition art, with characteristic Romanesque elements. The transition to Gothic can be appreciated in the vaults of the cloister and the dome of the transept.

111. The sky over Sardinia kneels on the mountains and the landscape rises up towards it. The meeting of these elements brings to mind the Pyrenees, but without borders.

112. Landscape near Castellar de N'Hug. The majesty of the mountains is exalted even more against the blue sky.

113. The rainbow over the countryside of Vilamós, in the Vall d'Aran.

114. Lake of Sant Maurici. In the Pyrenean region there are several small lakes of glacial origin. Sant Maurici, restful and solitary, its ripples like trembling rainbows in the breeze, is part of the lake district of Els Encantats.

115. In the Pyrenees, greedy forests of firs pass the snow from branch to branch, like a game in which the white silence drops into the hands of the murmuring wind.

116. The valleys of the Pyrenees are a ledge on which the silence rests on its climb towards the peaks standing halfway to the sky.

117. The Pyrenean valley of Lleida.

118. Romanesque church and bell tower of Sant Climent de Taüll (12th c.). The valley of Boí has become famous in the world of culture on account of its magnificent Romanesque churches.

119. A view of the Pyrenees, vague and esoteric as an astral panorama.

120. The Quer Foradat, in the Cadí range. The striking blend of villages and mountains creates an unusual scene of peace.

121. La Conca de Barberà lies encircled by hills, forming an isolated world of its own, but one that has always welcomed outsiders.

122. The Sardinian countryside has a personality of its own, seasoned by a climate that gives colours and lights of iridiscent transparency.

123. The Vall d'Aran has one of the gentlest and greenest countrysides to be found in Europe.

124. Bucolic landscapes like this one at Os de Civis are sheer exaltation of the vitality of an age and of a country that are rooted in the earth.

125. The springs of the Llobregat start life transparent and pure beneath Castellar de N'Hug. This spot is visited by large numbers of tourists and groups of ramblers.

126. The impressive "salt de sallent", at Rupit. The path that leads there takes us past old abandoned mills, pools, waterfalls and springs.

127. Castellar de N'Hug stands on hilly terrain. Each year it is the site of an international sheepdog contest.

128. In the barony of Sant Oïsme, the landscape travels on the clear waters of the River Noguera Pallaresa.

129. The gorge of Colllegats, in the Pallars, is a break in the landscape like a playful hop between mountains.

130. La Pobla de Lillet kneels before the towering cathedral of the mountains.

131. At Aigüestortes, the stream and the landscape have established a long dialogue, diaphanous and transparent as the air that springs from the highest peaks.

132. The Segre, at l'Urgellet, fresh from the mountain, waters flocks of clouds and meadows lying on its banks.

133. Vallfogona's picturesque setting is like a view of a fabulous tapestry laid out over the mountains of Girona.

134. The rooftops of Olot, in the Garrotxa region, are like a mosaic placed on a rural landscape that creeps in between the houses and becomes tame and urban.

135. In Alella, in the Maresme region, a noble tower receives a curtsy from an elegant palm.

136. The old and noble farming village of Millàs, Girona, brings to mind the nobility of the land and its men.

137. The hospice of Scala Dei, in the Priorat region, is the sole remaining evidence of the old Carthusian monastery, whose few meagre remains lie in sight of the well-preserved hospice.

138. The Romanesque church of Sant Jaume de Frontanyà, a magnificent Lombardic Romanesque construction of the eleventh century. It is one of the best examples of early Romanesque architecture in Catalonia and is set in delightful surroundings.

139. The windows and balconies on this house in Hostalets, in the Gironès region, overflow with flowers and plants, like a blaze of light-scented colour.

140. Arches at Peratallada, Baix Empordà, crafting the welcome shade in summer and providing shelter from bad weather in winter.

141. Part of the Freixa farmhouse in Terrassa. It represents the naked arms and torso of a human body.

142-143. The cathedral of Tortosa is a beehive of stones dripping with a history of liturgical rites.

144. In Lleida, the solid earth sometimes seems to break open like a ripe pomegranate.

145. Màrius Torres depicts the city of Lleida beautifully:
"To its old streets, full of fervour, arrives
from I know not what centuries the grey of love and incense;
the sound of the bells has a living soul
and the beat is free like that of the heart of children."

146. Lleida, Cloister of the thirteenth-century Seu Vella. The Gothic window stands out against the sky like lace embroidery.

147. The fourteenth-century Seu Vella, in Lleida, was one of the outstanding works of medieval Catalonia and had a great influence on its geographical surroundings.

148. Interior of the cathedral of Tortosa. It has a double ambulatory of great beauty, which instead of giving rise to five naves, gives rise to three, with the two outer naves divided up by the buttresses to form chapels.

149. Santa Maria del Mar, fourteenth century. The columns, bare of the bundles of ribs typical of Gothic architecture, crystallized in simple octagons of extreme thinness, are separated from one another by thirteen metres in each direction. This distance is greater than in any other medieval construction.

150. Night view of the façade of the church of El Pi, Barcelona. The illuminated rose window is a jewelled medallion on the breast of the night.

151. The Gothic nave of the cathedral of Girona is 50 metres long, 34 metres high and 22.98 metres wide.

152. A view of the plaça Reial by night. In the foreground, the Palatine Chapel of Santa Àgata, and in the background, the tower or lookout of King Martin.

153. The towers of the Sagrada Família are like the spears of a peaceful army paying tribute to the vault of the heaven.

154. The interior of the Saló de Cent is a structure formed by semi-circular diaphragm arches and wooden beams (14th c.).

155. The temple of the Sagrada Família is a genuine, fantastic expression by a figure who is probably unique in the world of architecture: Antoni Gaudí.

156. The cathedral of Barcelona has three naves forming vaults with ogival ribbing, although a skillful trick by the architects makes it look as if there are seven.

157. The cloister of the cathedral of Barcelona is one of the pleasantest spots in the city. The four ??? vaulted galleries surround a garden of palm trees, magnolias, loquats and orange trees, in which the light that filters through the leaves is changing and tender.

158. Saint George in the cloister of the cathedral of Barcelona.

159. Cathedral of Barcelona. The covered Gothic font is decorated with broom and cherries during Corpus Christi week, and a previously emptied eggshell, known as the "dancing egg", is balanced on the jet of water.

160. In the centre of the cloister of the Casa de l'Ardiaca stands a Gothic fountain and some lofty palms, a delightful spot that adds a note of poetry to the cathedral district.

161. Casa de l'Ardiaca, in Barcelona, in the carrer de Santa Llúcia, opposite the door of the cathedral chapel devoted to this saint. Since 1919 it has been the home of the City History Archives and the Institute of History of Barcelona.

162. Roses and books are the emblematic symbols of Saint George's day, symbols with which UNESCO recently founded universal book day.

163. The Rambla takes to the sea by this new bridge, which connects the Maremàgnum leisure centre with the monument to Columbus.

164. The new aquarium in the old port takes us down to the depths of the sea to share in the life of the sharks at close quarters.

165-166. By moving sea traffic to other areas of the port, it has been possible to build a large leisure and commercial centre: the Maremàgnum.

167. Barcelona's Olympic Port has become an area for leisure activities and eating out where summer nights are filled with light and have an exciting vitality.

168. Plaça Reial. This square, like most of the important work of the nineteenth century in the Rambla, was a result of the demolition of a former monastery, in this case the Capuchin monastery. The Capuchins had been established in Barcelona since 1570.

169, 170. The former House of Charity, with the modern constructions of the Barcelona Centre for Contemporary Culture. The cultural centre has a thematic, multidisciplinary and multifunctional nature. The city is the focus for the centre's activities.

171. Interior of the bar in the Torres d'Àvila in the Spanish Village on Montjuïc, Barcelona. The simulation of a starry night on the ceiling of the bar is like a mirage for nightbirds.

172. Barcelona's new Stock Exchange has changed the austere nobility of the old Llotja for lavish functionalism in its new premises on the Passeig de Gràcia.

173. Catalan Television's premises (TV3 and Canal 33) at Sant Joan Despí.

174. Dome of the exhibition hall at the Vallès Technological Park.

175. Aerial at the Vallès Technological Park.

176-178. Sabadell. The industrial growth of this town in the Vallès region is reflected in the design of the town-planning.

179. The chimney of the Sedó factory in Olesa rises like a spiral, like a Cyclop's tortured finger pointing to infinity.

180. Like galactic warriors, the chimneys and spirals of La Pedrera keep watch over the city. Gaudí's pottery fragments give a windlike form to the ceramic armour of these immobile warriors.

181. La Pedrera, the corporeal image of the wind, competing with an exalted sea. Cliff face shaped by the force of wind and waves.

182. Gaudí's dome at the Palau Güell is like a Wagnerian stage set for the ritual of the Holy Grail. The centre of the dome is part of the vault of the heavens.

183. Inside La Pedrera. The ceiling is like a prehistoric cave in which the colours have arisen from the very stone.

184. The shade-house in the Parc de la Ciutadella for tropical and exotic plants, like a great canopy under the Mediterranean sky.

185. The Palau de Sant Jordi, by the Japanese architect Arata Isozaki, who designed it as a large, metallic, spatial surface. During the Barcelona Olympic Games, held in 1992, several events were held in this stadium, which has room for 17,000 spectators.

186. The Rambla de les Flors makes no distinction between holidays and weekdays; here it's always a holiday.

187. Catalan Parliament. One of Europe's first parliaments was constituted according to the model of political organisation adopted by the Catalan Court in 1359.

188. Columbus's bronze finger points to the horizons of a new world. One of the symbols of expanding, seafaring Barcelona.

189. Port Vell. The new buildings in the old port and its new commercial and leisure use have made this maritime area an integral part of the city.

190. Ciutat Vella. Santa Maria del Mar (14th c.): door to the apse giving onto the Plaça del Born, built by Bernat Salvador in 1549.

191. An unusual combination of periods and styles can be seen in this picture of the present home of the Tàpies Foundation. «Cloud and Chair» is the title of the sculpture by Antoni Tàpies woven from metallic filaments and crowning the building, which is the work of the Catalan Modernist architect Domènech i Montaner.

192. Barcelona. The National Palace on Montjuïc is the home of the Museum of Art of Catalonia, the world's richest in Romanesque murals, followed in lavishness by the collection of Gothic altarpieces.

193. Barcelona. View of the Avinguda Maria Cristina, in the grounds of the Montjuïc trade fair. Columns of light sustain the darkness of the night.

194. General view of the monastery of Poblet. The architecture of the history of Catalonia written in stone. The royal tombs are the eloquence of the silence of the fathers of the homeland.

195. The sun tiptoes into the chapter house at Poblet and, like a votive lamp, lights up the ancient tombs of abbots.

196. The baroque entrance to Santes Creus hides the surprise of a radical change in style beside the Romanesque and Gothic monument of the ancient monastery.

197. The sunlight in the form of pure geometry in the cloister at Santes Creus.

198. The chapter house is no longer the meeting place for the escolium of the absent monks, but the tombs of the abbots are the echo of the now cold monastic silence.

199. The monumental rose-window on the cathedral of Tarragona looks out over the city and the sea. The eye of the Cyclops made sacred, drunk on light and colour.

200. Tarragona. Uptown. An ephemeral façade like a stage drop hides the discreet restoration of an old building.

201. Aerial view of Tarragona from the "Balcó del Mediterrani". The Rambla Nova is a majestic passage from the sea to el Camp.

202. Tarragona, from the cathedral bell tower. The city is a cavalcade towards the sea, riding the old Roman chariots which in the circus at the top of the city marked the tracks of history.

203. The castle of Tamarit is the boldest of all the seaside castles. It is like an enormous ship anchored alongside the rocks, on the rocks, on the waves.

204. The beaches of Torre de la Mora, blazing with pine trees, melt away tremulously. The sea seems about to to be swallowed up by a spate of iridescent colour. The light is so pure it hardly dares to look the waves in the eye...

205. The flamingoes wade in the Delta of the Ebre. Shy and retiring, they dislike being watched too closely. In the Delta they feel at home.

206-210. The view of the Ebre Delta fades away on its immense plain in which the horizon blends earth, water and sky.

Lunwerg Editores, S.A.

Director general
Juan Carlos Luna

Director de arte
Andrés Gamboa

Directora técnica
Mercedes Carregal

Maquetación
Bettina Benet

Traducción
Ana Estevan
Andrew Langdon

Coordinación editorial
María José Moyano

Fotografías
Xavier Miserachs
Ramon Manent
Archivo fotográfico Lunwerg Editores, SA